〈概観〉社会保障法総論・社会保険法

伊奈川秀和　著

はじめに

　本書は，社会保障法のうちの総論と社会保険法の概説書である。前著である
『〈概観〉社会福祉法』（信山社，2018 年）と併せて，社会保障法全体を概観す
ることができる。

　生成発展的性格が他の法分野と比べても強く，かつ，膨大な体系をなす社会
保障法において，概説書を著すことには，困難を伴う。とはいえ，社会保障に
関する議論が尽きない現代社会にあって，規範的にもフィージビリティのある
法制度に即した議論を実現する上でも，社会保障法の概説書の必要性は高いは
ずである。

　物事には本質があり，質量には重心がある。如何に複雑とはいえ，社会保障
にも本質と重心があるはずである。言い換えれば，社会保障法の場合にも，移
ろいやすい部分とそうでない部分があることになる。1922 年制定の健康保険
法は，改正を重ねてはいるが，100 年近く基本的な骨格を維持している。かつ
てドイツの法学者オットー・マイヤー（Otto Mayer）が「憲法変われど行政法
変わらず（Verfassungsrecht vergeht, Verwaltungsrecht besteht.）」と述べている
が，「憲法変われど健保変わらず（Verfassungsrecht vergeht, Krankenversicher-
ung besteht.）」ともいうべき部分を社会保障法にも見出すことができる。

　過去からの経路依存と社会経済のダイナミズムの狭間で連続と断絶を重ねな
がら急激に変容する社会保障において，重心に位置し，最も本質的な普遍的な
規範が社会保障法の要諦である。本書は，そうした点を意識する。また，本書
が読者として念頭に置く大学生及び大学院生，社会福祉等の社会保障関係者等
にとっても，毎年のように変わる社会保障給付の細部を記憶することは，労多
くして功少なしであろう。現代は情報化社会である。必要があれば，他の社会
保障関係の文献，インターネット等で直近の数字等を確認していただきたい。

　最後に，本書が，より多くの方をして社会保障の本質に関する議論を理解す
ることに寄与できるよう願う。

　　2018 年 6 月

伊奈川　秀和

目　次

はじめに（ⅲ）

◆　第Ⅰ部　◆　社会保障法総論

◆第1章　社会保障制度の概観 ……………………………………… *3*

第1節　社会保障の意義……*3*

1　社会保障と社会保障法（3）／2　実定法体系における社会保障法（4）／3　社会保障の必要性（5）／4　社会保障の捉え方（7）

第2節　社会保障の淵源……*15*

1　法　源（15）／2　憲法規範（17）／3　条　約（30）／4　法の一般原則（32）

◆第2章　社会保障の対象 …………………………………………… *35*

第1節　対象の多様性……*35*

第2節　社会保障の主な対象……*36*

1　国　民（36）／2　対象者の類型（42）／3　事業者（52）／4　多様なステークホルダー（53）

◆第3章　社会保障の方式等 ………………………………………… *54*

第1節　社会保障の方式……*54*

1　概　観（54）／2　財源調達上の給付の分類（55）

第2節　給付方法による分類……*58*

1　給付の方法（58）／2　給付の機序（58）／3　給付制限（59）／4　給付の類型及び方式の関係（62）

第3節　財源調達から見た方式……*65*

1　社会保障の財源（65）／2　充当先からみた財源（67）／3　財源に関する規整（68）

第4節　組織からみた方式……*69*

v

目　次

1　社会保障の組織（69）／2　国（70）／3　地方公共団体
（72）

◆　第Ⅱ部　◆　　社会保険法

第4章　社会保険の基本構造 ……………………………………… 77

第1節　社会保険の意義……77
　　1　社会保険法の射程（77）／2　社会保険の特徴（78）
第2節　社会保険の構成要素……82
　　1　社会保険の構成要素（82）／2　社会保険固有の構成要
　素（84）／3　社会保険の保険関係（88）
第3節　社会保険の類型……88
　　1　社会保険のモデル（88）／2　社会保険の方式（92）

第5章　社会保険の適用・徴収 …………………………………… 97

第1節　社会保険の保険関係……97
　　1　保険関係の成立（97）／2　保険関係の当事者等（98）
　／3　被保険者等（99）
第2節　社会保険の適用・徴収……112
　　1　適用・徴収事務（112）／2　被保険者資格の取得（113）
　／3　保険料の徴収（114）

第6章　社会保険の財政 …………………………………………… 118

第1節　社会保険財政の概観……118
　　1　社会保険の財源（118）／2　財政運営（119）
第2節　保　険　料……120
　　1　社会保険の保険料の意義（120）／2　各制度の保険料
　（123）／3　保険財政の運営（130）／4　保険料を巡る法律
　問題（134）
第3節　国庫補助等……137
　　1　国庫補助等の意義（137）／2　国庫補助等の理由（138）
　／3　国庫補助等の状況（138）／4　財政調整等の状況

vi

（140）

◆第7章　社会保険給付総論 …………………………………………… 142

第1節　給付の態様……142

1　給付の方式（142）／2　権利発生の機序（145）／3　一部負担金等（146）／4　スライド制度（149）

第2節　受給権の構造……150

1　概　観（150）／2　各社会保険制度の構造（151）

第3節　受給権の保護……155

1　受給権保護の必要性（155）／2　譲渡・担保・差押の禁止（155）／3　一身専属性（157）／4　租税その他公租公課の禁止（159）

第4節　権利の制限・消滅……159

1　保険給付の制限（159）／2　消滅時効（160）／3　併給調整等（166）／4　過誤払調整等（169）

第5節　社会保険争訟等……171

1　不服申立て及び訴訟（171）／2　第三者行為求償及び給付免責（173）

◆第8章　医療保険法 ……………………………………………………… 176

第1節　医療保障制度の概観……176

1　制度体系（176）／2　我が国の医療保障の特徴（178）

第2節　医療保険の概要……179

1　制度体系（179）／2　保険給付の体系（181）／3　保険医療組織（189）／4　診療報酬制度（193）

◆第9章　年金保険法 ……………………………………………………… 196

第1節　年金制度の概観……196

1　年金の意義（196）／2　制度の体系（197）／3　企業年金等（200）／4　受給権の構造（201）／5　公的年金の給付水準（203）

第2節　老齢年金……203

vii

目　次

　　　1　給付の概観（*203*）／2　国民年金（*204*）／3　厚生
　　年金（*207*）／2　離婚時年金分割（*214*）

　　第3節　障害年金……*217*

　　　1　給付の概観（*217*）／2　国民年金（*218*）／3　厚生
　　年金（*223*）

　　第4節　遺族年金……*227*

　　　1　給付の概観（*227*）／2　国民年金（*230*）／3　厚生
　　年金（*231*）／4　寡婦年金（国年）（*235*）／5　死亡一時
　　金（国年）（*236*）

　　第5節　その他の年金……*238*

　　　1　特別一時金（国年）（*238*）／2　脱退一時金（国年・厚
　　年）（*239*）

◆第10章　労働保険法 ………………………………………………… *241*

　　第1節　労働保険の概観……*241*

　　　1　労働保険の意義（*241*）／2　社会保険における労働保険
　　（*241*）

　　第2節　労災保険……*243*

　　　1　意　義（*243*）／2　保険事故（*244*）／3　給　付
　　（*251*）／4　労災保険と損害賠償との関係（*257*）

　　第3節　雇用保険……*259*

　　　1　意　義（*259*）／2　保険事故（*259*）／3　給付の概要
　　（*261*）／4　求職者給付（*263*）／5　雇用保険二事業（*269*）

〈法令名略語〉

A規約　経済的，社会的及び文化的権利に関する国際規約
介保法　介護保険法
行手法　行政手続法
行審法　行政不服審査法
健保法　健康保険法
厚年法　厚生年金保険法
高確法　高齢者の医療の確保に関する法律
行組法　国家行政組織法
国年法　国民年金法
国保法　国民健康保険法
国共法　国家公務員共済組合法
雇保法　雇用保険法
児手法　児童手当法
児福法　児童福祉法
自治法　地方自治法
児扶法　児童扶養手当法
障基法　障害者基本法
船保法　船員保険法
地共法　地方公務員等共済組合法
地財法　地方財政法
地税法　地方税法
徴収法　労働保険の保険料の徴収等に関する法律
労基法　労働基準法
労基則　労働基準法施行規則
労災法　労働者災害補償保険法

　（注）条文の枝番を引用する際には，ハイフンでそのことを示している。
　　　　引用の際の「令」は，政令を意味する。

〈概観〉社会保障法総論・
社会保険法

第 **I** 部

社会保障法総論

◇ 第 1 節 ◇ 社会保障の意義

第1章

社会保障制度の概観

● 第 1 節　社会保障の意義 ● ● ●

1　社会保障と社会保障法 ● ● ●

　社会保障法は，社会保障に関する実定法（以下必要に応じて「社会保障立法」という。）であり，**労働法**等とともに**社会法**を構成する法学の分野である。ところが，社会保障立法は，1 本の法律でもって法典化されているわけではなく，実に多くの法律で構成されている。このことは，フランスやドイツのように社会保障に関連する法典を編纂している国と異なる特徴である[(1)]。

　この社会保障法を考える上では，総合的・複眼的な思考が重要である。社会保障制度という言葉が人口に膾炙しているように，社会保障法には制度論的な色彩が強く，しかも制度構築に当たっては，社会保障論，社会福祉学，社会政策等の隣接諸科学が関係してくる。その点で，学際的・総合的な領域である。もちろん，我が国の制度が制定法によって構築され，そこに国民，事業者等の権利義務関係が発生することからすれば，社会保障制度は最終的には社会保障立法に収斂することになる。ただし，社会保障法の規範体系は，隣接諸科学の

---

(1)　ドイツは，1970 年に法典化の閣議決定が行われ，12 編からなる「社会法典（Sozialgesetzbuch ＝ SGB）」が編纂されている。この中には，年金，医療等の社会保険以外に，求職者に対する基礎的保障，児童・青少年扶助，リハビリ・障害者参加，社会扶助等が含まれる。これに対して，フランスの場合には，1956 年に最初の法典化が実施され，1987 年に 9 編からなる「社会保障法典（Code de la sécurité sosiale）」が主に社会保険関係を対象に編纂されている。このほかに，社会事業・家族法典（Code de l'action sociale et des familles）が社会福祉関係を規定している。

3

◆ 第 1 章 ◆　社会保障制度の概観

学問蓄積の成果を取り入れている部分が大きいことからすれば，やはり隣接諸
科学への理解が求められる。

　これら隣接諸科学との関係で社会保障法学の特徴や立ち位置を挙げるとすれ
ば，法解釈学，判例解釈等に裏打ちされた現行法の解釈の提示，立法学，立法
技術等に裏打ちされた立法論・法政策の提示などである。このことは，社会保
障法学が現行法を前提とする点で保守的であると同時に，生成発展する社会保
障制度との関係において，あるべき社会保障立法を提示し得る点で進歩的な側
面を有することを意味する。

　いずれにせよ，社会保障法抜きに社会保障を論じることは，我が国が法治国
家である以上は考え得ない。それと同時に，法学は，社会経済の森羅万象の交
わる十字路（carrefour）でもあることから，隣接諸科学への目配りが必要であ
る。本書では，その点も意識しながら，社会保障法総論及び社会保険法を論じ
ることにする[2]。

2　実定法体系における社会保障法　●　●

　社会保障立法は，我が国の膨大な実定法体系の中の孤島のようにして存在す
るわけではなく，同じ社会法である労働法は勿論のこと，そのほかの民法，刑
法，行政法等の法分野とも多くの接点を有する。

　例えば，社会保険の場合であれば，第三者行為求償，労災の使用者行為災害
等を介して民法の損害賠償との関係が生じる。また，社会福祉法の分野であれ
ば，成年後見，親権等との関係が重要である。また，刑法との関係では，福祉
犯罪をはじめとして多くの社会保障立法が罰則規定を設けている。あるいは，
虐待や少年司法のように，刑事司法と社会福祉法が交錯する分野もある。この
ほか，社会保障の多くの給付等が行政を通じて国民に提供されることから，行
政法との関係も重要となる。

　さらに，実体法と手続法に分けた場合，社会保障立法の多くは実体法である

（2）　本書では，改正が頻繁な給付金額等の数字は必要最小限にとどめている。また，年
　　金等の金額は，本則の規定によっており，実際の金額はスライド等が実施されること
　　ら，本則の金額等とは異なる。最新の情報は，一般社団法人厚生労働統計協会が毎年編
　　集・発行する『保険と年金の動向・厚生の指標　増刊』を参照されたい。なお，介護保
　　険は，社会保険であるが，同時に社会福祉であることから，本書ではなく，拙著『〈概
　　観〉社会福祉法』（信山社，2018 年）111 頁以下で論じている。

◇第1節◇ 社会保障の意義

図1-1 社会保障法と立法事実

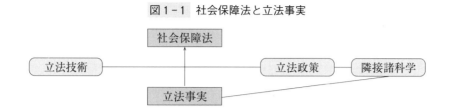

が，行政不服審査，行政手続等の手続法に関する特則が設けられることもあり，その点では手続法も含まれることがある。

3 社会保障の必要性
（1）立法事実の重要性

　法には目的があり，それとの関係で何らかの社会的必要性や妥当性という**立法事実**があってこそ，実定法として制定されるに至る[3]。しかも，立法事実を立法につなげる法技術は多様であり，そこには隣接諸科学に支えられた立法政策上の判断が求められることになるが，現在の制度は，その基礎となる立法事実を前提とした立法技術・立法政策の収束点でもある（図1-1）。とりわけ，社会保障法は，法あっての社会ではなく，社会あっての法である。換言すれば，社会保障法の規範によって社会を律するというよりも，現実の社会を受け止めて規範を定立することに重きがある。それ故，社会保障法が生成発展的性格が強い法分野であることは，必然といえる。

（2）社会保障の背景にある立法事実

　社会保障法を考える上では，既存制度の存在を前提とせず，社会保障なかりせば，人は如何なる方法で人生で遭遇する様々な困難，困窮，不幸等の社会的リスクに対応・対処するかを考えることが有益である。何故ならば，社会保障は，現代に突然登場したわけではなく，歴史的に形成されてきた制度であるの

---

[3] 立法事実を欠けば，最終的には，裁判所の違憲審査にも耐えられないことになる。この点，薬事法距離制限違憲判決（最判昭和50年4月30日民集29巻4号572頁）は，「全体としての必要性と合理性を肯定しうるにはほど遠いものであり，この点に関する立法府の判断は，その合理的裁量の範囲を超えるものであるといわなければならない」と判示している。

に対して，社会保障が対応・対処しようとする社会的リスクの中には，傷病，障害，老齢等のように，歴史的に常に存在してきたものも多いからである。

かかる思考様式及び枠組みを前提として，社会保障との代替・補完性を考える上で重要なのは，以下の点である。

① 個人の自助努力

貯蓄は人間としての美徳であり，経済的には投資の原資でもある。個人が予期せぬリスクの備えるため某かの貯蓄を行うことは，この社会において広くみられる。メリットとしては，個人の自由との親和性，責任感の助長，自助努力の促進といった点がある。逆にデメリットとしては，貯蓄の引出による費消による貯蓄の払底，経済変動に対する不安定性，過大な貯蓄の必要性（過剰貯蓄論）等がある。

② 親族扶養

自然債務的な扶養からはじまって，民法上の法的扶養義務まであるが，貧困の再生産等の問題を考えても，親族扶養には限界がある。特に核家族化した現代社会にあっては，親族扶養への過度の依存は，個人に過大な負担を負わせることになる。

③ 損害賠償

民法上の債務不履行又は不法行為に代表されるように損害賠償請求は，社会経済生活において重要な制度である。ところが，社会保障が対象とする疾病，老齢等のリスクは，第三者の責任とは無関係であり，損害賠償に元来なじまない。また，労災のように損害賠償になじむリスクもあるが，過失，監督責任等の要件を満たす必要がある過失責任主義には限界がある。さらに，賠償責任者の無資力のリスクを考えると，必ずしも労災補償の実を挙げることができない。

④ 慈善（慈善団体，政府等による慈善）

社会福祉との関係で，慈善，ボランティア等は重要であるが，これらの活動は元来任意であり，それだけに依存することはできない。また，恩恵的な制度には，スティグマが伴うという問題もある。

⑤ 民間保険

民間保険は，リスクの分配により，個人の過大な貯蓄を不要とするというメリットがあり，自己責任原則にも沿っている。しかし，保険技術が活用できない事象（家族の扶養費，失業等）があるほか，リスクの高い者ほど保険者による引受けの謝絶，過大な保険料負担等の対象となる。

◇ 第1節 ◇ 社会保障の意義

4　社会保障の捉え方　●　●　●

（1）ライフサイクル及び生活保障の視点

　前述のように社会保障は，国民が人生の中で遭遇する出来事を抽出・類型化し，制度に昇華させる場合が多い。人々も，**ライフサイクル仮説**（人々が生涯所得を念頭に現在の消費行動を決定するという理論）に象徴されるように，一定の生涯所得及び人生で遭遇する出来事を想定しながら，時々の消費と貯蓄を決定している。しかしながら，前述の社会保障の代替・補完策では対応・対処できない出来事が起きることに社会保障が登場する契機が存在する。

　この点は，労働法との関係でも重要である。従属労働の下での労働者と使用者という枠組みを前提とする労働法と異なり，社会保障法は，国民のライフサイクル全体を射程に置くことに特徴がある。いわば，**生活主体**である国民（生活者）を法主体として措定し，その生活保障のための法体系である[4]。労働法とともに**福祉国家**の法的基礎を構成する分野である。

　このことを象徴するのが，第2次世界大戦後（以下単に「戦後」という。）のイギリスの福祉国家建設を主導した「**揺りかごから墓場まで**（from the cradle to the grave）」という言葉である。同時期に福祉国家の青写真を描いた『**ベヴァリッジ報告**（社会保険および関連サービス）』（1942年）では，社会保障を「失業，疾病あるいは災害によって稼得が中断された場合にこれに代わって所得を維持し，老齢による退職や本人以外の者の死亡による扶養の喪失に給付を行い，出産，死亡，婚姻などに伴う特別の出費を賄い，そうすることで所得を保障することを意味している」と定義している[5]。同報告の中で登場する5巨大悪（5つの巨人）は，以下のとおり，社会保障が取り組むべき出来事を的確に集約した表現である[6]。

　① **欠乏**（Want）　⇒　**所得保障，生活保護**

　② **疾病**（Disease）　⇒　**医療保険**

（4）　荒木誠之『生活保障法理の展開』（法律文化社，1999年）23頁；社会保障制度審議会「社会保障体制の再構築（勧告）――安心して暮らせる21世紀の社会をめざして」（1995年7月4日）（1995年勧告）は，社会保障の理念として「社会保障制度の新しい理念とは，広く国民に健やかで安心できる生活を保障することである」と述べている。

（5）　ウィリアム・ベヴァリッジ（一圓光彌監訳）『ベヴァリッジ報告――社会保険および関連サービス』（法律文化社，2014年）187頁

（6）　同上5頁

◆ 第 1 章 ◆ 社会保障制度の概観

③ 無知（Ignorance）⇒ **教育**

④ 不潔（Squalor）⇒ **公衆衛生，住宅政策**

⑤ 無為（Idleness）⇒ **雇用政策**

（2）多様な社会保障概念

　各人にとって一定のイメージはあるとしても，いざ定義しようとすると困難を伴うのが**社会保障**である。また，社会保障の生成発展的性格もあって，時代や国によっても概念が異なってくる。ここでは，これまでの代表的な概念の整理に着目する。

　まず，国際労働機関（ILO）の「**社会保障（最低基準）条約**」（102 号条約，1952 年）である[7]。ILO は，戦前，いち早く疾病保険，年金，失業等に係る社会保険条約を整備した。しかし，各国の制度の多様性を踏まえた上で，戦時中に採択された所得保障（67 号勧告）及び医療保障（69 号勧告）の 2 本の勧告以降，ILO は，社会保険条約が目指したような制度共通の仕組みではなく，社会保障のあるべき水準の設定の方向に作業の舵を切ることになった。その最初の集大成が 102 号条約であった。その中で，ILO は，社会保障を①医療，②傷病給付，③失業給付，④老齢給付，⑤業務災害給付，⑥家族給付，⑦母性給付，⑧障害給付，⑨遺族給付の 9 部門に整理している。

　社会保障（social security）という用語は，1935 年のアメリカでニューディール政策の一環として制定された社会保障法（Social Security Act）に始まると言われる[8]。この社会保障という言葉は，既に 1941 年の大西洋憲章の中にも登場する[9]。また，1944 年の ILO によるフィラデルフィア宣言の中でも，ILO の目的として「(f) 基本収入を与えて保護する必要のあるすべての者にこの収入を与えるように社会保障措置を拡張し，且つ，広はんな医療給付を拡張すること」が謳われている。

　我が国では，戦後，憲法 25 条 2 項において，社会福祉及び公衆衛生と並べ

---

(7) ILO 条約の変遷については，拙著『フランスに学ぶ社会保障改革』（中央法規，2000年）1-60 頁

(8) アメリカの制度の発展については，J. S. Hacker, *The Divided Welfare State*, Cambridge University Press, 2002

(9) 大西洋憲章については，社会保障ではなく「社会的安全」と訳されている（http://www.ndl.go.jp/constitution/etc/j07.html）。

◇ 第 1 節 ◇ 社会保障の意義

て社会保障が登場する。この制定経緯をみると，1946 年 2 月の GHQ 草案では「社会的安寧（Social security）」となっており，以降「社会の福祉及び安寧」「社会の福祉，生活の保障」を経て，現在の社会保障となっている[10]。

　これからすると，社会福祉及び公衆衛生は，社会保障と同列で規定される制度である。しかし，1950 年に**社会保障制度審議会**（以下「制度審」という。）が出した「**社会保障制度に関する勧告**」では，社会保障は，以下のとおり総称的な上位概念として使用されている。

「いわゆる社会保障制度とは，疾病，負傷，分娩，廃疾，死亡，老齢，失業，多子その他困窮の原因に対し，保険的方法又は直接公の負担において経済保障の途を講じ，生活困窮に陥った者に対しては，国家扶助によって最低限度の生活を保障するとともに，公衆衛生及び社会福祉の向上を図り，もってすべての国民が文化的社会の成員たるに値する生活を営むことができるようにすることをいう。」

　この制度審の整理によれば，社会保障の下に社会保険，社会手当，公的扶助，公衆衛生及び社会福祉が包含されることになる。

　ところで，この社会保障に相当する欧米語は，英語の「social security」，フランス語の「sécurité sociale」，ドイツ語の「sozial Sicherheit」など，何れも「社会的」な「安全」や「安心」の意味である。しかし，その意味するところは，国によって異なる。

　例えば，アメリカでは，連邦政府が運営する社会保険（老齢年金保険），州政府が運営する社会保険（失業保険），州政府が運営する公的扶助が存在するが，社会保障と言えば，何よりも年金としての老齢・遺族・障害保険（Old-Age, Survivors and Disability Insurance = OASDI）である。イギリスの場合には，社会保障は一般に所得保障を意味し，社会福祉等のサービスは社会サービス（social services）と言われる。19 世紀後半にビスマルクにより労働者保険を創設したドイツの場合には，年金等の所得保障のみならず疾病，労災，更に介護を含めて社会保険（sozial Sicherheit）が給付を行っており，それに対する補足として別途社会扶助（Sozialhilfe）が存在している。さらに，雇用，教育，住宅施策等も含めた施策については，「社会政策（Sozialpolitik）」が使用される。

　ヨーロッパ大陸では，社会保険方式を採用する国が多い。そのうちフランス

---

(10)　http://www.ndl.go.jp/constitution/index.html

◆ 第1章 ◆ 社会保障制度の概観

の場合には，社会保障（sécurité sociale）という言葉がほぼ社会保険と同義で使用されており，それを補完する社会扶助（aide sociale），社会扶助以外の社会福祉を意味する社会事業（action sociale）が存在している。このため，我が国の社会保障のような広義概念としては，各種社会政策を包含する形で**社会的保護**（protection sociale）が使用されることがある[11]。このためか，フランス以外でも社会的保護（social protection）が登場する頻度が高くなっている。

（3）社会保障の根底にあるリスク

リスク（risk）は多様な意味を有する用語である。一般には，将来のある時点で何かが起きる可能性を意味する。ただ日本語で危険とも訳されるように，予期せぬ悪い結果を引き起こす状況で使用されることがある。これに対して，社会保険では，確率的に把握可能な給付要件としての傷病，老齢，障害等の保険事故の意味で限定的に使用される。

本書では，社会保険の保険事故に限定せず，生活保障としての社会保障が対象とする要保障事由をリスクと捉える。社会福祉では，社会福祉が対象とすべきサービスをニーズ（需要）として把握することがあるが，これも客観性等の点で社会保障の要保障事由と親和性を有しており，制度のフィルターを介して，ニーズが要保障事由になると考えたい。

フランスでは，社会保障（社会保険）を「**社会的リスク**（risques sociaux）」の結果として発生する所得の減少又は支出の増大に対する補塡として捉える説がある[12]。これによれば，社会保障は，各種社会的リスクに起因する所得の減少又は支出の増大を所得再分配を通じて是正する制度といえる（図1-2）。

確かに，社会保障には，個人の経済的安全を保証するための**所得再分配機能**があることから，所得に着目するのも一つの理解の仕方ではある。しかし，社会保険以外も含めた場合には，所得の喪失及び支出の増大の側面のみで社会保障を捉えることはできない。ただ，リスクには，個人の責任や努力では対応できない事象が包含される前提に立てば，社会保障を社会的リスクに対応・対処

---

(11) 社会的保護の定義としては，「社会的リスクに対して社会が個人を保護しようとする場合の施策の総称。その意味では，社会保障，社会扶助，福利厚生組織，児童・身体障害者のための法制を包含する。」（G. Cornu, *Vocabulaire juridique*, Quadrige/PUF, 2001）がある。

(12) J.-J Dupeyroux, *Droit de la sécurité sociale*, Dalloz, 1998, pp.8-9

◇第1節◇ 社会保障の意義

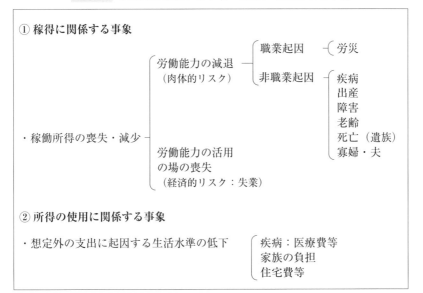

図1-2 社会保障制度において一般的に考慮される事象

（出典）J.-J Dupeyroux, *Droit de la sécurité sociale*, Dalloz, 1998, p. 8

するための仕組みと捉えることには妥当性がある[13]。すなわち，社会的に対応・対処すべきと評価された国民のリスクが社会保障の対象となる。

（4）社会保障の分類

社会保障を制度に即して分類することは，他制度との関係も含め社会保障を理解する上で有用である。政府が関わった分類という点では，前述の制度審の1950年勧告がある。これに倣うと，社会保障を社会保険，公的扶助，社会福祉及び公衆衛生から成る狭義の社会保障，それらに戦争犠牲者援護及び恩給を加えた広義の社会保障に分類し，さらに関連制度として住宅対策及び雇用対策

---

[13] 厚生労働省『平成13年版厚生労働白書』は，「個人が社会の中で生活していく際には，自らの責任や努力では対応できない老齢，疾病，障害，失業などさまざまな困難な事態（リスク）が発生することになる。そのため，こうした事態（リスク）に備えて社会全体で支え合う仕組みを用意し，個人の自律した生活を下支えしていく必要があり，こうした機能を果たす社会保障の役割は極めて重要である。」（124-125頁）と述べており，リスクが使用されている。

◆ 第1章 ◆　社会保障制度の概観

図1-3　社会保障制度審議会勧告に基づく社会保障の分類

区　　分			制　度	給付の対象者・仕組		財源
広義の社会保障	狭義の社会保障	公的扶助	生活に困窮する全ての国民に対して，国が最低限度の生活を保障し，自立を助けようとする制度	生活保護	個人又は世帯〈セーフティネット〉	生活困窮に対して事後的に給付する仕組み	公費
		社会福祉	障害者，母子家庭など社会生活をする上で様々なハンディキャップを負っている国民が，そのハンディキャップを克服し，安心して社会生活を営めるよう，公的な支援を行う制度	身体障害者福祉，知的障害者福祉，老人福祉，児童福祉，母子福祉等			
		社会保険	生活困窮に陥るのを予防するため，その原因である病気，失業などの事故や老後の生活に備えて，各自が予め保険料を拠出し，いざという時に医療・介護，年金・一時金の給付を行うことで，生活安定を図る相互扶助の制度	医療保険，年金保険，介護保険，雇用保険，労働者災害補償保険等		生活困窮に陥るのを事前に予防する仕組み	主として社会保険料
		公衆衛生	国民が健康に生活できるよう様々な事項について予防，衛生のための制度	結核，感染症，麻薬対策，上・下水道，廃棄物処理等	国民全体〈社会インフラ〉		公費
		戦争犠牲者援護，恩給	戦争犠牲者に対して，国家補償の精神から，医療，年金の給付を行う制度	戦傷病者医療，戦没者遺族年金，軍人恩給等			
関連制度		住宅対策		公営住宅建設等			
		雇用対策		失業対策事業等			

（出典）社会保障制度審議会「新しい世紀に向けた社会保障（意見）」（2000年9月），社会保障制度審議会事務局「社会保障関係総費用」等をもとに作成

◇ 第 1 節 ◇ 社会保障の意義

を位置付けることができる（図1-3）。

このような制度体系論的な理解は，他制度との関係も含めて社会保障の全体像をつかむことを容易にする。ただ留意する必要があるのは，実定法は，必ずしもこのような分類に沿って制定されていないことである。典型的には，介護保険のように社会福祉でありながら，社会保険が採用されたり，公費負担医療のように公衆衛生でありながら，保険優先で社会保険から給付が行われ，一部負担部分を公費で補填する方法が採られることがある。

その点では，社会保障が採用する立法技術（例えば，社会保険）と社会保障が対処すべき社会的リスク（例えば，社会福祉）は，分けて考えるべきである。その上で，如何に分類するかには，絶対的な基準はないが，以下のような荒木説による体系化が要保障性の構造に着目している点で社会的リスクの考え方とも親和性が高い[14]。

① **所得保障給付**（所得の喪失に対して金銭的給付を行う法）＝経済的側面の生活保障

　a．生活危険給付（生活をおびやかす各種の所得喪失事由にそなえて，一定の所得をおぎなう）

　　（例）負傷・疾病，心身の障害，老齢，死亡，出産及び児童扶養，労働災害，失業

　b．生活不能給付（現実に貧窮状態に陥った者に，最低生活水準を営む必要な限度で，所得を与える）

　　（例）生活保護

② **生活障害給付**（生活上のハンディキャップに対して，社会サービス給付を行う法）＝非経済的側面の生活保障

　（例）社会福祉等

ところで，社会的リスクに対して生活保障を行う法を社会保障法と捉えた場合，その対応・対処方法は，金銭による現金給付又はサービスも含めた現物給付によることが多い。その点では，社会保障法の大宗を**給付法**が占める。

しかしながら，社会保障の中には，公衆衛生（特に環境衛生）のように，必ずしも個人を対象にその権利・義務を規律する建付けでない分野もある。むしろ，住民等の一定の集団，地域，事業者等を対象として措定し，営業規制，取

---

(14) 荒木誠之『社会保障法読本［新版増補］』（有斐閣，1998年）250頁

13

◆ 第1章 ◆ 社会保障制度の概観

締等の衛生警察的な手法が多用される。もちろん，その場合であっても，法規制が存在するのは，最終的に個人が直面する社会的リスクへの対応の必要があってのことである。見方を変えると，そこには権力的な作用が発生する。このことは，社会福祉等の場合も含め，社会保障には程度の差こそあれ，権力的要素が存在することにつながる。典型的には，社会福祉における要保護児童対策や福祉犯罪の取締である。

これとは逆に，社会福祉には，ソーシャルワークのように権力的要素を含まない事実行為が存在する。あるいは，個人に対する権利が明確なサービス等の給付ではなく，法律，要綱等に基づき事業として実施されるサービス等の提供がある。その場合には，補助金等であれば贈与となり，利用者との間には契約等の関係が成立することになる。さらに，医療及び社会福祉の分野では，患者，利用者等の権利，権利擁護等の問題が重要となってきている。また，高齢化との関係では，疾病予防，健康増進等の健康権に関わるアプローチも重要となっている。

これら給付行政以外も国民の生存権保障に結びついており，社会保障法は，規制行政，権利保障等もその射程に取り込むべきことになる。確かに，社会保障法の中核は，個人に対する現金・現物による給付行政であり，そこで発生する権利義務関係であるが，公衆衛生等も含めて考えると，そこに収まりきらない多様な法関係が展開することになる。詰まるところ，生存権保障の観点から，如何なる方法が適切かという立法政策上の選択が求められることになる。

（5）自助・共助・公助

自助・共助・公助は，元来法的概念ではないが，社会保障を論じるに当たって，一定の規範性をもって使用される。さらに，社会保障制度改革推進法（平成24年法律64号）によって，実定法上の用語ともなっている。すなわち，同法2条は，社会保障制度改革の基本的な考え方として，「自助，共助及び公助が最も適切に組み合わされるよう留意しつつ，国民が自立した生活を営むことができるよう，家族相互及び国民相互の助け合いの仕組みを通じてその実現を支援していくこと」を規定している。

当該規定の根底には，自助が基本であるという思想が読み取れる。近代市民社会は，経済的には市場原理，法的には私的自治の原則等に支えられた社会である。そのことは，個人が国家から干渉されない自由（自由権的基本権）が保

◇ 第2節 ◇ 社会保障の淵源

障される反面，**生活（維持）自己責任原則**という形で生活において自己責任が強調される社会でもある。しかし，現実には失業，貧困等の社会問題が発生する中で，20世紀的な権利である生存権等の社会権を規範的基礎として社会保障が登場・発展することになる。政治的には積極国家としての福祉国家の構築が進められることになる。

　自助・共助・公助は，生存権との関係で整合的に捉える必要があり，如何に自助が強調されようとも，規範体系上は生存権を超える規範とはなり得ない。確かに生存権は，近代市民社会の規範に対する修正原理であり，中でも社会保障は，自助よりも共助・公助の要素が強く表れる制度である。ただし，社会保障も自助の存在や必要性を否定するものではない。例えば，社会保険の保険料拠出に自助の要素があることは言うまでもなく，生活保護等の社会福祉においても自助の要素が含まれている。その点では，社会保障は，生存権保障のため自助・共助・公助を組み合わせた制度である。とりわけ，1950年の制度審勧告以来，**社会保険中心主義**が政府の基本となっている背景には，社会保険における自助の要素の存在があると推察される[15]。重要なのは，自助には個人の自律，意思決定等を尊重する側面があることである。その限りでは，自律を助長促進することは，社会保障にとっても重要といえる。

● ● ● 第2節　社会保障の淵源 ● ● ●

1　法　源 ● ● ●

　社会保障においても，その規範の源泉が何かが問題となる。いわゆる**法源論**である。法律による行政の原理から，社会保障法の中でも行政が関わる分野は，不文法源としての慣習法（法の適用に関する通則法3条）等が及ぶ余地は比較的少ない。とはいえ，解釈運用に当たって，法の一般原則，判例等が果たす役割は少なくない。

---

(15)　社会保険中心主義を打ち出した文書としては，「社会保障の中心をなすものは自らをしてそれに必要な経費を拠出せしめるところの社会保険制度でなければならない」と述べた制度審の1950年勧告，社会保険中心主義の堅持を唱えた制度審の1995年勧告，社会保険の受給権の権利性を強調した社会保障制度審議会「新しい世紀に向けた社会保障（意見）」（2000年9月）等がある。

◆ 第1章 ◆ 社会保障制度の概観

　成文法という点では，規律密度が高く，かつ，地方公共団体の関与が強い社
会保障にあっては，憲法及び法律以外の政令，省令及び告示並びに地方公共団
体の条例及び規則も重要である。さらに，法令の解釈運用という点では，通達
も行政実務上は実質的拘束力を有する（行組法14条2項）。このほか，条約等
の国際約束も社会保障と関わってくる。

　その一方で，法的拘束力を有しない事実行為としての行政指導も実務上の影
響力を有することがある。行政指導の中には，法律上規定されるもの（指導，
勧告等）もあるが，そうではなく最終的には厚生労働省設置法等の設置法上の
任務，所掌事務等を拠り所とするものもある。当然ながら，行政指導の場合に
は，不利益取扱いの禁止，申請権侵害の禁止等の限界がある（行手法32条等）。

　そのほか規範体系上重要な点として，平常時社会保障法と非常時社会保障法
ともいうべき平常時と非常時を通じた社会保障の実施の問題がある。法源の観
点からいえば，大半の社会保障立法は，平常時を想定した建付けとなっており，
災害，虐待等の非常時を意識した規定は少ない（図1-4）。

　ところが，社会保険立法を典型として，規律密度が高いほど解釈の余地が乏
しく，非常時の臨機応変な対応に支障を来す嫌いがある。もちろん，災害救助
法のように応急的な罹災者の保護を行う立法も存在しており，これは平常時の
生活保護法と対をなす。また，社会福祉立法の中には，児童，高齢者，障害者
等の虐待防止関係の法律又は規定が存在しており，必要な措置が講じられるよ
うになっている。

　しかし，社会保険を例に採れば，適用・徴収，給付等の事務は，非常時に円
滑な執行を期待することは困難である。このため，保険料の免除，被保険者証

図1-4　社会保障の規範体系各種法人制度の比較

	平常時		非常時
国内	通常の社会保障法	ex.一部負担減免等	ex.災害救助法 特定非常災害特措法 虐待防止法
国際法	ex.国籍要件撤廃 社会保障協定実施法 ex.障害者権利条約，児童権利条約 ILO条約，社会保障協定		ex.難民条約

16

に変わる免除証明書，一部負担金の減免等の規定が法令上も設けられている場合がある。また，配偶者からの暴力（DV）の場合の運用上の対応として，加害者である被保険者ではなく被害者である被扶養者からの被扶養者認定の取消しが認められている。

このほか医療の関係では，救急医療が平時を前提としているのに対して，災害時には災害医療が展開することになる。災害対策基本法が規定する各種法令の特例，緊急措置等に代表されるように，非常時には，最終的には緊急避難（民法702条，刑法37条）による解決も含めた各種特例等の発動による生存権保障が顕在化することになる。

2 憲法規範

社会保障法は，最高法規である憲法との関係で，以下のような接点を有する（図1-5）。

（1）生存権

社会保障との関係で最も重要な憲法規範は，他の社会権規定（26条の教育，27条の勤労等，28条の労働三権）の総則的規定でもある25条の**生存権**である。憲法の国家と国民の2当事者関係的パラダイムで捉えるなら，社会保障とは，社会的リスクに直面する国民に対する国家による生存権の保障ということになる。

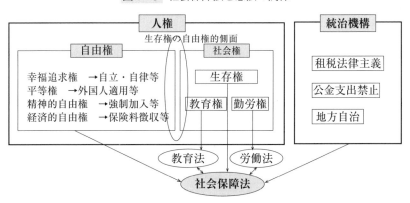

図1-5 社会保障法と憲法の関係

◆ 第 1 章 ◆　社会保障制度の概観

ドイツのワイマール憲法（151 条 1 項前段）に始まると言われる生存権ではあるが，フランス革命後の人権宣言にも，既に公的救済を国家の神聖な負債と位置付ける規定がある。また，我が国の場合にも，戦前から健康保険法（以下「健保法」という。），救護法，国民健康保険法（以下「国保法」という。）等の社会政策立法は存在しており，健保法のように戦後もその基本骨格を変えていない法律もあるなど，生存権に相当・類似する考え方がなかったとはいえない[16]。現在も，社会保障に関連する権利を規定する外国の憲法（フランス，スイス，イタリア等）はあるが，生存権という言葉が登場するわけではない。

　重要な点は，我が国の場合，20 世紀的な積極国家の特徴を体現する権利として登場した生存権が憲法上明確に位置づけられたこと，そして社会保障法という法分野形成の礎となってきたことである。しかしながら，自由権等の権利と異なり，生存権については，国民が国に対して 25 条を根拠に具体的な請求権を有するか否かという**プログラム規定性**を巡って議論が展開されてきた[17]。主な学説としては，以下のようなものが存在する[18]。

① **プログラム規定説**…法的権利ではないとして，裁判規範性を否定
② **法的権利説**…法的権利であるとして，裁判規範性を肯定
　　a．抽象的権利説…生存権は，それを具体化する立法等の措置が講ぜられるまでは，抽象的な権利に止まるが，法律等が制定されれば，具体的な権利となり，出訴も可能
　　b．具体的権利説…生存権規定はその規範内容の保障を請求できる具体的な権利を個々の国民に認めており，立法等の措置が講じられなくとも，訴訟の提起が可能

(16)　我が国においては，既に戦前からヨーロッパの思想（アントン・メンガー等）の影響を受ける形で，福田徳三（『続経済学研究』〔同文館，1913 年〕），牧野英一（『法律と生存権』〔有斐閣，1928 年〕），恒藤恭（『法律の生命』〔岩波書店，1927 年〕）等が生存権（＝人間たるに値ひする生活）を唱えていた。

(17)　ワイマール憲法は，経済生活の秩序との関係で人間に値する生活の保障が正義の原則に適合すべきことを規定しており，その総則規定としての位置付け及び抽象的な規定振りからして，立法の指針としてのプログラム規定説は自然であったが，日本国憲法 25 条（特に権利を有すると規定する 1 項）がそれと同列に論じ得るかは疑問である。

(18)　中村睦男・永井憲一『現代憲法大系⑦生存権・教育権』（法律文化社，1989 年）45-76 頁

◇ 第 2 節 ◇　社会保障の淵源

　何れの説を採るにせよ，裁判に訴えることは一般的でないことからすれば，
国民の生存権の実現には，立法等を通じた国家の積極的な関与（作為）が必要
という意味で，フランスでいう債権的権利（droit-créance）に近いといえる[19]。
この債権的権利に即して考えるならば，社会保障に関する権利は，国家に対す
る請求権のようなものであるが，国家による立法等を待って権利が具体化する。
ところが，国会による立法等の作為義務は政治的・抽象的なものであり，国民
が国家に対して権利として立法等を求めることはできないことになる。

　判例をみると，食糧管理法違反事件上告審判決（最大判昭和 23 年 9 月 29 日刑
集 2 巻 10 号 1235 頁）がプログラム規定説の先例である。裁判所は，憲法 25 条
に関して，「この規定により直接に個々の国民は，国家に対して具体的，現実
的にかかる権利を有するものではない」と判示している。ただし，これは，食
糧不足の中での闇米取引を巡る事案であり，現代で言えば，生存権の自由権的
側面に関わる問題のようにも見える。

　社会保障の分野では，**朝日訴訟**上告審判決（最大判昭和 42 年 5 月 24 日民集 21
巻 5 号 1043 頁）が嚆矢である。裁判所は，プログラム規定説を踏襲し，また，
行政裁量論を採用しつつも，生活保護の具体的権利性及び保護基準の憲法適合
性（健康で文化的な最低限度の生活）に言及している。さらに，生存権との関係
で，保護基準が生活保護法のみならず憲法の趣旨・目的に反し，裁量権の逸
脱・濫用がある場合には，司法審査の対象となることを以下のとおり認めてい
る。

「健康で文化的な最低限度の生活なるものは，抽象的な相対的概念であり，そ
の具体的内容は，文化の発達，国民経済の進展に伴つて向上するのはもとより，
多数の不確定的要素を綜合考量してはじめて決定できるものである。したがつ
て，何が健康で文化的な最低限度の生活であるかの認定判断は，いちおう，厚
生大臣の合目的的な裁量に委されており，その判断は，当不当の問題として政
府の政治責任が問われることはあつても，直ちに違法の問題を生ずることはな
い。ただ，現実の生活条件を無視して著しく低い基準を設定する等憲法および
生活保護法の趣旨・目的に反し，法律によつて与えられた裁量権の限界をこえ
た場合または裁量権を濫用した場合には，違法な行為として司法審査の対象と

---

　(19)　拙著『社会保障法における連帯概念 ── フランスと日本の比較分析』（信山社，
　　2015 年）82 頁

◆第1章◆　社会保障制度の概観

なることをまぬかれない。」

　その後出された**堀木訴訟**上告審判決（最大判昭和 57 年 7 月 7 日民集 36 巻 7 号
1235 頁）は，立法裁量論を採用し，「憲法二五条の規定の趣旨にこたえて具体
的にどのような立法措置を講ずるかの選択決定は，立法府の広い裁量にゆだね
られており，それが著しく合理性を欠き明らかに裁量の逸脱・濫用と見ざるを
えないような場合を除き，裁判所が審査判断するのに適しない事柄であるとい
わなければならない。」と判示している。

　ここから言えることは，以下の点である。

① 憲法 25 条 1 項の法意は，国家が国民一般に対して概括的に健康で文化的
　 な最低限度の生活を営ましめる責務を負担し，これを国政上の任務とすべ
　 きであるとの趣旨であって，この規定により直接に個々の国民は国家に対
　 して具体的・現実的にかかる権利を有するものではないこと。これはプロ
　 グラム規定説ではあるものの，純粋なプログラム規定説ともいいにくいこ
　 とを意味する。

② 生活保護法に基づく保護基準の設定及び社会保障立法における併給調整
　 規定の設定に当たって，何が健康で文化的な最低限度の生活であるかの認
　 定判断は，それぞれ厚生大臣（現厚労大臣），立法府の合目的な裁量判断に
　 任され，その判断は当不当の問題として政治責任を問われることはあって
　 も，直ちに違法の問題を生ずるわけではないこと。これは，行政裁量論及
　 び立法裁量論が採用されていることを意味する。

③ 保護基準の設定行為及び立法措置には，それぞれ行政裁量，立法裁量が
　 あり，それが著しく合理性を欠き，裁量権の逸脱・濫用がある場合には，
　 違法行為として，司法審査の対象となること。これは，司法審査に関する
　 明白性の原則を意味している。

　このように裁判所のプログラム規定説及び立法・行政裁量論に依拠する判決
の流れにあって，裁量統制という点で生活保護の保護基準の設定（老齢加算の
廃止）過程に踏み込み，そこに裁量権の逸脱・濫用がある場合には違法となる
ことを生活保護変更決定取消請求事件上告審判決（最三小判平成 24 年 2 月 28 日
民集 66 巻 3 号 1240 頁）は，以下のとおり判示している。

「老齢加算の廃止を内容とする保護基準の改定は，① 当該改定の時点において
70 歳以上の高齢者には老齢加算に見合う特別な需要が認められず，高齢者に
係る当該改定後の生活扶助基準の内容が高齢者の健康で文化的な生活水準を維

持するに足りるものであるとした厚生労働大臣の判断に，最低限度の生活の具
体化に係る判断の過程及び手続における過誤，欠落の有無等の観点からみて裁
量権の範囲の逸脱又はその濫用があると認められる場合，あるいは，② 老齢
加算の廃止に際し激変緩和等の措置を採るか否かについての方針及びこれを採
る場合において現に選択した措置が相当であるとした同大臣の判断に，被保護
者の期待的利益や生活への影響等の観点からみて裁量権の範囲の逸脱又はその
濫用があると認められる場合に，生活保護法3条，8条2項の規定に違反し，
違法となるものというべきである。」

　この判決は，老齢加算の廃止が生活保護法及び憲法25条に違反するもので
はないとの結論ではあったが，行政裁量権の逸脱・濫用に裁判所の審査権が及
ぶこと，更に保護受給者の期待的利益に言及していることに意義がある。

（2）憲法25条1項と2項の関係

　25項を巡っては，最低生活保障に関する1項と増進義務に関する2項の関
係をどう考えるかの問題がある。学説上は，1項と2項を①一体的に解釈すべ
きとする**一体論**と②分離して解釈すべきとする**分離論**に分かれる。

　このうちの分離論の場合にも，異なる解釈があり得るが，典型的には，1項
を「救貧施策」，2項を「防貧施策」と分離する分離論（1項については厳しい
基準，2項については緩やかな基準を適用）である。例えば，堀木訴訟の第2審
判決（大阪高判昭和50年11月10日民集36巻74号1452頁）は，以下のとおり，
生活保護法（公的扶助）に相当する救貧施策としての1項と年金，児童扶養手
当等の防貧施策としての2項とを区分して，2項の実現については原則として
立法政策に委ねられていると判示している。これに対して，堀木訴訟の上告審
判決は，1項2項分離論を採らず，立法裁量論を展開している。
「憲法第二五条第一項にいう『健康で文化的な最低限度の生活』（生存権）の達
成を直接目的とする国の救貧施策としては，生活保護法による公的扶助制度が
ある。そして，国民年金法による障害福祉年金，母子福祉年金及び児童扶養手
当法による児童扶養手当，児童手当法による児童手当などは憲法第二五条第二
項に基づく防貧施策であつて，同条第一項の『健康で文化的な最低限度の生
活』の保障と直接関係しないことは既に述べたとおりである。」

　この1項・2項の問題を考える上で重要なのは，現実の社会保障立法である。
生存権規定の理念に基づくことを明定した法律としては，以下のものがある。

◆ 第 1 章 ◆　社会保障制度の概観

① 国民年金法（以下「国年法」という。）1 条「国民年金制度は，日本国憲法
　第 25 条第 2 項に規定する理念に基づき，…」
② 生活保護法 1 条「この法律は，日本国憲法第 25 条に規定する理念に基づ
　き，…」

　これからすると，実定法は分離論に立っているように見える。少なくとも，
国民年金（以下「国年」という。）は 2 項のみに言及している。逆に生活保護法
が 1 項のみならず 25 条全体を引いていることは，生活保護制度が最低限度の
生活のみならず，更に社会保障の向上・増進にも関わる制度である可能性を示
唆する。確かに，生活保護が社会経済の実態を反映して保護水準が改善されて
きたことからすれば，最低限度自体も向上・増進抜きには考え得ないことにな
る。あるいは，年金の場合であれば，最低限度の生活という点では，物価スラ
イドのみで足りるが，勤労世代の生活水準の向上を反映する形で賃金スライド
も行われてきたことも，1 項・2 項の関連性を想起させる。
　仮に解釈上，1 項・2 項を分離できるとしても，社会保障立法は，一つの制
度の中に両方の要素が混じり，更に他制度とも関係性を持ちながら全体として
生存権保障に足りる制度となっているのが現実である。

（3）他の憲法規範
　社会保障法が憲法 25 条の生存権を体現する法分野であるとしても，自助の
要素があることからも推察できるように，自由権的基本権も含めた他の人権規
定やそのほかの憲法の規定も重要である。

1）憲法 13 条
　幸福追求権とも言われる憲法 13 条は，14 条以下の個別的基本権を包括する
基本権であるが，一般法と特別法の関係のように，個別的基本権が妥当しない
場合に限って適用されるとされる（補充的保障説）[20]。その点では，憲法の人
権カタログに入らない新しい人権が 13 条が規定する「生命，自由及び幸福追
求」から導出されることになる。社会保障との関係では，プライバシー権，自
己決定権，健康権等が関係してくる。
　ただし，新しい人権も含め 13 条の裁判規範性となると，その規定の抽象度
の高さからして議論の余地があるものの，他に拠り所のない場合に依拠すべき

───────────
(20)　芦部信喜『憲法学 II 人権総論』（有斐閣，1994 年）344 頁

◇ 第 2 節 ◇ 社会保障の淵源

憲法規範としての意義はある。例えば、元中国残留孤児らが政府の自立支援義務違反等を理由に提起した国会賠償請求訴訟で、裁判所（神戸地判平成 18 年 12 月 1 日判時 1968 号 18 頁）は、憲法 13 条等の規定が帰国制限が違法であることの論拠としては十分であるとしているが、国の損害賠償義務を認めるに当たっては、更に踏み込んで条理を援用している。

社会保障との関係では、むしろ制度の根底にある尊厳（障基法 3 条）、生命の尊重（医療法 1-2 条）等の理念につながる憲法規範として重要である。つまり、生存権とも重なり合いながら、それを補充する役割が 13 条にはあり、社会保障法の内容を充実させることになる。このような 13 条の持つ指導理念としての意義を評価し、自律した個人を措定し、その主体的な存在しての個人の自律を支援することを重視する自律基底的社会保障法論が登場している[21]。

2）憲法 14 条

平等権（平等原則）とも言われる憲法 14 条は、規範性が明確で汎用性に富んだ規定である。その点では、法の一般原則としても捉えることができる。さらに、平等権の保障は、差別の禁止にも関係しており、合理的な理由のない差別（不当な差別）は、憲法 14 条に反することになる[22]。逆に、全ての別異の取扱いが不当な差別というわけではない。このことは、同じものは同じように、異なるものは異なるように扱うという形で定式化される。

そもそも平等は、他者との関係や比較抜きには考え得ない点で相互性のある概念である。さらに、何をもって平等とするかは、アリストテレスのいう配分的正義・匡正的正義以来、そして近年ではロールズの格差原理のような正義の問題とも関わって、哲学的・思想的な影響を受ける[23]。例えば、保険料、利用者負担等を巡る応能負担と応益負担の選択・組合せの議論である。その点では、平等、それとの関係での差別の判断には、社会的な価値判断が不可避とな

---

(21) 菊池馨実『社会保障法』（有斐閣、2014 年）105-107 頁

(22) 塩見訴訟上告審判決（最一小判平成 1 年 3 月 2 日集民事 156 号 271 頁）は、当時存在した国年の国籍条項に関して、「憲法一四条一項は法の下の平等の原則を定めているが、右規定は合理的理由のない差別を禁止する趣旨のものであつて、各人に存する経済的、社会的その他種々の事実関係上の差異を理由としてその法的取扱いに区別を設けることは、その区別が合理性を有する限り、何ら右規定に違反するものではないのである」と判示している。

(23) アリストテレス『ニコマコス倫理学』（岩波書店、1971 年）；ジョン・ロールズ『正義論［改訂版］』（2010 年、紀伊國屋書店）

◆ 第1章 ◆　社会保障制度の概観

る。

　これまで，平等な機会を保障する「機会の平等」のような「形式的平等」に対して，社会保障による所得再分配等を通じて「結果の平等」を実現する「実質的平等」が唱えられてきた。そこには，産業革命後の放置し得ない社会問題の発生に対する社会正義等に照らした価値判断が存在している。

　福祉国家における社会保障は，かかる社会性や歴史性を有する実質的平等と親和的な制度である。ただし，その場合であっても，全ての差異を認めない「絶対的な平等」ではなく，不合理な差異を認めないという意味での「相対的平等」というものである。逆に，不合理な差異が存在するなら，合理的差別ともいうべき積極的是正措置（アファーマティブアクション）を講じてでも是正すべきということになる。男女平等におけるポジティブアクションは，その典型である。

　強力な規範性を有する平等権であるが，何をどのように関係付け比較するかで結論が変わってくる。過去，社会保障で問題となってきたのは，国籍要件，併給調整規定等の問題である。併給調整についていえば，要保障事由が複数あってもニーズは，それに応じて倍加するわけでないことを重視すれば，不合理・不当とはいえない。これに対して，同じ要保障事由にある者と比較すれば，不平等ということになる。この点，堀木訴訟最高裁判決が述べているように，最後は「総合的に判断する」しかなく，その点で，生存権と同様に立法裁量の問題に帰着する。

　しかし，広範な立法裁量は，逆に立法に当たって細心の注意が求められることにもなる。例えば，一連の学生無年金訴訟である［第9章第3節2参照］。この場合，学生が任意加入であったが故に，未加入期間中の障害の発生に対して障害年金を支給しないのは，拠出制年金としては合理的である。しかし，20歳前障害の者に障害基礎年金が支給されることとの関係では，同じく保険料拠出がないことを重視するならば，学生の未加入者との間で不平等があるとの立論も可能である。最高裁は，合憲判断を下しているものの，平等権における判断基準の重要性を示した事案であった。

　3）憲法 19 条等

　思想・良心の自由（憲法 19 条）のほか，**信教の自由**（同 20 条）及び**学問の自由**（同 23 条）も含めた内心の自由は，**精神的自由権**の柱である。

　これら内心の自由が文字通り，心の内にとどまっている限りでは，社会保障

◇ 第2節 ◇ 社会保障の淵源

との接点は乏しい。しかし，ライフサイクル上の人々のニーズに関わる社会保障は，内心が表出されるか否かはあるが，人生の様々な局面で人の内心と接点を有することになる。例えば，社会福祉施設等への入所となれば，人生の一定期間を施設内で過ごすことになる。あるいは，年金等の社会保険は，老後，病気等の際の人生の過ごし方の選択に関わる。しかも，精神障害者の措置入院，児童の一時保護，社会保険料の強制徴収など，社会保障法の中に強制の契機を含む制度が存在している。

　社会保障制度の多くが申請主義を採用している背景には，生活自己責任原則とともに精神的自由への配慮もあると考える。この点で，憲法13条の人格的自律権とも関係するが，サービス利用の場面での自律的な自己決定等を可能にする意思決定支援（障害者権利条約12条等）が重要となる。逆に言えば，社会保障に付随するパターーリズムとの調和の問題である。例えば，社会保険の強制加入は，一般に逆選択の防止の必要性等から説明されるが，思想・良心の自由との関係も考える必要がある。最高裁（最大判昭和33年2月12日民集12巻2号190頁）は，国保の強制加入及び世帯主の応能負担による保険料の納付義務の関係で，「憲法一九条に何等かかわりのないのは勿論」と断じている。確かに社会保険は，ライフサイクルを通じた人の生き方には関わるものの，内心に踏み込む程度は低いといえる。

4）憲法 26 条以下の他の社会権規定

　憲法 25 条の生存権規定を**勤労権**（同 27 条）や**労働基本権**（28 条）など他の**社会権**を生起させる母体としての総則的な規定とする捉え方がある[24]。さらに，全逓中郵事件最高裁判決も，その点に言及する[25]。実際，勤労権に関する憲法 27 条 2 項（勤労条件の基準の法定）に基づき労働基準法，最低賃金法，雇用保険法等が制定され，社会保障と相まって国民の生存権保障を実現してい

---

(24)　荒木尚志『労働法［第3版］』（有斐閣，2016年）21頁

(25)　最大判昭和41年10月26日刑集20巻8号901頁は，「憲法二八条は，いわゆる労働基本権，すなわち，勤労者の団結する権利および団体交渉その他の団体行動をする権利を保障している。この労働基本権の保障の狙いは，憲法二五条に定めるいわゆる生存権の保障を基本理念とし，勤労者に対して人間に値する生存を保障すべきものとする見地に立ち，一方で，憲法二七条の定めるところによって，勤労の権利および勤労条件を保障するとともに，他方で，憲法二八条の定めるところによって，経済上劣位に立つ勤労者に対して実質的な自由と平等とを確保するための手段として，その団結権，団体交渉権，争議権等を保障しようとするものである。」と判示している。

25

◆ 第1章 ◆ 社会保障制度の概観

る。このほか，生活保護と最低賃金及び就労，子ども福祉と男女雇用機会均等，障害者福祉と障害者雇用，年金と高年齢者雇用等，個別分野での労働法との関係は強まる傾向にある。

教育を受ける権利（憲法26条）も，社会保障との関係で重要である。特に近年は，子ども・子育て新制度の導入により，児童福祉法の体系にある保育と，教育基本法，学校教育法等の体系にある幼稚園教育が同一の給付法の下でサービス・教育を提供することが可能になっている。この結果，幼児教育の無償化をはじめとして，生存権保障としての社会保障と教育を受ける権利との関係が深まっている。このほか，障害児のインクルーシブ教育，子どもの貧困等も，教育を受ける権利の観点も含め複眼的に捉える必要がある。

5）憲法29条

社会保障が負担と給付で成り立っていることからすれば，**財産権**（憲法29条）の問題は，給付・負担の両面で重要である。また，財産権は無制限ではなく，憲法上も公共の福祉による制約が許容されていることから，如何なる財産権の制約が許容範囲かが重要となる。

この点，負担面で社会保険料に着目すると，社会保険は，強制加入，強制徴収，源泉徴収等の強制性を特徴とする。このため，財産権の侵害が問題となるが，社会保険は，国民皆保険・皆年金を通じて国民の生存権の実現を目指す社会政策であり，積極的目的に立つといえる。かかる前提が是認されるなら，合理性の審査基準も緩やかに解されるべきことになる。また，目的と手段の関係においても，給付と負担の牽連性，逆選択の防止等の社会保険固有の技術的特性も相まって，強制性は不可欠かつ合理的な手段である。また，社会保険料の場合には，応能負担，保険料の賦課上限，減免等の制度が一般に設けられており，低所得層と高所得層の何れにも配慮している。以上，連帯を通じて生存権保障を実現する社会保険に不可欠な社会保険料の徴収は，財産権に対する公共の福祉からの制約として許容されることになる[26]。ただし，社会保険料を負担できない者から保険料を徴収することは，財産権の侵害との関係で困難な状況を生み出す。その点では，社会保険料の賦課徴収の下限（標準報酬の下限）は，負担と給付の牽連性を維持する上で必要であるが，場合によっては，国保

---

(26) 最大判昭和33年2月12日民集12巻2号190頁は，国保が「財産権を故なく侵害するものということはできない」と判示するに当たって，同制度が「相扶共済の精神に則り…公共の福祉に資せんとするものであること」に言及している。

◇ 第2節 ◇ 社会保障の淵源

の生活保護受給者の適用除外のような対応も財産権保障との関係でやむを得な
いことになる。

　負担という点では，社会保険の一部負担金等の利用者負担が問題となる。利
用者負担は，応益負担と応能負担に大別され，その性格も受益者負担，原因者
負担等の説が存在している[27]。利用者負担が応益負担で受益者負担であれば，
サービス等の対価に近くなり，応能負担で原因者負担となるとサービスの対価
として説明することが難しくなる。ただし，応能負担であることにより，低所
得層の負担が緩和され，必ずしも財産権侵害の可能性が高くなるわけでもない。
従って，仮に応益負担かつ原因者負担として，低所得者に過重な負担を求めた
場合には，生存権とともに財産権への侵害の可能性が高まることになる。

　これに対して，給付面で財産権が問題となるのは，給付の引下げ，廃止等の
場面である。社会保障給付は，一般に一身専属的であることからすれば，財産
権とは考えにくい。しかしながら，社会保険，とりわけ長期保険である年金の
場合には，既裁定年金の引下げが問題となる。財産権の問題を考える上では，
国有財産買受申込拒否処分取消請求上告事件（最大判昭和53年7月12日民集32
巻5号946頁）における以下のような判断枠組みが先例となる。

① 法律でいったん定められた財産権の内容を事後の法律で変更しても，そ
　れが公共の福祉に適合するようにされたものである限り，これをもつて違
　憲の立法ということができないこと

② そして，当該変更が公共の福祉に適合するようにされたものであるかど
　うかは，いったん定められた法律に基づく財産権の性質，その内容を変更
　する程度，及びこれを変更することによつて保護される公益の性質などを
　総合的に勘案し，その変更が当該財産権に対する合理的な制約として容認
　されるべきものであるかどうかによつて，判断すべきであること

仮に既裁定年金が財産権であれば，公共の福祉からみた引下げの必要性，拠
出制年金の拠出と給付の牽連性，引下げの程度等をどう考えるかで結論が変
わってくる。しかし，貢献による連帯に依拠する拠出制年金の場合には，物価
スライドのみならず賃金スライドがあるなど，財産権保護を超える改善がある
ことからすれば，引下げのみならず引上げも含めて考える必要がある。その点
では，年金を拠出者と受給者の連帯と捉えるなら，財産権とは捉えるべきでな

---

(27)　拙著『〈概観〉社会福祉法』（信山社，2018年）74-75頁

◆ 第 1 章 ◆　社会保障制度の概観

く，両者の均衡を確保する観点からの見直しは，引下げも含めて許容され，その限界は，生存権保障の観点から検討すべきことになる[28]。もちろん，年金のような長期保険においては，拠出者及び受給者の制度への信頼保護の観点からは見直しは，慎重であるべきである。

6）憲法 84 条

　憲法 84 条は，**租税法律主義**（地方税の租税条例主義を含む。）を規定する。その含意は，租税に対する民主主義的統制としての課税要件法定主義，課税要件明確主義等である。

　社会保険の中には，国民健康保険税のように実質的には保険料であるが，形式的には地方税を採るものがあり，その場合には租税条例主義が適用される。これに対して，文字通りの保険料の場合には，拠出と給付の牽連性を前提に賦課され，賦課上限（標準報酬の上限等）が設定され，場合によれば，国以外の公法人が保険者となって徴収される。この点からすれば，保険料は，租税とは異なる強制徴収金であり，租税法律主義がそのまま適用されるべきとは考えにくい。最高裁（最大判平成 18 年 3 月 1 日民集 60 巻 2 号 587 頁）も，国民健康保険料賦課処分取消等請求に係る事案において，国保保険料に憲法 84 条がそのまま適用されないものの租税類似の性質を有するとした上で，賦課徴収の強制の度合い，社会保険としての目的，性質等を総合考慮して判断する必要があると判示している。

　これに対して，社会福祉に典型的に見られる利用者負担の場合には，それを受益者負担と原因者負担の何れと考えるかでも租税法律主義の適用の有無が変わってくる可能性がある。最高裁（最二小判平成 2 年 7 月 20 日集民 160 号 343 頁）は，「いわゆる保育料は，保育所へ入所して保育を受けることに対する反対給付として徴収されるものであって，租税には当たらない」と判示している。その点では，措置の場合の利用者負担のように契約でない場合であっても，某かの対価性を認め，租税とは異なると判断していることになる。

7）憲法 89 条

　憲法 89 条のうち後段は，「公の支配に属しない」**慈善・博愛の事業**への公金支出を禁止している。

---

(28)　学説の状況については，菊池馨実「既裁定年金の引下げをめぐる一考察」年金と経済 21 巻 4 号（2003 年）76 頁

◇ 第2節 ◇ 社会保障の淵源

この点，社会福祉事業が慈善・博愛の事業に当たるかが，そして当たる場合には，公の支配に属するかが問題となる。

まず，社会福祉と慈善・博愛の事業との関係であるが，歴史的に社会福祉の淵源に慈善事業があることからすれば，両者の関係性は深い。しかしながら，生存権保障の一環として実施される社会福祉事業の場合，サービス提供事業者等には対価（報酬，措置費等）が支払われ，分野によっては株式会社が参入していることなどからすれば，社会福祉一般を慈善・博愛の事業ということは困難である。これに対して，社会福祉法人が自主的に行う公益事業，住民等が自主的に行う活動となると，制度（法律，要綱等）上の位置付けにもよるが，慈善・博愛としての性格が強くなる。

判例としては，箕面市遺族会補助金等違憲訴訟上告審判決（最一小判平成11年10月21日集民194号51頁）があり，裁判所は，原審（大阪高判平成6年7月20日行集45巻2号1553頁）の以下のような判断を正当として是認している。「憲法八九条後段の定める『慈善，博愛の事業』とは，老幼・病弱・貧困などによる社会的困窮者に対し，慈愛の精神に基づいて援護を与え，あるいは，疾病・天災・戦禍・貧困などに苦しむ者に対し，人道的な立場から救済や援護を行うような事業をいうものと解されるところ，社会福祉事業を行うことは，本来，憲法二五条の生存権保障の原則に基づいて社会福祉の向上・増進に努めるべき国の責務であるとも考えられるから，右の意味での『慈善，博愛の事業』に当たるかどうかは問題である。しかし，この点をしばらくおき，市社会福祉協議会が目的として掲げ，あるいは現に行っている事業に『慈善，博愛』の性質を有する事業が存在するとしてみても，前記のとおり，市社会福祉協議会は，社会福祉事業法に基づいて設立された社会福祉法人であり，これが市から補助金の交付等の助成を受けるに当たっては，前示のとおり，同法五六条一項所定の条例の有無にかかわらず，同条二項以下の規定による市の監督が及ぶものと解されるから，憲法八九条後段にいう「公の支配」に服するものと解するのが相当である。したがって，本件補助金が市社会福祉協議会に交付されたことをもって，憲法八九条後段に違反するものとはいえない。」

これに対して，最高裁は「所論の点に関する原審の認定判断は，原判決挙示の証拠関係に照らし，正当として是認することができ，原判決に所論の違法はない。原審の適法に確定した事実関係の下では，市遺族会が慈善又は博愛の事業を行っているとはいえず，本件補助金支出の憲法八九条違反をいう所論違憲

29

◆ 第1章 ◆ 社会保障制度の概観

の主張は，その前提を欠く。論旨は採用することができない。」

　ところが，社会福祉事業の中には，対価性のない施設整備等の補助金が交付
される場合がある。仮に補助金が慈善・博愛という公益性に着目したものであ
るなら，補助金の交付先である社会福祉法人等は公の支配に属していることが
必要になる。この場合の公の支配の程度に関しては，吉川町公金支出差止等請
求控訴事件判決（東京高判平成2年1月29日高民集43巻1号1頁）がある。そ
れによれば，「その程度は，国又は地方公共団体等の公の権力が当該教育事業
の運営，存立に影響を及ぼすことにより，右事業が公の利益に沿わない場合に
はこれを是正しうる途が確保され，公の財産が濫費されることを防止しうるこ
とをもって足りるものというべきである。右の支配の具体的な方法は，当該事
業の目的，事業内容，運営形態等諸般の事情によって異なり，必ずしも，当該
事業の人事，予算等に公権力が直接的に関与することを要するものではないと
解される。」とされる。この判決に沿っていえば，公の支配の程度は，是正措
置が担保されれば，必ずしも厳格なものでなくとも許されることになる。

3　条　約　● ●

　条約は，内閣による締結（憲法73条），国会による承認（同73条），天皇に
よる公布（同7条）等の批准手続きを経て，国内的効力が発生する。憲法は条
約の遵守義務を規定するが，その効力は国内法によって担保される。この点で，
批准された条約は，社会保障の法源となり得る。関係する条約は，国際連合
（以下「国連」という。），国際労働機関（ILO），二国間条約等に分かれる。

（1）国　連

　まず国連関係の条約としては，国連の目的の一つである基本的人権の保障を
具体化する人権関係の条約である。例えば，法的拘束力のなかった世界人権宣
言（1948年）を基礎とし1966年に採択された経済的，社会的及び文化的権利
に関する国際規約（**社会権規約**，A規約）と市民的及び政治的権利に関する国
際規約（**自由権規約**，B規約）は，1979年に我が国も批准している。この包括
的・網羅的な2本の条約の中には，社会保障に関する全ての者の権利（A規約
9条）等が規定されている。なお，B規約が即時的実施義務があるのに対して，
A規約は漸進的達成義務であり，我が国のプログラム規定説とも親和性を有
する。社会保障との関係性という点では，1981年に批准した難民の地位に関

30

◇ 第 2 節 ◇ 社会保障の淵源

する条約（以下「**難民条約**」という。）も重要である。条約自体は，社会保障等に関して，難民に対する内国民待遇（24 条等）を規定するが，我が国では，条約の発効に合わせて国籍要件の見直しが行われている。

戦後の国際情勢を色濃く反映する以上の条約とは，趣を異にするものとしては，1985 年批准の女子に対するあらゆる形態の差別の撤廃に関する条約（以下「**女子差別撤廃条約**」という。），1994 年批准の**児童の権利条約**，2014 年批准の障害者の権利に関する条約（以下「**障害者権利条約**」という。）等がある。これらの特徴は，個別分野に特化した条約である点にあり，雇用機会均等，子ども福祉，障害者福祉等の国内法制に影響している。

（2）ILO

1919 年のヴェルサイユ条約に淵源を有する**国際労働機関**（ILO）は，政労使の三者構成により条約及び勧告を採択することを特徴とする国連の専門機関である。国際労働機関憲章は，前文に社会保障とも関係する「雇用から生ずる疾病・疾患・負傷に対する労働者の保護，児童・年少者・婦人の保護，老年及び廃疾に対する給付」を目的として掲げている。

この結果，ILO では，戦前から一連の**社会保険条約**を採択してきたが，戦後は社会保障の水準に関する国際基準として，1952 年に社会保障の最低基準に関する 102 号条約を採択している。102 号条約の特徴は，医療，疾病，失業，老齢，業務災害，家族，母性，廃疾及び遺族の 9 部門の給付の給付範囲，期間，水準等を規定し，加盟国に 3 部門以上の受諾を義務付けている。我が国は，1976 年に批准した際に，疾病，失業，老齢及び業務災害の 4 部門を受諾している。

社会保障に関しては，その後高度基準として，1964 年に業務災害給付条約（121 号条約），1967 年に障害，老齢及び遺族給付条約（128 号条約），1969 年に医療及び疾病給付条約（130 号条約）が採択されている。我が国は，121 号条約を批准している。

（3）二　国　間

社会保障分野では，人の往来の増加に伴う法の空間的・時間的抵触を解決するための準拠法を規定する**社会保障協定**が重要である[29]。社会保障協定の基本的考え方としては，年金のほか医療保険も含めた社会保険に関して，

◆ 第 1 章 ◆　社会保障制度の概観

① 短期派遣（5 年以下）の場合の相手国の制度の適用免除，長期派遣（5 年超）
　の場合の相手国の制度の適用による適用調整
② 年金の加入期間に比例した，それぞれの制度からの比例按分による年金支
　給のための保険期間通算
といった特例を設けることである。

　社会保障協定に基づく社会保険関係の特例等を規定する「社会保障協定の実
施に伴う厚生年金保険法等の特例等に関する法律」がある。これにより，二国
間協定のたびに個別の特例法を用意する必要がなくなっている。

4　法の一般原則　●　●

　法の一般原則は，論者によっても異なるが，法律による行政の原理，平等原
則，比例原則，行政手続き上の諸原則（告知・聴聞，文書閲覧，理由付記，処分
基準の設定・公表），民法上の信義則及び権利濫用の禁止（民法 1 条 2・3 項），
禁反言の原則，信頼保護の原則等がある[30]。社会保障法でも，私法関係のみ
ならず公法関係において，これら一般原則が適用されることに異論はなかろ
う[31]。

　この点，法の一般原則の中でも問題となることが多いのが**信義則**（信義誠実
の原則）である。典型的には，保険者が被保険者に対して誤った教示や不十分
な教示を行ったがために，被保険者が受給権を奪われるような場合である。か
かる場合に裁判所が信義則等を適用するか否かは事案によって異なっており，
判断に安定性を欠く嫌いがある。例えば，以下の 2 つの事案は，何れも国籍要

---

(29)　空間的抵触問題としては，社会保険の二重加入による保険料負担問題，時間的抵触
　　問題としては，年金の資格期間に起因する保険料の掛け捨て問題が典型である。

(30)　田中二郎『行政法上巻［全訂第二版］』（弘文堂，1974 年）81-83 頁：宇賀克也『行
　　政法Ⅰ［第 6 版］』（有斐閣，2017 年）44-66 頁等

(31)　社会保障についても，法の一般原則の適用を排除する特段の理由はない。例えば，
　　恩給受給者が国民金融公庫から恩給担保融資を受け，その返済のため国が同公庫に対し
　　て恩給の払渡しを完了した後に，恩給裁定が遡及して取り消された場合に，国が同公庫
　　から払い渡しに係る金員を不当利得として返還請求することができないと判示した判例
　　（平成 6 年 2 月 8 日最三小判民集 48 巻 2 号 123 頁）があり，その理由として，裁判所は，
　　信義則による職権取消の制限を挙げている。これは，国から恩給受給者への返還請求で
　　はないが，恩給の受給権の取消が原因となっていることから，恩給裁定の職権取消を考
　　える際にも参考となる。

◇ 第2節 ◇ 社会保障の淵源

件がある時代に本来加入が認められない外国人が国年に加入し保険料を納付したという法の誤適用に関する2つの事案において，年金の受給資格の有無を巡って裁判所の判断は分かれている。すなわち，第1の判決が，信義衡平の原則を理由に訴えを認めたのに対して，第2の判決は，期待的利益を有するに過ぎないとして訴えを棄却している[32]。ただし，前者が受給資格期間を満たしているのに対して，後者はそうではないことも影響している。

　信義則とも関連するが，**禁反言の原則**が問題となる事案も考え得る。例えば，保険者が誤った教示を行い，その後，それと矛盾する行政処分が積極的に行われたような場合である。いずれにせよ，信義則等の法の一般原則が適用されるとしても，法秩序の観点，あるいは法律による行政の原則との関係で，そこには限界があるはずである[33]。もちろん，仮に法の一般原則により行政処分の

(32)　東京高判昭和58年10月20日行集34巻10号1777頁（金鉉釣訴訟）では，在日外国人である原告が10年以上にわたって国年の被保険者として保険料を納付し，法定の保険料納付済期間を充たしたにもかかわらず，裁定の段階になって外国籍であることを理由に請求が却下されたことから，当該処分等の取消を求めたのに対して，裁判所は，次のとおり信義衡平の原則を理由に処分を取り消した。すなわち，「控訴人は，自己に国民年金被保険者の資格があると信じ，将来被控訴人が老齢年金等の給付をするものと期待し信頼して，右期待・信頼を前提に保険料の支払を続けたことが明らかであり，また右経過からみて控訴人がそのように信じたことをあながち軽率であったということはできない。右のような信頼関係が生じた当事者間において，その信頼関係を覆すことが許されるかどうかは，事柄の公益的性格に対する考慮をも含めた信義衡平の原則によって規律されるべきものであ」るとする。これに対して，東京地判昭和63年2月25日判タ663号101頁（金甲順訴訟）は，在日外国人である原告が長期間国年の保険料を納付したにもかかわらず，外国人であることが明らかになった時点では法定の保険料の納付済期間を充たしておらず，期待的な権利を有していたに過ぎないとして，被保険者資格の確認請求等が棄却された。裁判所は，被保険者資格があると信じ，将来年金を受給できるものと期待，信頼して，長期間にわたり保険料納付を継続してきた場合において，国において，その保険料を異議なく受領するなど被保険者資格を有するとの取扱を続けながら，後になって法律の規定をたてに被保険者資格の存在を否定することが許されない場合があるが，そのためには，法律の明文の規定を排除するだけの特段の事情が必要と判示している。「なお，別件判決（注：上記判決）は，外国人であることが明らかになった時点において，既に老齢年金の受給権を有するに足りる期間保険料を納付してきた事案であって，その者は前述の期待的な権利を超える権利を有していたといえるのであるから，本件とは事案を異にするものであり，同判決は右に述べた判断を左右するに足りない。」とする。

(33)　最三小判昭和62年10月30日判タ657号66頁で，裁判所は，承認を得ないまま青

33

◆ 第1章 ◆ 社会保障制度の概観

取消が困難であるとしても，国家賠償法等による損害賠償による救済の途が否定されるわけではない。

　また，社会保障法のように改正が頻繁な法律について，改正の結果，社会保障給付の引下げや受給要件の強化があったような場合に，それまでの法律を信頼してきた国民の信頼利益が保護されるかは，議論があろう。実務上は，経過措置等を設けることにより，極端な不利益が一気に生じないよう配慮する等の対応がとられることが多い。

───────────────

　色申告を続けてきた原告に対して，青色申告の効力を否定する処分が信義則に反するとの判断を示し，租税法律主義に適合する課税処分であっても，信義則が適用され取り消される場合があることを認めた。ただし，信義則の適用は無制限ではなく，「法律による行政の原理なかんずく租税法律主義の原則が貫かれるべき租税法律関係においては，右法理の適用については慎重でなければならず，租税法規の適用における納税者間の平等，公平という要請を犠牲にしてもなお当該課税を免れしめて納税者の信頼を保護しなければ正義に反するような特別の事情が存在する場合に，初めて右法理の適用の是非を考えるべきものである」と判示している。特別の事情の判断の判断に当たっては，少なくとも，①納税官庁が納税者に対し信頼の対象となる公的見解を表示したこと，②納税者がその表示を信頼しその信頼に基づいて行動したこと，③その表示に反する課税処分が行われ，そのために納税そのために納税者が経済的不利益を受けることになったものであること，そして④納税者が納税官庁の表示を信頼しその信頼に基づいて行動したことについて納税者の責めに帰すべき事由がないという基準を満たす必要があるとの判断を示した。

◇ 第1節 ◇ 対象の多様性

第2章

社会保障の対象

● ● 第1節 対象の多様性 ● ●

社会保障の対象への視座は，権利義務の主体・客体という，社会保障法のパラダイムに関わる。例えば，社会保障を生存権保障という憲法規範（25条）から捉えれば，国家対国民という二元構造となる。これに対して，福祉多元主義に代表されるように，多様なステークホルダーの関与の下での法関係，更にサービス提供事業者と利用者との契約関係も含めるなら，社会保障はむしろ多元構造となる。

これまでの社会保障立法は，受益権としての社会的給付（便益）の提供と，その実現の前提となる行政処分を柱とする**給付行政**を中心に構築されてきた[1]。その限りでは，二元構造である。その一方，事業者等の活動との関係では，法律の留保を前提とする許認可等を媒介として展開する**規制行政**が重要な位置を占めてきた。規制行政自体は，事業者等の自由や権利を制限する側面があるとしても，医療，社会福祉等の質及び量の確保に関わっている。給付行政のみならず規制行政も含めた多様な法関係が，生存権保障を法的側面から支えており，それは福祉国家の法的反映形態でもある。

この限りにおいては，社会保障を巡る権利義務の帰属主体は，受給者，規制

---

(1) 荒木誠之『社会保障法読本［新版増補］』（有斐閣，1998年）247頁）は，社会保障を「国が，生存権の主体である国民に対して，その生活を保障することを直接の目的として，社会的給付を行う法関係である」と捉え，以下の点を指摘している。①社会保障の法関係は，国と国民の間に成立する。②社会保障法は国民の「生活保障」を直接の目的とする。③社会保障法は社会的給付に関する法である。

35

◆第2章◆　社会保障の対象

図2-1　社会保障の対象の多様性

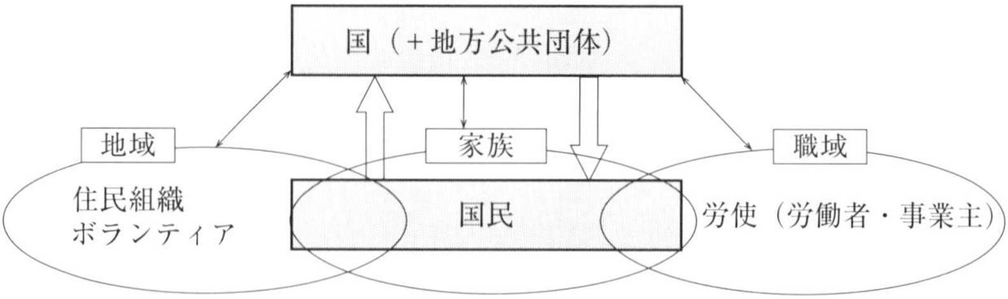

```
            ┌─────────────────────────┐
            │    国（＋地方公共団体）     │
            └─────────────────────────┘
        ↗        ↑           ↑       ↘
   ┌────┐        ┌────┐
   │地域│        │家族│        ┌────┐
   └────┘        └────┘        │職域│
                               └────┘
  住民組織                       労使（労働者・事業主）
  ボランティア       国民
```

　対象事業者等としての自然人又は法人ということになる。ところが、社会保障
においては、地域、住民、家族、当事者、労使等のように、必ずしも権利能力
を有するとは限らない集団（グループ）がステークホルダーとして登場する
（図2-1）。しかも、一人一人の国民は、住民、労働者、当事者等の多様な側
面を有している。それだけに、生活保障としての社会保障法にとっては、地域
福祉、住民参加、家族支援、当事者参加、保険者自治等にみられるように、多
様な主体を如何に社会保障のパラダイムに取り込むかが問題となる。これらス
テークホルダーが労働組合や事業者団体等のように法人化される場合には格別、
さもなければ某かの工夫が必要となる。その点では、審議会、地域協議会等へ
のステークホルダーの参画を通じて権利義務が実現していくことが、地域づく
りアプローチ、当事者参加アプローチ等を進める上でも一定の意味を持つこと
になる。
　ここでは、社会保障の多様な主体を射程に置きつつ検討する。

● ● ● 第2節　社会保障の主な対象 ● ● ●

1　国　民 ● ●

（1）国民の概念

　社会保障法は様々な主体間の多様な法律関係を形成するが、生存権の観点か
らは、その基軸は生存権保障を担う「**国**」と保障を受ける「**国民**」ということ
になる。つまり、多様な法律関係の存在を前提としつつも最終的な保障責任者
としての国の存在は、社会保障にとって決定的重要性を有することになる。
　この場合の「国」は、憲法25条2項の社会保障の増進義務に関する限り、

◇ 第2節 ◇ 社会保障の主な対象

中央政府としての国に限定されない。社会福祉等の身近なサービスは，地方自治法上も，その大半が**自治事務**に位置付けられており，実定法もそのような理解に立っていると考えられる。これに対して，最低限度の生活保障については，現行の生活保護法（1条）は，憲法25条1項に限定せず憲法25条全体を掲げ，国が保障者であることを規定している。そのこともあり，生活保護は地方公共団体を通じて実施されるにしても，国の責任との関係から，その事務の大部分は**法定受託事務**として整理されている[2]。

次の「国民」については，憲法上の定義はなく解釈に委ねられている。このため，憲法25条1項が「すべて国民は」と規定し，憲法第3章が「国民の権利及び義務」となっていることとの関係で，社会保障の外国人への適用が問題となる。この点，マクリーン事件最高裁判決が権利の性質上日本国民のみを対象としていると解されるものを除き，在留外国人に対しても等しく及ぶものと解すべきと判示したことにより，権利の性質により判断されることになる（性質説）[3]。

（2）社会保障における取扱い

国民の生存権はそれぞれの者の属する国が保障すべきものであるとしても，人権の享有主体として外国人が憲法上も排除されなければならない性格のものではない。

この社会権の外国人適用に関連して，国際人権規約（A規約）は内外人平等原則を採るが，同時にそれを漸進的達成義務として規定している。この限りでは，国籍要件により外国人を除外することは，条約違反とはいえない。しかしながら，我が国では，1981年の難民条約加入を機に多くの社会保障法令で国籍要件が撤廃され，原則的には外国人適用となった。ただし，生活保護が国民

---

(2)　法定受託事務の典型例は，その他に法人法定主義との関係での社会福祉法人等の許認可がある。なお，ナショナル・ミニマムの保障は，国のみならず地方公共団体を通じて，しかも生活保護以外の制度も含めて実現されている。

(3)　マクリーン事件最高裁判決（最大判昭和53年10月4日民集32巻7号1223頁）は，「憲法第三章の諸規定による基本的人権の保障は，権利の性質上日本国民のみをその対象としていると解されるものを除き，わが国に在留する外国人に対しても等しく及ぶものと解すべきであり，政治活動の自由についても，わが国の政治的意思決定又はその実施に影響を及ぼす活動等外国人の地位にかんがみこれを認めることが相当でないと解されるものを除き，その保障が及ぶものと解するのが相当である」と判示している。

◆第2章◆ 社会保障の対象

図2-2 社会保障制度における外国人適用の有無

制度	外国人適用	規定上の拠り所	備考
生活保護法	×	「すべて国民」(2条)	通知により，永住者，定住者等には準じて支給 →不法滞在外国人，短期滞在者は対象外
国民健康保険法	○ (住所要件)	「住所を有する者」(5条) ただし，厚労省令による適用除外あり(6条)	適用除外は， ・在留期間が3か月以下（一定の在留資格で3か月を超えて滞在すると認められる場合を除く）の者 ・在留資格が「短期滞在」の者 ・在留資格が「特定活動」のうち，医療を受ける活動の者 ・その者の日常の世話をする活動，18歳以上で観光，保養等の活動の者 ・その者と同行する外国人配偶者 ・在留資格が「外交」の者 ・不法滞在等，在留資格のない者 ・社会保障協定締結国で，社会保険加入証明書（適用証明書）の交付を受けている者
健康保険法	○	「使用される者」(3条)	＊厚労省「外国人労働者の雇用管理の改善等に関して事業主が適切に対処するための指針」が雇用・労働条件に関して遵守を規定
国民年金法	○ (住所要件)	1号:「住所を有する…者」 2号:「厚生年金の被保険者」 3号:「配偶者」(7条)	＊国民年金における外国人の適用対象者は，原則として住民基本台帳に記載される者 ＊短期在留外国人には脱退一時金が存在 [要件] ・日本国籍を有していない者 ・1号被保険者としての保険料納付済期間又は厚生年金保険の被保険者期間が6か月以上ある者 ・日本に住所を有していない者 ・年金（障害手当金を含む）を受ける権利を有したことのない者

◇ 第 2 節 ◇ 社会保障の主な対象

厚生年金保険法	○	「使用される…者」（7 条）	＊厚労省「外国人労働者の雇用管理の改善等に関して事業主が適切に対処するための指針」が雇用・労働条件に関して遵守を規定
雇用保険法	○	「労働者」（4 条）	＊厚労省「外国人労働者の雇用管理の改善等に関して事業主が適切に対処するための指針」が雇用・労働条件に関して遵守を規定
労働者災害補償保険法	○	「労働者」（3 条）	＊厚労省「外国人労働者の雇用管理の改善等に関して事業主が適切に対処するための指針」が雇用・労働条件に関して遵守を規定
介護保険法	○ （住所要件）	1 号：「住所を有する」 2 号：「医療保険加入者」（9 条）	
児童手当法	○ （国内居住要件）	児童：「日本国内に住所を有するもの」「留学その他の…理由で日本国内に住所を有しないもの」（3 条） 父母等：「日本国内に住所…を有するもの」（4 条）	＊国内居住要件は，制度発足後はなかったが，児童手当に比し増額された「子ども手当」が議論を喚起し，2011 年度の特別措置法，2012 年の児童手当復活により国内居住要件を導入。
児童扶養手当法	○ （国内居住要件）	児童：「日本国内に住所を有しないとき」不支給（4 条） 母・父・養育書：「日本国内に住所を有しないとき」不支給（4 条）	
特別児童扶養手当法	○ （国内居住要件）	障害児：「日本国内に住所を有しないとき」不支給（3 条） 父母・養育者：「日本国内に住所を有しないとき」不支給（3 条）	

◆ 第 2 章 ◆　社会保障の対象

を対象とする（外国人は通知によって準じた扱い）など，制度の規定・解釈により違いが存在している（図 2 − 2）[4]。

　この結果，適法滞在外国人の場合であれば，各種社会保険等の社会保障制度が日本人と同様に適用されるのが原則となった。例えば，外国人研修生に対する技術移転を目的とする外国人技能実習制度では，労働者又は被用者に該当すれば，健保，厚年，雇用保険及び労働者災害補償保険（以下「労災保険」という。）が適用され，講習中で労働者又は被用者に該当しなければ，国保及び国年の適用となる。

（3）関連の判例

　外国人適用に関しては，以下の判例が存在している。ポイントは，社会保障に関する外国人適用には立法裁量があること，さらに立法裁量は不法滞在外国人への生活保護の適用及び国年の国籍要件撤廃の際の遡及適用の有無にも当てはまることである。ただし，国保適用の住所要件のように，不法滞在であっても外国人登録，居住実態等から住所ありと判断される場合もある。

① 障害福祉年金の外国人適用（最一小判平成 1 年 3 月 2 日集民 156 号 271 頁）

　　国年の国籍要件の合憲性が争われた塩見訴訟において，最高裁は，プログラム規定説に立ちつつ，憲法 25 条 2 項の実現のために創設された国年（障害福祉年金）の外国人適用について，障害福祉年金の支給対象者から在留外国人を除外することを立法府の裁量の範囲としている。

② 不法滞在外国人への生活保護適用（最三小判平成 13 年 9 月 25 日集民 203 号 1 頁）

　　不法滞在外国人からの生活保護申請を却下した処分の取り消しを求めたのに対して，最高裁は，立法裁量を理由に生活保護法が不法残留者を保護の対象としていないことが憲法 25 条，14 条 1 項に違反しないとして，上告を棄却した。

③ 不法滞在外国人への国保適用（最一小判平成 16 年 1 月 15 日民集 58 巻 1 号

---

(4)　難民条約及び同議定書への我が国の加入に併せて，関係の整備法により国年法，児童手当法，児童扶養手当法及び特別児童扶養手当法から国籍条項が削除され，国保法も同様の措置が講じられた。ただし，整備法では，障害年金の障害認定日が整備法施行以降であることが要件となっており，遡及適用はないことになる。なお，現在でも，生活保護法以外に，戦傷病者戦没者遺族等援護法等が国籍要件を維持している。

◇ 第 2 節 ◇ 社会保障の主な対象

226 頁）

　外国人登録は行ったものの在留資格がないまま日本に不法滞在している間，在留資格を有しないことを理由に国保に加入できなかったことを違法として損害賠償請求が提起された事件について，最高裁は，処分の違法性は認めたものの，不法滞在外国人への国保適用に定説がなく，通知と異なる見解に立つ裁判例もない中で通知に従って行われたものであることから，過失が認められないとして被告勝訴の判決を下した[5]。

④ 国年の国籍要件撤廃（大阪地判平成 17 年 5 月 25 日判時 1898 号 75 頁）

　国年の国籍要件撤廃の際に，遡及して受給権を取得できるような救済措置が設けられなかったことから，在日韓国人である原告が無年金となったことに関して，国籍要件を設けた立法行為及び国籍要件撤廃の際に遡及して無拠出制年金の創設等の救済措置を設けなかった立法不作為が憲法 14 条 1 項等に違反して違法であるとして，国家賠償法に基づく慰謝料請求を行ったのに対して，裁判所は，整備法において遡及して救済措置を設けなかったことが憲法 14 条 1 項に違反しないことについて，著しく合理性を欠き明らかに裁量の逸脱，濫用とみざるをえないものというべきではないとして，請求を棄却した[6]。

---

(5)　国保では，従前 1 年要件で適用の有無を判断するとともに，不法滞在外国人は除外する取扱いを行ってきた。ところが，本最高裁判決が出たことから，2004 年 6 月に省令改正等を行い，国保の適用対象外国人は，外国人登録を受けた者であり，かつ，入管法の 1 年以上の在留資格を有する者（在留期間が 1 年未満であっても，1 年以上滞在すると認められる者も対象）とすることを規定上も明確化した。

(6)　在日外国人に関する無年金訴訟は，大阪以外に京都，福岡でも提起され，大阪の事案については，2006 年 12 月 25 日に最高裁において国側勝訴の決定（上告棄却）が出されている。そもそも在日外国人の無年金問題は，国籍要件の撤廃が将来に向かってのみ効果が発生するという国内法改正が行われたことに起因する。実際のところ無年金が発生するケースとしては，① 1986 年 4 月 1 日（1985 年改正法施行日）の時点で既に 60 歳以上の高齢者（1985 年改正により，国籍要件による適用除外期間が合算期間とされたものの，既に 60 歳に到達していた者は，年金の受給権に結びつかないことによる。），② 1982 年 1 月 1 日（国籍要件の撤廃日）の時点で 20 歳以上の障害者（難民条約の批准により，1982 年以降国籍要件は撤廃されたものの，既にその時点で 20 歳以上であった外国人障害者は障害年金の受給権が発生しないことによる。）がある。この問題は，学生無年金に対応するための特別障害給付金の特別立法の制定時に議論され，同法の附則に検討規定が設けられている。

41

◆ 第2章 ◆　社会保障の対象

2　対象者の類型　●　●

（1）類型の必要性

　社会保障は，社会的なリスクやその関連でのニーズに対応するための制度であることから，その対象者は，制度によって画された受給要件等に該当する一定の国民に限定される。この点が，労働者を対象とする労働法と異なる点であり，生活者としての国民は，そのライフサイクルを通じて様々な接点で社会保障と関係することになる。それ故，社会保障は，対象としての国民を如何に措定し類型化するかが社会保障法にとって重要となる。

　連帯の観点からすれば，国，地域，職域等の一定の集団を措定し，そこに包含される者を主体として捉えることになる。社会保険を例に採れば，職域，地域等の単位で保険集団を類型化し，更に保険集団の中を被保険者又は被扶養者のように類型化し，一定の要件に該当する場合に権利義務が発生することになる[7]。

（2）社会保障と「市民」

　国民の類型化は，国民の権利を明確にするとしても，各類型との関係で谷間，隙間等を生み出す可能性がある。その典型が**社会的排除**（social exclusion）等の問題である。そうでなくとも，給付行政の下での国民は，受給権者ではあるものの，給付の客体に止まりがちである。元来，生存権保障にとっては，社会福祉における住民及び当事者の参加，社会保険の運営及び保険者機能等にみられるように，積極的・能動的主体としての国民が間隙を埋める存在となり得る。その点では，必ずしも社会保障の実定法上の概念ではないものの，積極的・能動的主体としての**市民**（英語の citizen，仏語の citoyen）が示唆を与える[8]。と

---

(7)　社会保障の法律関係の中には，反射的利益のように，法律上の具体的権利としての請求権ではなく，利益を受ける地位に止まる場合がある。反射的利益については，田中二郎『行政法上巻』（弘文堂，1974年）84-85頁

(8)　実定法上の用法としては，特定非営利活動促進法が目的規定（1条）の中で，ボランティア等の社会貢献活動の主体を市民として位置付けている。市民（citoyen）とは，本来，都市や政治的団体の構成員を意味するが，民主主義国家では，自ら又は代表者を通じて主権を行使する者の意味で用いられる（G. Cornu, *Vocabulaire juridique*, Quadrige/PUF, 2000, p. 147）。その派生語である「市民権（citoyenneté）」は，市民としての身分をいう（*ibid.*）。現在，市民は，様々な意味合いで使用されるが，市民参加という表現に代表されるように，社会に積極的・能動的に関わる自律・自立した個人としての側面

◇ 第2節 ◇ 社会保障の主な対象

りわけ，生活保護も含めた社会扶助制度においては，低所得者等を受給者といった客体と捉える傾向が強いだけに，市民の概念は重要である。

権利の観点からは，社会保険と異なり，負担と給付の対価性（contrepartie）のみならず**牽連性**もないのが公的扶助である。しかも，社会扶助は，通常ミーンズテスト又はインカムテストを伴うことから，スティグマやワークフェア（workfare）等の議論を喚起してきた。そうした中で，EU諸国では，低所得者対策とオーバーラップしながらも，異なる射程を有する社会的排除及びそれに対処するための「社会的統合（social integration）」というアプローチが登場している。そこには，低所得者等も社会の構成員である能動的な主体として捉える流れがある[9]。

我が国において，実定法上，障害者の日常生活及び社会生活を総合的に支援するための法律（以下「障害者総合支援法」という。），生活困窮者自立支援法等において，「自立」概念が使用されており，そのこと自体が対象者を主体として捉えることの反映と理解できる。その場合の自立概念は，法目的に即して解釈される必要があるが，根底には社会の構成員たる市民として**シティズンシップ**（citizenship）の実現もあると考えたい[10]。

（3）自営業者と被用者

社会保険制度においては，保険者の下での保険集団の存在を必須とすることから，連帯とも関係して，如何なる単位で保険集団を形成するかが重要となる。その点，我が国では，所得捕捉等の関係から，**自営業者**と**被用者**の二大集団の存在が制度設計に影響している。つまり，①被用者が所属する職域を単位に事業主を媒介として形成される保険集団と②住民が所属する地域を単位に地方公共団体等を媒介に形成される保険集団が社会保険の理念型となる（図2-3）。医療保険制度が大きく職域保険と地域保険に分かれるのは，このためである。

年金の場合には，国民共通の年金としての基礎年金があり，保険集団が国民

　　が，社会保障にとっては重要である。

(9)　社会的排除の問題を指摘した著作としては，René Lenoir, *Les Exclus, un Français sur dix*, Seuil, 1974 が嚆矢である。

(10)　シティズンシップについては，マーシャルが市民的，政治的及び社会的権利として捉えて論じている（T. H. Marshall and Tom Bottomore, *Citizenship and Social Class*, Pluto Press, 1992）。

◆ 第2章 ◆　社会保障の対象

図2-3　保険集団の理念型

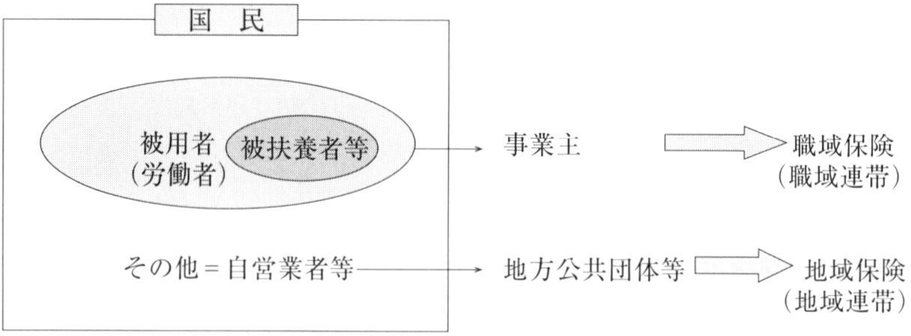

国　民

被用者（労働者）　被扶養者等　→　事業主　⇒　職域保険（職域連帯）

その他＝自営業者等　→　地方公共団体等　⇒　地域保険（地域連帯）

全体に拡大している。その場合であっても，自営業者と被用者の二大集団の問題は残る。仮に保険料負担を第1号被保険者（自営業者等）と第2号被保険者（被用者）で共通化しようとした場合には，定額保険料では逆進性の拡大，定率保険料では被用者と自営業者等それ以外の者の間の公平な所得の把握という困難な問題が発生する。この点では，被用者年金の厚年への一元化は実現した（2015年10月）が，自営業者も含めた年金の一元化を実現しようとすれば，第3号被保険者の取扱いも含め保険料問題の処理が必要となる。

　さらに問題を複雑にしているのは，被用者であっても正社員でない非正規雇用の存在である。非正規雇用も労働者である以上は，被用者として取扱うべきともいえるが，これら労働者の中には，被用者の配偶者として被扶養者及び第3号被保険者となっているものも含まれる。そうなると，所得税等の配偶者控除等も絡み，短時間労働者を典型として非正規雇用労働者位置付けは難しい問題となる。

　このほか医療保険制度の場合にも，高齢者を別建てとする後期高齢者医療制度の創設は，若年世代における国保と被用者保険制度の並存関係が影響している。特に現在でも，高齢者医療制度の拠出金を巡る対立構造が存在する根底に，両制度の存在がある。

　以上を連帯の観点からまとめれば，我が国の社会保障は，職域連帯と地域連帯を中核としつつも，そこに国民連帯，世代間連帯等が絡み合うことで，現実の制度を複雑化させていることになる。

◇ 第 2 節 ◇ 社会保障の主な対象

（4）配偶者等の取扱い

　社会保障において**配偶者**の概念は，社会保険であれば，被用者の被扶養者や配偶者死亡時の遺族年金等の受給者（生存配偶者）として，また，社会福祉であれば，配偶者からの暴力の被害者等として登場する。この場合の配偶者とは，一般に夫婦のそれぞれ一方を指す親族である（民法725条2項）。制度上は，婚姻によって夫婦の得喪が生じるが，社会及び生活の実態を重視する社会保障にあっては，法律上の婚姻関係以外を保護する場合がある。

　また，社会保障の場合には，配偶者単独ではなく児童・子の母又は父という親子関係の中で配偶者が位置付けられることがある。例えば，遺族基礎年金の受給者である子のある配偶者，児童扶養手当の受給者である婚姻を解消した児童の母又は父である。このほか，寡婦年金，寡婦福祉等の関係では，配偶者を失った女子である寡婦が登場する。

　これらの点では，社会保障は家族連帯とも関わっており，とりわけ配偶者や親子関係は，以下の点で重要である。

1）事 実 婚

　社会保険等においては，被保険者等のみならず，被保険者等と一定の親族関係にある者に対しても給付を行う旨を規定することが多いが，その場合の親族関係の解釈は，民法によることが原則である。しかしながら，生存権に裏打ちされた生活保障を目的とする社会保障においては，被扶養者の概念に象徴されるように，受給権者等の生活実態が民法の規範的要請に優先する場合が生じる。その典型が，事実上の婚姻関係（以下「**事実婚**」という。）である。事実婚と同様の事情にある者は，社会保険各法等において，配偶者と同様に扱われ（健保法3条7項，国年法5条6項，厚年法3条2項等），その限りでは，民法の法律婚主義（739条）が社会保障法の下で立法的に修正されている[11]。

　とはいえ事実婚といえるためには，単なる同居ではなく，夫婦としての実質

---

(11)　恩給において，遺族に支給される扶助料の支給対象である配偶者（恩給法72条1項）には，事実上婚姻関係にある者を含むという規定は存在せず，行政実務上も，法律上婚姻関係にある者に限る解釈運用が行われてきている。その点について，最高裁も，「恩給法七二条一項は，厚生年金保険法三条二項，国家公務員等共済組合法二条一項二号イ等の規定と異なり，『配偶者』に，婚姻の届出をしていないが，事実上婚姻関係と同様の事情にある者を含む旨の定めをしていない。したがって，恩給法七二条一項にいう『配偶者』は，公務員と法律上の婚姻関係にある者に限られると解するのが相当である。」と判示している（最判平成7年3月24日集民174号895頁）

45

◆ 第 2 章 ◆　社会保障の対象

を備えていることが必要であり，いわゆる内縁関係がこれに該当する[12]。しかし，全ての内縁関係が社会保険各法の事実婚と認定されるわけではない。例えば，事実婚が重複したり，法律婚と重複するような**重婚的内縁関係**や 3 親等内の事実婚関係等のように，民法が禁止する重婚（732 条）や近親婚（734 条）に抵触するような場合には，生活実態は重視する社会保障法とはいえ，給付の対象とはしないのが原則である。

　ただし，重婚的内縁関係については，明文の規定はないものの，届出による婚姻関係がその実体を全く失ったものとなっているときに限り，内縁関係にある者を事実婚関係にある者として認定するものとされている[13]。また，厚年の離婚時年金分割の関係では，法律婚の期間中に当事者以外との者が被扶養配偶者として第 3 号被保険者となった場合には，当該事実婚第 3 号被保険者期間は，年金分割の対象期間から除外される（厚年法施行規則 78-2 条 1 項）。つまり，法律婚と事実婚は，重婚の禁止及び法律婚主義の下では併存し得ないことから，両者が同順位ということはなく選択的な競合関係であり，しかも，法律婚が形骸化し事実上の離婚状態にある場合以外には事実婚が例外的に優先するが，そうでなければ法律婚が優先することになる[14]。

　なお，社会保険以外に児童手当法（3 条，父の定義）児童扶養手当法（3 条，婚姻・配偶者・父の定義）等においても，事実婚が法律婚とともに「婚姻」に含まれることを規定している。

---

(12)　平成 23 年 3 月 23 日年発 0323 第 1 号通知は，事実婚の要件として，①当事者間に，社会通念上，夫婦の共同生活と認められる時事関係を成立させようとする合意があること，②当事者間に，社会通念上，夫婦の共同生活と認められる事実関係が存在することを挙げている。

(13)　厚生省年金局年金課他監修『厚生年金保険法解説』（法研，1996 年）818 頁

(14)　平成 23 年 3 月 23 日年発 0323 第 1 号通知も，「届出による婚姻関係を優先すべきことは当然であり，従って，届出による婚姻関係がその実体を全く失ったものとなっているときに限り，内縁関係にある者を事実婚関係にある者として認定する」という立場である。これに対して，健康保険法の解釈においては，「たとえば，法律上の妻はいるけれども別居しており，他の女性と同せいしているような場合，たとえその状態が長期に及び，法律上の妻は単に形式上妻であるというに過ぎないような場合であっても，法律上の妻以外の女性について内縁関係にある者として配偶者と認めることは絶対にできない」（『健康保険法の解釈と運用平成 29 年度版』（法研，2017 年）165 頁）とされている。

46

◇ 第2節 ◇ 社会保障の主な対象

2) 重婚的内縁関係の裁判例

判例（最一小判昭和 58 年 4 月 14 日民集 37 巻 3 号 270 頁）においては，婚姻関係が実体を失って形骸化し，かつ，その状態が固定化し，一方，夫が他の女性と事実上の婚姻関係にあったなどの事情があるときは，戸籍上の妻が配偶者に当たらないとして，上記のような行政解釈を是認している[15]。

この最高裁判決自体は，法律上の配偶者であっても例外的に遺族年金の対象とならないことを示唆する。しかし，判決の前提として，事実上の離婚状態にある法律上の配偶者と重婚的内縁関係にある者が遺族年金を巡って競合する場合には，重婚的内縁関係にある者の方が遺族年金の受給者となり得る（余地がある）との判断があるものの，重婚的内縁関係にある者の受給権を直截に認めたわけではない。

これに対して，重婚的内縁関係にある者の受給権を正面から認めた判例が登場している。すなわち，私学共済の退職共済年金の受給権者であった男性が死亡した場合に，事実上の離婚状態にある配偶者ではなく内縁関係にある女性に遺族共済年金の受給権を認める判決である（最判平成 17 年 4 月 21 日判タ 1180 号 171 頁）。同判決の中で裁判所は，遺族共済年金の受給権者となるべき配偶者について，次のように判示している。

「このような事実関係の下では，A と参加人の婚姻関係は実体を失って修復の余地がないまでに形がい化していたものというべきであり，他方，被上告人は，A との間で婚姻の届出をしていないが事実上婚姻関係と同様の事情

---

[15] 判決は，「農林漁業団体職員共済組合法…の定める配偶者の概念は，必ずしも民法上の配偶者の概念と同一のものとみなさなければならないものではなく，本件共済組合法の有する社会保障法的理念ないし目的に照らし，これに適合した解釈をほどこす余地があると解されること，また，一般に共済組合は同一の事業に従事する者の強制加入によって設立された相互扶助団体であり，組合が給付する遺族給付は，組合員又は組合員であった者（以下「組合員等」という）が死亡した場合に家族の生活を保障する目的で給付されるものであって，これにより遺族の生活の安定と福祉の向上を図り，ひいて業務の能率的運営に資することを目的とする社会保障的生活を有する公的給付であることなどを勘案すると，右遺族の範囲は組合員等の生活実態に即し，現実的な観点から理解すべきであって，遺族に属する配偶者についても，組合員等との関係において，互いに協力して社会通念上夫婦として共同生活を現実に営んでいた者をいうものと解するのが相当であり，戸籍上届出のある配偶者であっても，…事実上の離婚状態にある場合には，もはや右遺族給付を受けるべき配偶者に該当しないものというべきである。」と述べている。

47

にある者というべきであるから，参加人は私立学校教職員共済法 25 条において準用する国家公務員共済組合法 2 条 1 項 3 号所定の遺族として遺族共済年金の支給を受けるべき『配偶者』に当たらず，被上告人がこれに当たるとした原審の判断は，正当として是認することができる。」

3）第 3 号被保険者

このほか配偶者を巡る問題としては，国年の**第 3 号被保険者**制度がある。この問題は，国民皆年金導入時の被用者の妻の扱いに淵源を有する。すなわち，1985 年改正前の厚年の給付は世帯単位の設計であったことから，被用者の妻は国年の強制適用対象ではなく，任意加入の扱いとなっていた。その結果，妻が国年に任意加入した場合には，世帯単位で見た場合に高い年金が保障される一方，任意加入しない場合には，妻の障害や離婚時に年金保障が及ばないという問題があった[16]。

第 3 号被保険者制度に関しては，多様なライフスタイルに中立的な制度など様々な観点から見直しが議論されてきた経緯がある。連帯の観点からは，連帯類型と連帯原理の問題が交錯するのが，第 3 号被保険者問題である。すなわち，連帯類型からみると，第 3 号被保険者は，給付面では基礎年金の個人単位を反映するものの，負担面では家族連帯を反映した世帯単位となっている[17]。この点が，負担と給付の両面で世帯単位が貫徹する健保の被扶養者制度と異なる。また，連帯原理という点では，第 3 号被保険者では，本人拠出が存在しないことから，負担と給付の牽連性が欠如しており，貢献による連帯というよりは，被用者保険集団による帰属による連帯とも理解できる。ただし，世帯単位であることからすれば，被用者である第 2 号被保険者を通じた拠出とも理解できる。

議論の一定の到達点として，2004 年改正により「**3 号分割制度**」が導入された［第 9 章第 2 節 2 参照］。同制度は，第 2 号被保険者が納付した厚年等の保険料は夫婦が共同で負担したものとみなし，納付記録を婚姻期間に応じて分割し，この記録に基づき夫婦それぞれに厚年等の給付を行うことになった。これによ

---

(16) 任意加入の場合には，夫の厚年と妻の国年が併給されることから，世帯単位の所得代替率がその分高くなる。このため，1985 年改正の際に，婦人の年金権確立の観点から，被用者の配偶者も国年の第 3 号被保険者として強制適用対象とする一方，給付に要する費用は，被用者年金が全体として負担する仕組みに変更したものである。

(17) 第 3 号被保険者問題を個人単位の側面から突き詰めていくと，遺族年金の存在意義の問題を喚起する。

◇ 第 2 節 ◇ 社会保障の主な対象

り，第 3 号被保険者の保険料拠出について，第 2 号被保険者の拠出の共同負担
認識が明記され（厚年法 78-13 条），立法的には一定の整理がなされたことにな
る。

4）母子家庭・父子家庭

　配偶者という個人ではなく，家庭を法的に位置付けることがある。その典型
が**母子家庭**及び**父子家庭**であり，それ自体が福祉の分野となっている。その場
合，1985 年に批准された女子差別撤廃条約の考え方からすれば，母子家庭と
父子家庭で同じ扱いとすべきことになるが，その時点でも母子家庭施策を中心
に制度が構築されていた。現在は，母子及び寡婦福祉法も母子及び父子並びに
寡婦福祉法となっている（2014 年改正）。このほかでも，父子家庭にも児童扶
養手当が支給されるようになったり（2010 年〜），2012 年の年金機能強化法に
より父子家庭にも遺族基礎年金を支給されるようになっている（2014 年〜）。

（5）社会保障と成人年齢

　ライフサイクルに関わる社会保障にあっては，子ども（児童），高齢者（老
人）等のように年齢に着目して制度が構築されることがある。その場合，民法
の成人年齢等に照らしても重要な区分は，子どもと大人である。それと比べる
と，高齢者と若年者は，社会保障固有の区分といえる。

　社会保障の中には，健保・厚年等のように未成年であっても適用対象となる
制度も存在するが，以下のように年齢が社会保障の適用関係のメルクマールと
なる場合も多い。

　① 児童福祉法の児童：18 歳[18]
　② 身体障害者福祉法の障害者：18 歳以上
　③ 障害者自立支援法の障害者・児：障害者 18 歳以上，障害児 18 歳未満
　④ 母子・父子・寡婦福祉法の児童：20 歳
　⑤ 老人福祉法の措置の対象者：65 歳以上
　⑥ 介護保険法の被保険者：第 1 号被保険者 65 歳以上，第 2 号被保険者 40
　　 歳以上 6 歳未満
　⑦ 国民年金の適用年齢：20 歳以上 60 歳未満

---

(18)　児童関係の施設については，必要がある場合には 20 歳まで（更に一定の場合には，
　　 20 歳を超えて）保護期間を延長することにより入所が可能である（児福法 31 条等）。

◆ 第 2 章 ◆ 社会保障の対象

　この場合，社会福祉関係の子どもの年齢上限は，制度目的，社会実態等を反映しており，必ずしも民法上の成人年齢と一致しない。また，国年の適用年齢は，基本的に 20〜60 歳となっているが，個々人の就労開始年齢とは一致しない。これは，社会保険の場合であれば，給付のみならず保険料負担という視点があり，稼得能力という点で一般的な就労年齢等を考慮する必要があることによる[19]。このように，社会保障の年齢区分は，必ずしも成人年齢と一致するわけではなく，法目的に即してずれが生ずることになる。

（6）社会保障における住所等

　地域への帰属及びその中での地域連帯という観点で重要となるのは，**住所**である[20]。例えば，①国保や介護保険が市町村の区域内に「住所を有する者」を被保険者としたり（国保法 5 条，介保法 9 条），②児童手当（4 条）が日本国内に「住所を有するとき」に児童手当を支給したり，逆に，児童扶養手当（4 条）及び特別児童扶養手当（3 条）が日本国内に「住所を有しないとき」に手当を支給しないとするなど，住所が被保険者資格や受給要件に関わってくる場合がある。

　住所とは，特段の事由がない限り，「各人の生活の本拠」である（民法 22 条）。仮に，住所が知れない場合には，「居所」を住所と見なすことになっている（民法 22 条）。住所の解釈を巡っては，住所の標準として
　① 主観説…一定の地を生活の本拠とする意思を
　② 客観説…一定の地に常住する事実
とが存在するが，結局は意思と実態とを総合的に判断せざるを得ない[21]。

---

(19)　障害者給付という点では，障害児への特別児童扶養手当と 20 歳前障害者への障害基礎年金とは，20 歳を挟んで密接な関係を有している。

(20)　生活保護，国保，介護保険，高齢者医療等の場合には，入所・入院前の住所地の被保険者・受給者として，その保険者等が給付を行う住所地特例の仕組みが存在する。これは，入所者・入院患者の地域への帰属を反映した制度である。

(21)　国保の場合であるが，「住所の認定については，定住の意思と定住の事実の両面より判断して，生活の本拠を確定すべきであるが，この場合，住民登録，戸籍，米穀通帳，選挙人名簿等の資料等を調査し，住民登録の適正化を図られたいこと。従って，転入の当初より他方に移転することが明らかであり，かつ，在住の期間がきわめて短期間に過ぎない者の取扱いについては，国民健康保険の性格に照らし，住所を有する者と認定しないことが適当であること。」（昭和 34 年 1 月 27 日保発第 4 号）という通知がある。

◇ 第 2 節 ◇ 社会保障の主な対象

このほか制度によっては，住所ではなく，障害者総合支援法（19条）や生活保護法（19条）のように，障害者等の**「居住地」**又は居住地を有しない場合の**「現在地」**をメルクマールにする場合がある。この場合の「居住地」とは，本人の事実上の住まいのある場所であり，通常は，住所，つまり各人の生活の本拠と一致する[22]。また，「現在地」とは，保護等を必要とする状態が現に発生してい所在している場所である[23]。なお，「居住地」については，藤木訴訟第一審判決（東京地判昭和47年12月25日行集23巻12号946頁）が次のように判示している。

「『居住地』とは，客観的な人の居住事実の継続性および期待性が備わっている場所，すなわち，人が現に日常の起居を行っており，将来にわたり起居を継続するであろうことが社会通念上期待できる場所を指すものと解されるが，人が現にその場所で起居していなくとも，他の場所における起居が一時的な便宜のためであって，一定期限の到来とともにその場所に復帰して起居を継続していくことが期待されるような場合（いわゆる帰来性がある場合）には，本来の居住が一時的に中断しているに過ぎないから，このような場所も居住地に含まれるものと解するのが相当である。」

ところが，ホームレスの人の場合には，公園等を起居の場所として日常生活を営んでいいる（ホームレス自立支援特別措置法2条）ことから，住所等に関して困難な問題が発生する。この関係の裁判例として，大阪市扇町公園住民票転居届不受理処分取消請求事件がある[24]。上告審判決（最二小判平成20年10月

---

(22)　居住地概念は，障害者総合支援法の前身である身体障害者福祉法等の概念を引き継ぐ。介護保険，国保等と異なり，住民基本台帳と連動させた被保険者管理が必要ないことから，居住地概念を使用していると説明されている（障害福祉研究会『逐条解説障害者総合支援法』〔中央法規，2013年〕90-91頁）。

(23)　小山進次郎『改訂増補生活保護法の解釈と運用（復刻版）』（全国社会福祉協議会，2008年）307-308頁

(24)　そもそもは，公園内のテントに居住してきたホームレスが，テント所在の公園を住所とする転居届を提出したところ，不受理とされたことから，その取消を求めた事案である。控訴審（大阪高判平成19年1月23日判時1976号34頁）では，住所について，「『生活の本拠としての実体』があると認められるためには，…単に一定の場所において日常生活が営まれているというだけでは足りず，その形態が，健全な社会通念に基礎付けられた住所としての定型性を具備していることを要するものと解するのが相当である」とした上で，都市公園については，「私人が，私権の行使として，敷地内に住居を設け，起居の場所とすることなど，およそ想定されていないことは明らかというべきで

51

◆第2章◆　社会保障の対象

3日集民229号1頁）では，「社会通念上，上記テントの所在地が客観的に生活
の本拠としての実体を具備しているものと見ることはできない。上告人が上記
テントの所在地に住所を有するものということはできないとし，本件不受理処
分は適法であるとした原審の判断は，是認することができる」と判示し，都市
公園内のテントの所在地を住所とすることは認なかった。

3　事　業　者　●　●

（1）多様な事業者の側面

　ライフサイクル仮説に象徴されるように，多くの人が就職から退職までの現
役時代を労働者として過ごす。そのことは，会社法，労働法等に限らず，社会
保障法においても，会社等に代表される**事業者**（事業所を含む。）及び事業主
（以下「事業者等」という。）は不可欠な存在であり，生活者としての国民との間
で多様な法律関係を形成することになる。社会保障と事業者等との接点は，①
社会保険の保険料負担等の義務を負う事業主と，②社会保障のサービス等の提
供を担う事業者の2つの側面である。

（2）社会保険における事業主

　社会保険のうちでも，職域連帯に根差して職域に依拠しながら保険集団を構
築する**職域保険**は，被用者又は労働者を対象とした制度であり，保険料負担義
務等を負う**事業主**との間に保険関係が成立する。この結果，社会保険の適用徴
収等は，労働保険であれば事業，そのほかの社会保険であれば事業所に着目し
て実施されており，制度設計の根底には事業者概念が存在する。なお，この場
合の事業主は，個人事業所であれば事業主個人であり，法人事業所であれば法
人を意味することになる。

　社会保険においては，被保険者が保険料を拠出する場合であっても，事業主
が保険者との間で保険料納付義務を負うのが原則である。もちろん，被保険者

　　あって，都市公園法が，そのようなことを許容していると解する余地は全くない」とし，
　さらに「本件テントにおける被控訴人の生活の形態は，同所において継続的に日常生活
　が営まれているということはできるものの，それ以上に，健全な社会通念に基礎付けら
　れた住所としての定型性を具備していると評価することはできないものというべきであ
　るから，未だ『生活しての実体』があると認めるには足りず，したがって，被控訴人
　が本件テントの所在地に住所を有するものということはできない」と判示している。

52

◇ 第 2 節 ◇ 社会保障の主な対象

自体として，保険給付の受給権を取得するなど，被保険者も保険関係の一角を
なすが，事業主もまた保険関係の重要な当事者である。さらに，福利厚生のよ
うに事業主が賃金等を超えて労働者及び家族等の生活面に関わることがある。
健保組合等の保険者の散在は，社会保障における事業主の重要性を象徴する。

（3）サービス等の提供者としての事業者

　給付行政としての社会保障は，国民へのサービス提供等の現物給付形態を採
る場合があり，その際に国又は地方公共団体が直接実施するのではなく，社会
福祉法人，医療法人等の**事業者**を介して実施されることがある。社会保障の政
策主体は国又は地方公共団体であるとしても，社会保障の実施主体には事業者
も含まれることになる。

　この事業者は，個人と法人，私法人と公法人，営利と非営利など，制度に
よって形態は異なってくる。広義には，地方公共団体等が自らサービス提供に
関する実施主体として事業者になる場合もある。

4　多様なステークホルダー　● ● ●

　社会保障の広がりという点では，事業者等以外にも，住民，労働組合，当事
者団体，利害関係者等の多様なステークホルダーが関わってくる。国家対国民
という二元構造では，捉えきれない存在が社会保障にとっては重要である。

　問題は，法人格を有しない場合もあり，多様なステークホルダーを法的に位
置付けるには工夫が必要となる。例えば，以下の方法である。
① 審議会，協議会等の構成員に位置付けることにより，社会保障の政策過程
　への参画を確保する方法
② 利害関係者等からの意見聴取等の機会を設ける方法
③ 社会福祉協議会，認可地縁団体等のように法人格を付与し，役割と地位を
　明確化する方法

　訴訟の関係では，クラスアクションが考えられるが，共通の利害関係者によ
る訴訟制度は存在していない。このため，現実には，利害関係者による集団訴
訟の形態を採ることになる。

53

◆第3章◆ 社会保障の方式等

第3章

社会保障の方式等

第1節 社会保障の方式

1 概 観

　国民の権利義務という点では，社会保障の中核をなすのは，給付法である（図3-1）。しかし，社会保障には，公衆衛生，医療，社会福祉等を中心に**侵害行政**が存在する。すなわち，事業者等の許認可，指導監督，改善命令等を通じた**規制行政**により，間接的に国民の生存権を保障する分野である（食品衛生，医薬品安全等）。さらに，法目的実現のため一定の行為等を罰則付きで禁止する**取締規定**により，結果的に生存権の実現を目指す特別刑法に属する分野もある（薬物犯罪，福祉犯罪等の取締）。それとは対照的に，利用者と事業者等の関係では，契約の果たす役割も大きく，その点では**契約法**が重要となる。

　このほか手法という点では，社会福祉，医療等の分野を中心に**行政計画**が多用されている。この場合には，計画と事業者の許認可等の要件が計画と結び付けられたり，補助金等の助成が組み合わされることがある。また，生存権を実現していく主体としては，国，地方公共団体以外に様々な公法人等がサービス提供等の実施主体や行政事務の委託先として関与することになる。その点では，行政組織や社会福祉法人も含めた**組織法**の在り方がその内部関係に止まらず，生存権保障に関係する。

　如何なる方式で生存権保障を実現するかは，多分に立法政策に依存する。例えば，医療，福祉等の福祉サービスが典型であるが，公的にサービスを提供する方法（公営医療等），民間保険への加入強制による方法（社会保障ではないが，自動車損害賠償責任保険）なども考え方としてはあり得る。重要な点は，様々

54

◇第 1 節◇ 社会保障の方式

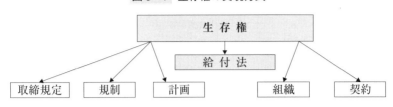

図 3-1 生存権の実現方式

な方式の選択の結果として，部分調和ではなく全体調和を実現することである。

2 財源調達上の給付の分類

社会保障の体系論が対処すべき社会的リスク，つまり要保障事故に着目した分類であるのに対して，社会保障の方式は，要保障事故に対処するための立法技術に着目した分類である。給付法である社会保障の側面に限っていえば，財源調達方式が国民の権利との関係で重要な意味を持つことになる[1]。

社会保障の財源調達を大きく分けると，①**社会保険**制度により主として保険料により賄われる場合と，②**社会扶助**制度により公費（租税）で賄われる場合がある（次頁図 3-2）[2]。このことは，権利発生の機序とも関係している。社会保険が保険料拠出という貢献に対する給付という形で拠出と給付の牽連性によって特徴付けられる「**貢献による連帯**」に依拠するのに対して，社会扶助は，特定の集団への帰属という事実によって権利が発生する点で「**帰属による連帯**」に依拠する制度である[3]。ただし，社会保険であっても，公費（国庫補助等）が投入されることがあり，そこには帰属による連帯が混じることになる。その場合であっても，保険料拠出なしの社会保険は考えられない。それ故，社会保険立法に見られる無拠出制の給付は，その名称にかかわらず社会扶助として位置付けられることになる。さらに，制度間の財源移転としての拠出金等の仕組みがあるが，拠出金が保険料を財源とすることからすれば，負担と給付の

---

(1) 荒木誠之『法律学全集 26・社会保障法』（ミネルヴァ書房，1974 年）は，「社会保険と公的扶助を拠出制か否か，保険の技術をとるかどうかによって区別することは，制度的にも絶対的な基準たりえない。」と述べている。本書は，立法技術も権利発生の機序という点で重要という立場である。

(2) 社会扶助の概念については，堀勝洋『社会保障法総論［第 2 版］』（東大出版会，2004 年）44-47 頁；菊池馨実『社会保障法』（有斐閣，2014 年）29-30 頁

(3) 拙著『社会保障法における連帯概念』（信山社，2015 年）45-53 頁；拙著『〈概観〉社会福祉法』（信山社，2018 年）16-17 頁

55

◆ 第3章 ◆ 社会保障の方式等

図3-2 社会保障の分類

```
①保険料方式    ≒  社会保険制度   ≒  医療, 年金
①公費（租税）方式 ≒  社会扶助制度   ≒  福祉
                    ┌生活保護
                    └措置制度
```

牽連性等の保険料と同様の規範が及ぶべきである[4]。

　原理的には, 社会保険とは, 保険技術を社会保障に応用することにより, 保険料拠出を前提として, それとの牽連性を有した給付が行われる仕組みである。これに対して, 社会扶助は, 公費（租税）を財源とし, 保険料拠出とは関係のない一定の要件の下で給付が行われる仕組みである。その際には, 社会保険のような拠出要件はないものの, 所得要件（**インカムテスト**）・資産要件（**ミーンズテスト**）等が課せられることがある[5]。

　ここで留意すべき点としては, 社会扶助は, 歴史的に事後的な救済である救貧制度として発達してきたこともあり, 所得要件・資産要件を伴うことが多いが, 法的にそれが必然というわけではなく, 多分に立法政策的な判断である。すなわち, 国民の税金を財源とする以上, 高所得層にまで給付を行うべきではないという考え方が典型である。

　その上で, 位置付けが問題となるのが, 前述の社会保険立法の中の無拠出制給付と, 歴史的には新しく登場してきた社会手当である。

　まず**無拠出制給付**としては, 保険料拠出を要件としない 20 歳前障害の場合の障害基礎年金が典型である。また, 1985 年の年金制度改革より前には, 老齢福祉年金, 障害福祉年金, 母子福祉年金等の福祉年金が存在したが, 現在でも, 1985 年の年金制度改正時の老齢福祉年金受給者には従前の制度が適用されている。このように年金に多い無拠出制給付は, 根拠規定が社会保険立法にあったとしても, 負担と給付の牽連性を欠くことから, 法的には社会扶助の性格を有する。ただし, 年金の支給機構を通じて支給されるものの, 福祉的措置

---

(4)　拠出金制度も, 厚年の基礎年金拠出金のように保険料財源だけの場合と, 全国健康保険協会の後期高齢者医療支援金等のように国庫補助の対象となる場合がある。

(5)　社会保険の場合にも, 厚年の在職老齢年金のように標準報酬が基準を超えると支給停止になることがある。ただし, この場合は, 過剰給付抑制の観点からの支給停止であって失権ではない。

56

◇ 第 1 節 ◇ 社会保障の方式

である特別障害者給付金等の給付金と比較するなら，名称も年金となっており，形式上も年金として支給される[6]。

次の**社会手当**としては，児童手当，児童扶養手当，特別児童扶養手当等がある。社会手当は，社会保険や社会扶助とは別の第3の所得保障といわれることがある。それは，社会手当が，①受益者等の保険料拠出がない点で社会保険と異なり，②所得制限はあるが，資力調査（ミーンズテスト）に基づく補足性の原則がない点で公的扶助と異なるからである。権利発生の機序を重視するなら，無拠出で保険事故概念になじまない点で社会扶助に分類できる。ただし，児童手当の場合には，事業主の拠出金（子ども・子育て拠出金）が投入され，租税法律主義との関係で負担と給付の牽連性が求められ，事業主としても将来の労働力維持・確保等の効果が期待できることから，拠出金には保険料に近い性格もあることになる[7]。

このように現実には，制度上の差異も多く，社会保険と社会扶助に截然と区別できない場合もある。このため，現象的には，戦後の社会保障の在り方との関係で，社会保険と社会扶助の接近であり，社会保障に至る論理必然的な発展過程とも考えられる[8]。すなわち，①社会扶助の所得要件・所得制限の緩和・撤廃，②国庫負担等による社会保険への公費投入，③社会保険立法の中の無拠出制の給付といった現象に鑑みれば，社会保険と社会扶助の壁が崩れつつあるという捉え方である。ただ，社会保障の骨格部分では，社会保険と社会扶助の二大体系が維持されており，少なくとも理念型としての意義は依然失っていな

---

(6) 特別障害者給付金は，従前の学生のように国民年金に任意加入していなかったために，障害基礎年金等を受給できない障害者について，制度の発展過程において生じた特別な事情に鑑み，福祉的措置として支給される制度である。

(7) 社会手当の位置付けについて，園部逸夫他『社会保障行政法』（有斐閣，1980 年）672 頁は，児童手当・児童扶養手当・特別児童扶養手当・福祉手当以外の国年の中の障害，老齢，母子，準母子の各福祉年金も社会手当としている。さらに，原子爆弾被爆者に対する特別措置に関する法律，公害健康被害補償法については，「社会手当化しつつある国家補償制度」と位置付けている。また，山田晋「児童手当」日本社会保障法学会編『講座社会保障法第 2 巻所得保障法』（法律文化社，2001 年）286 頁は，「荒木理論」から，「児童手当のような児童扶養の社会手当といわれる給付も，所得保障給付の法体系…の中に位置付けることができ，ここでは出資の増大と所得の喪失が生活危険となる」とする。

(8) 阿部和充・石橋敏郎編著『市民社会と社会保障法』（嵯峨野書院，2002 年）15-24 頁

◆第 3 章◆ 社会保障の方式等

い。

第 2 節　給付方法による分類

1　給付の方法

　社会保障の給付は，社会的リスクに起因する何らかのニーズの充足を目的としており，それぞれのニーズに対応できるきめ細かな給付方式が望ましい（個別性の要請）。その一方で給付は，ある程度の量を処理する必要から定型的に行わざるを得ない（大量性及び定型性の要請）。さらに，法制度は，既存の規範体系との整合性，法技術的制約を受けることになる（技術的な要請）。

　このため，現実の制度は，給付の類型別に，①サービスの提供としての**現物給付方式**，②金銭の提供としての**現金給付方式**に大別される。さらに，立法技術的には，③法定代理受領等による**現金給付の現物給付化**が採用されることがある［第 7 章第 1 節 1 参照］。

　如何なる方法が適切かは，社会，時代等の状況，給付及び受給者の特性等による。年金の場合には，現金給付以外は考えにくい。これに対して生活保護のように金銭給付（現金給付）を原則としながら，必要に応じて現物給付により給付が実施される場合もある。

2　給付の機序

　権利の発生機序という点では，社会保障のうちでも給付法は，行政庁による行政処分を介して行われることが多い。ただ，医療保険の現物給付である療養の給付のように，被保険者等の資格があれば，特段の行政処分を必要とせず権利が実現する場合もある。あるいは，社会福祉施設の利用関係の中には，一般に広く開放され個々の利用者に係る行政処分が存在しない場合もある。このため，給付に関する制度設計は，給付の特性等を踏まえた多様な形態をとるが，大まかな分類としては，以下のように整理が可能である。

① 準法律的行為（確認）

　社会保険の特徴の一つは，給付の定型性にあり，個別ニーズへの配慮（個別性）に欠ける嫌いがある。その反面，支給要件の明確性，負担と給付の牽連性等の特徴からすれば，支給要件に該当すれば，当然に権利が発生するように思

われる。しかし，社会保険は，大量性，定型性，技術性等の特徴を有しており，権利の確定（受給権の発生）のために，行政庁の裁定，確認，認定等の行政処分を絡ませることがある。ただし，その場合であっても，潜在的に権利が発生しており，要件事実発生（例えば，保険事故の発生）の時点まで遡って権利が発生する遡及効が認められるのが原則である。このような形式的行為である講学上の準法律的行為としての**確認**が社会保険を中心に存在する[9]。

② 形成的行為

社会保障給付の中でも，児童手当等の社会手当，生活保護等の場合には，行政庁の認定，決定等を経て受給権が発生する形成的行為である。このため，受給に必要な要件事実に該当していても，申請主義の下では，権利発生は申請時点以降であり，遡及効は認められないことになる。障害者総合支援法等の個人給付方式の場合も，社会保険でないことから，利用開始までに認定を受けていることが必要となる。

このほか，権利発生の契機という点では，①受給権者の申請に基づき行政処分が行われる**申請主義**と，②申請を待たず行政庁により行政処分をが行われる**職権主義**がある。例えば，生活保護が申請主義により申請保護を原則とするのに対して，かつて社会福祉の太宗をなしていた措置制度は，職権主義であった。すなわち，行政庁の措置決定（行政処分）により，社会福祉サービスが提供される仕組みであり，行政解釈によれば，利用者にはサービス利用に対する権利はなく，措置決定による反射的利益と解されてきた。

3　給付制限　● ● ○ ○

社会保障を社会的リスクに対する給付と捉えた場合には，形式的にはリスクが発生していたとしても，何らかの事由で当該リスクに対応するニーズが発生していない場合には，給付を行う必要（要保障性）が減退する。その場合の過剰給付の発生を防止する観点から設けられているのが，併給調整，所得制限等の給付制限に関する措置である[10]。このほかにも，ニーズの観点ではなく，社会的妥当性，法の適正執行等の観点から給付制限が設けられることがある。

---

(9)　東京地判昭和 49 年 9 月 30 日判タ 315 号 302 頁は，恩給に関して，「恩給権は，権利者の請求に基づき裁定庁がこれを確認する行政処分（恩給裁定）を行うことによってはじめて国に対する具体的請求権としての内容が確定する」と判示している。

(10)　損害保険における重複填補による利得禁止原則にも通じる考え方である。

◆ 第3章 ◆　社会保障の方式等

（1）併 給 調 整

　併給調整は，同一支給事由に基づき複数の給付要件に該当する場合であって
も，当該複数給付（重複給付）を支給するのではなく，複数給付間で調整を行
う措置である。ただし，一見すると類似の給付であっても，給付の性格の違い
から併給される場合もある。例えば，障害関係の給付のうちの①特別児童扶養
手当と障害児福祉手当，②障害基礎年金（1級）と特別障害者手当の組合せは
併給される[11]。

　併給調整は，同一支給事由に基づき複数の給付の支給要件に該当する場合に，
一方の給付を停止又は不支給とするか減額する**支給停止**等によって行われる。
これら支給停止等を大別すると，以下のように全部支給停止等と一部支給停止
等に分類される。

① 全額支給停止等になる場合としては，
　・出産手当金を受給できる場合の傷病手当金
　・労基法の障害・遺族補償を受けられる場合の障害・遺族厚生年金（6年
　　間）
　・雇用保険の基本手当等を受給している場合の特別支給の老齢厚生年金
がある。

② 一部支給停止等になる場合としては，
　・雇用保険の高年齢雇用継続給付等を受給している場合の特別支給の老齢
　　厚生年金（原則標準報酬月額の6%相当が支給停止）
　・労災保険と同一事由によって年金給付（障害基礎年金，障害厚生年金，遺
　　族基礎年金，遺族厚生年金等）が支給される場合の労災保険の年金たる給
　　付（障害（補償）年金，遺族（補償）年金，傷病（補償）年金，休業（補償）

---

(11)　併給調整を巡っては，過去の判決として，以下のものが存在する。①牧野訴訟（東
　京地判昭和43年7月15日判タ223号118頁）では，無拠出制の老齢福祉年金の夫婦受
　給制限規定（各年金から3000円を減額）の合憲性（13条，14条）が問題となり，裁判
　所は，同年金を公的扶助性の強いものと位置付けたが，低額であるが故に単身者と夫婦
　で差を設けることの14条違反を認定した。その後法改正により受給制限規定を削除さ
　れた。②堀木訴訟（最判昭和57年7月7日民集36巻7号1235頁）では，障害福祉年
　金と児童扶養手当との併給調整規定の合憲性（14条，25条）が問題となり，合理的理
　由のない不当な差別的取扱は14条違反となるが，併給調整に関しては，事故が二以上
　になったからといって稼得能力喪失・低下が必ずしも比例的には増加するとはいえない
　ことを理由に合憲と判断した。

60

年金）（労災保険の給付に一定率を乗じて減額）

がある。

このほか，支給停止ではなく一方の**給付の選択**による場合がある。典型例は，一人一年金の考え方に立つ年金制度である［第9章第1節参照］。例えば，本人が遺族であることにより遺族基礎年金と遺族厚生年金の受給権を有すると同時に，厚年の障害厚生年金の受給権を有する場合には，何れかを選択する必要がある。

このように併給調整は，社会保険の給付間で実施される場合のほか，社会保険と社会手当等の給付との間で行われる場合もある。例えば，2014年11月まで，公的年金給付（遺族年金等）が支給される場合には，児童扶養手当は不支給となっていた。現在は，併給可能で，年金額が児童扶養手当より低い場合には，差額分を支給する形での併給調整である。

（2）所 得 制 限

所得制限は，所得・収入が一定水準を上回る場合に行われる給付の停止・不支給又は減額等の措置である。社会保険の利用者負担の中には，介護保険の居住費・食費に関する補足給付，医療保険の高額療養費等のように所得の多寡によって負担額が変わってくる場合がある。かかる制度は所得制限ではないが，結果的には類似の効果が発生する。

各種社会保障給付の中でも拠出制の給付の場合には，負担と給付の牽連性から所得制限は想定しにくいが，厚年の在職老齢年金の在職支給停止のような例外もある。これは，厚年に退職年金としての性格が残っていることの反映である。これに対して，無拠出制の社会保険給付や社会手当には，以下のように所得制限が広くみられる。

① 無拠出制である20歳前障害に係る障害基礎年金については，2段階の所得制限

② 児童扶養手当，特別児童扶養手当については，前年度所得に応じた所得制限

なお，遺族年金の場合には，配偶者に係る所得制限があるが，これは生計維持要件判断の基準であることから，権利発生要件であって受給権発生後の支給停止等の基準としての所得制限ではない。

◆第3章◆　社会保障の方式等

（3）その他の給付制限

　ニーズとは異なる観点からの給付の制限としては，制度趣旨（保険事故の偶発性等）から給付が不適当な場合や別途公費による給付がなされる場合が以下のとおり存在する。それぞれの場合において，給付制限の程度（全部又は一部），裁量（できる規定である相対的給付制限又は常に制限される絶対的給付制限），期間等は，制度によって異なっている［社会保険について第7章第4節1参照］。

① 社会保険において，故意・重過失による保険事故の発生，偽り等の不正行為等のような場合の不支給（健保法116条・117条・120条，国保法60条・61条，高確法87条・88条，国年法69条・70条・71条，厚年法73条・73-2条・74条・76条，労災法16-9条，雇保法33条・34条・61-3条・61-7条，介保法64条）

② 社会保険において，少年院・刑事施設等への収容・拘禁のような場合の不支給（健保法118条，国保法59条，高確法89条，介保法63条）

③ 社会保険の保険料未納等の場合の不支給，一時停止等（国保法63-2条，高確法92条，厚年法75条，介保法66条・67条）

④ 質問，指導，指示，命令等に従わなかった場合の不支給，支給停止（健保法119条・121条，国保法62条・63条，高確法90条・91条，国年法72条，厚年法75条，雇保法32条，介保法65条，児手法10条，児扶法14条）(12)

⑤ 届出義務違反等の場合の支払いの一時差止め（国年法73条，厚年法78条，労災法47-3条，児手法11条，児扶法15条）

　これらのうち支給停止の場合には，受給権が発生しない場合の「支給しない」といった規定振りと異なり，受給権自体は存在することから，支給停止事由が止んだ後は給付が再開される。ただし，支給停止期間中の給付は，停止事由が止んだ後に遡って支給されることはない。この点が，差止事由解消後に差止期間中の給付が遡って支給される一時差止と異なる。

4　給付の類型及び方式の関係　●　●　●

　要保障事故に対して如何なる給付が選択されるかは，前述のように立法政策

---

(12)　生活保護の場合には，指示等の違反に対しては，保護の停止だけでなく変更又は廃止も可能である（62条）。

◇ 第2節 ◇ 給付方法による分類

図3-3　社会保障の類型と給付方式の関係

類　型		給付方式		法律名
		現金給付	現物給付	
社会保険	年金保険	老齢年金 遺族年金 障害年金	年金事業の円滑実施のための措置	国民年金法 厚生年金保険法等
	雇用保険	失業等給付 　[求職者給付 　就職促進給付 　教育訓練給付 　雇用継続給付]	雇用保険二事業 [雇用安定事業 能力開発事業]	雇用保険法
	労働者災害補償保険	休業補償給付 障害補償給付 遺族補償給付 葬祭料 傷病補償年金 介護補償給付 等	療養補償給付等 社会復帰等促進事業 [社会復帰促進事業 被災労働者等援護事業 安全衛生等確保事業]	労働者災害補償保険法
	医療保険	傷病手当金 出産育児一時金 葬祭費	医療給付 保健事業	健康保険法 国民健康保険法等
	後期高齢者医療	葬祭費 （傷病手当金）	医療給付 特定健康診査等	高齢者医療確保法
	介護保険		介護給付 [在宅サービス 施設サービス] 予防給付 　（在宅サービス） 地域支援事業等	介護保険法
社会手当	児童手当	児童手当　←		児童手当法
	児童扶養手当法	児童扶養手当		児童扶養手当法
	特別児童扶養手当等	特別児童扶養手当 障害児福祉手当 特別障害者手当		特別児童扶養手当等の支給に関する法律

63

◆ 第3章 ◆　社会保障の方式等

社会保険	社会福祉	子ども・子育て支援		子どものための現金給付	子どものための教育・保育給付 ──────┐	子ども・子育て支援法
		児童福祉			助産施設，保育所等への入所 里親委託 児童養護施設等への入所	児童福祉法
		老人福祉			在宅サービス 施設サービス	老人福祉法
		障害児・者福祉	障害者総合支援		自立支援給付（介護給付費，訓練等給付費，特定障害者特別給付費，地域相談支援給付費，計画相談支援給付費，自立支援医療費，療養介護医療費，補装具費，高額障害福祉サービス等給付費等）	障害者総合支援法
						障害者基本法
					（障害児） 障害児通所支援（児童発達支援，医療型児童発達支援，放課後等デイサービス，保育所等訪問支援）障害児入所支援（福祉型障害児入所施設，医療型障害児入所施設） （障害者） 障害者福祉サービス 障害者支援施設等	身体障害者福祉法 知的障害者福祉法 児童福祉法
		母子・父子・寡婦福祉		母子・父子・寡婦福祉資金貸付	母子・父子・寡婦日常生活支援事業等	母子・父子・寡婦福祉法
		生活保護		生活扶助 教育扶助 住宅扶助 出産扶助 生業扶助 埋葬扶助	医療扶助 介護扶助	生活保護法

に依存する。すなわち，社会保障を社会保険と社会扶助に大別した場合，要保障事故に対応する給付方式は一義的には決まらず，個々の給付の性格に応じて現金給付と現物給付が採用されている（図3-3）。また，社会手当の場合には，その名称のように現金給付である。ただし，負担と給付の牽連性の欠如という点では，社会保険社会扶助に分類されるが，対象とするリスクという点では，社会保険に近い面があり（例えば，児童扶養手当の場合の配偶者との離別，特別児童扶養手当の場合の障害），社会手当は，社会保険と社会扶助の中間に位置することになる。

このほか給付の中には，雇用保険二事業，社会復帰等促進事業，保健福祉事業等の中には，必ずしも個人を名宛人とせず，各人の権利を特定しにくい制度も多い。その一方，介護保険の地域支援事業の第一号介護予防支援事業のように，居宅要支援被保険者を対象に指定事業者からサービスが提供される場合には，各人の権利が明確なものもある。

● ● ● 第3節 財源調達から見た方式 ● ● ●

1 社会保障の財源 ● ● ● ●

社会保障の財源は，大きく**社会保険料**と**公費**（租税）に分かれる。ところが，財源調達に係る行政は，国に加え地方公共団体，しかも都道府県と市町村の両方が重要な役割を果たしている。また，社会保険については，政府管掌の制度もあることから，一般会計とは別に特別会計が設けられることが多い。さらに，公費及び拠出金等からの財源が投入されることが多い我が国の社会保険にあっては，特別会計に保険料以外の財源が混じり，特別会計の勘定間の財源の移動等も発生することがある。このように財源調達の仕組みは，社会保障制度内で完結しない部分が多い。

社会保障財政という点では，**利用者負担**が関わってくる。社会保険であれば，一部負担（利用者負担）が存在しており，これは利用者と事業者等との間の債権債務関係である。これに対して，措置制度の場合の利用者負担は，サービスを提供する事業者等ではなく，措置権者が利用者から徴収し，しかも一般会計に繰り入れられる。その限りでは，利用者負担と事業者等に支払われる措置委託の対価である措置費との間には，直接的関係性がみられない[13]。

◆第3章◆　社会保障の方式等

図3-4　社会保障給付費の財政構造

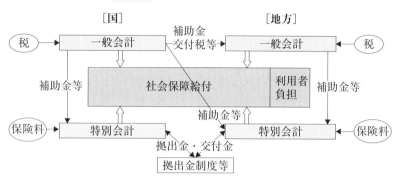

（注）社会保障における典型的な給付費の財政構造を示しており，これに尽きるものではない。

　このように財源調達から見た社会保障制度は，複雑な様相を呈することになる（図3-4）。全体としてみれば，社会保障財政は，国と地方公共団体，一般会計と特別会計，社会保険料と公費とのマトリックスの中で展開することになる。

　なお，社会保障財政を考える上で重要な概念として，社会保障に関する**給付費**（以下「社会保障給付費」という。）がある。これは，社会保障に関する費用のうち現物給付又は現金給付の形で支給される部分である。社会保障の中には，給付でカバーされない利用者負担，給付の形を採らない保健・医療・福祉等の事業費があることから，これらに社会保障給付費を合わせたものが概ね社会保障全体の規模を示すことになる[14]。

---

(13)　恩給の場合には，恩給法59条が規定する恩給納金制度により，公務員は俸給の2%を国庫に納付することになっているが，特別会計ではなく一般会計に入ることになる。従って，一見すると，保険料に類似するが，負担と給付との牽連性がない点で，社会保険と異なる。

(14)　社会保障給付費としては，国立社会保障・人口問題研究所が毎年発表する「社会保障費用統計」の中にILO基準に基づくデータに関する概念がある。それによれば，①制度の目的が，(1)高齢 (2)遺族 (3)障害 (4)労働災害 (5)保健医療 (6)家族 (7)失業 (8)住宅 (9)生活保護その他，のリスクやニーズのいずれかに対する給付を提供するものであること，②制度が法律によって定められ，それによって特定の権利が付与され，あるいは公的，準公的，若しくは独立の機関によって責任が課せられるものであること，③制度が法律によって定められた公的，準公的，若しくは独立の機関によって管理され

◇ 第3節 ◇ 財源調達から見た方式

2 充当先からみた財源 ● ● ●

(1) 充当先の類型

財源の充当先は，①個人が受給権者となる**給付費**，②個人が受給権者とはならない保健・医療・福祉等の**事業費**，③制度の管理運営に必要な事務的経費としての**事務費**，④保健・医療・福祉等の**施設整備費**等に分かれる。

国民の権利との関係では，給付費（①）の財源が重要となる。これに対して，公共財ないしメリット財である保健・医療・福祉等の事業の場合には，受給権者といった法律構成を採らないとしても，直接的又は間接的に個人に利益が帰属することになる。事務費（③）及び施設整備費（④）の場合には，より間接的ではあるが，最終的にも国民に利益が帰属することになる。

重要なのは，如何なる立法政策を採るかによって，社会保障の規模の見え方が変わってくる点である。例えば，施設整備に要する費用も，施設整備費等として補助金の形で事業者等に交付される場合があるが，診療報酬，介護報酬等の中に減価償却費も織り込めば，施設整備費等も給付費に入ってくることになる。また，社会福祉等のサービスを個人への給付方式で行えば，給付費に反映するのに対して，個人の受給権を特定しない事業形態でサービスを提供すれば，給付費には反映されないことになる。このことは，格差貧困問題等を考える際に念頭に置く必要がある。

(2) 社会保険の特徴

社会扶助であれば，公費以外の財源は，基本的に存在しない。利用者負担は，国又は地方公共団体の歳入ではあるが，当該社会扶助に直接投入されることにはならない。公費以外の財源としては，使途を明示した地方公共団体等への寄附がある[15]。

これに対して，社会保険の場合には，保険料と公費の投入関係は，立法政策

ていること。あるいは法的に定められた責務の実行を委任された民間の機関であることがメルクマールである。この中には，個人に給付が直接帰属しない管理費，運用損失，施設整備費等が含まれる。従って，社会保障給付費に関する統計上の概念と法的な概念とは必ずしも一致しない。

(15) 地方公共団体への寄附としては，寄附者が使途を指定し，当該地方公共団体がその意思を尊重しながら利用する指定寄附がある。これに対して，寄附の使途等の条件について，地方公共団体が法的義務を負う「負担付きの寄附」の場合には議会の議決を必要とする（自治法 96 条 1 項 9 号）。

◆ 第3章 ◆ 社会保障の方式等

に依存する部分が大きい。例えば，事務費については，強制加入による国家的
制度として社会保険が実施されていることからすれば，公費によるべきとも考
えられるが，加入者等が裨益するメリットがあり，公費とともに保険料が充当
されることも許容される。実際，社会保険立法では，事務費が奨励的補助金で
はなく義務的負担金に位置付けられているものの，「予算の範囲内」で負担す
ると規定されている（国年法85条2項，厚年法80条2項，健保法151条，雇保法
66条6項）。その場合には，事務費の全てを国庫が負担する前提とはなってい
ないと解される[16]。また，地方公共団体が実施する制度（社会福祉，国保，介
護保険等）の場合には，事務費国庫負担に関する規定を持たないのは，事務費
を地方公共団体が一般財源から負担する前提となっているためである。

3 財源に関する規整 ● ● ●

社会保障財源のうち保険料は，社会保障固有の財源であるのに対して，公費
は，国又は地方公共団体の一般財源である。このため，社会保障法としての固
有の規整ではなく，財政，補助金，会計等の一般的な規律にも服することにな
る。特に関係する法律が，国では，特別会計に関する法律（特別会計法），補助
金等に係る予算の執行の適正化に関する法律（以下「補助金適正化法」という。），
会計法等である。また，地方との関係では，地方自治法，地方交付税法，地方
財政法等が重要である。

例えば，社会保険の場合には，単一予算主義の例外として，年金と労働保険
に関して**特別会計**が設けられ，更に個別の勘定（労働保険の労災勘定，雇用勘定
及び徴収勘定，年金の基礎年金勘定，国民年金勘定，厚生年金勘定，健康勘定，子
ども・子育て支援勘定及び業務勘定）が設けられている。これは，財政法（13条
2項）により，一般会計と区分経理する必要から許容されており，具体的には，
特別会計に関する法律により規定されている。社会保険のための特別会計を設
けることは，地方公共団体においても同じであり（自治法209条2項），条例に
より国保，介護保険等の関係で特別会計が創設されている。

また，社会福祉分野をはじめとして多くの制度が身近な行政である地方公共
団体によって実施されていることから，国から地方公共団体への**国庫補助等**が
多く存在する。国庫補助等は，法定受託事務の場合に限定されておらず，自治

---

(16) 『健康保険法の解釈と運用平成29年度版』（法研，2017年）1119頁

事務の場合にも，国保等のように高率の国庫補助等が存在する。各種補助等については，補助金適正化法により，補助金等の目的外使用が禁止され，その申請，交付等の手続きも含め適正化のための規定が適用される。

　このことは，地方財政法とも関係してくる。すなわち，地方公共団体は，その事務に要する経費を全額負担することが原則である（地財法9条）ことの例外として，国の補助金等は位置付けられている。例えば，生活保護，障害者福祉，児童福祉，国保等は，国と地方の双方の利害に関係があり，制度の円滑な運営のため国が経費を負担することが必要との前提で国の負担が設けられている（地財法10条）。これに対して，国年，雇用保険，特別児童扶養手当等は，もっぱら国の利害に関係ある事務と位置付けられており（地財法10-4条），国庫補助等は存在しない。

　そもそも，地方公共団体に必要な財源は，自主財源である地方税等，固有財源である地方交付税等によって賄われるのが原則である。とりわけ，地方公共団体間の財政力格差から，地方交付税の果たす役割は大きい。この点では，地方交付税は使途が特定されないものの，国庫補助等で補填されない部分について，積算上，地方交付税の基準財政需要に参入されることになる（地財法11-2条）。

● ● ● 第4節　組織からみた方式 ● ● ●

1　社会保障の組織 ● ● ●

　社会保障を実施する上では，如何なる主体が担うかという**組織法**の視点が重要となる。生存権の保障者としての国（地方公共団体を含む。）といっても，国による直接執行を憲法が求めるものではないと解される。憲法との関係での最終的な責任は国に帰するとしても，生存権保障にふさわしい主体に担わせることの方が生存権保障としても望ましい。重要なのは，各種主体の協働・連携を実現していくことである。

　社会保障に登場する主な主体としては，以下のものがある。

① **行政機関**…国，地方公共団体

② **公法人**…法律により国・地方公共団体の下に設立された法人である特殊法人，独立行政法人，公共組合等

◆ 第3章 ◆ 社会保障の方式等

③ 私法人…特別民間法人等

　公法人の中でも特殊法人は，国の関与が比較的強く，運営に関して補助金等が投入されることがある。社会保障分野では，日本年金機構（以下「年金機構」という。），日本私立学校振興・共済事業団が存在する。これに対して，独立行政法人は，特殊法人改革の中で登場したことから，国の関与を比較的弱め，自主財源による自律的運営が理念型であるが，自主財源でなければ交付金が交付されることになる。社会保障分野では，年金積立金管理運用独立行政法人，独立行政法人国立病院機構等がある。次の公共組合は，社団形態であるが，行政事務を行うために設立される公法上の社団法人である。社会保障分野では，健康保険組合（以下「健保組合」という。），国民健康保険組合（以下「国保組合」という。），公務員等の共済組合等が存在する。これらに該当しない特別な公法人としては，全国健康保険協会（協会けんぽ）がある。

　私法人である特別民間法人は，国による役員任命及び国等の出資はないが，特別の法律により設立数を限定している。社会保障分野では，企業年金連合会，社会保険診療報酬支払基金が存在する。

　このほかにも，法人は，様々な観点から分類可能である。例えば，法人税法上は，普通法人及び公益法人等とともに公共法人という法人類型があり，法人税が免除される（4条2項）。この場合には，公共組合である健保組合，国保組合，企業年金基金等は，公共法人ではなく公益法人等に位置付けられる。

2　国　●●●

（1）国の組織

　国家組織法上の行政機関（中央省庁）で社会保障を主として担っているのは，**厚生労働省**（以下「厚労省」という。）である。厚労省設置法上も，その任務として，「国民生活の保障及び向上を図り，並びに経済の発展に寄与するため，社会福祉，社会保障及び公衆衛生の向上及び増進並びに労働条件その他労働者の働く環境の整備及び職業の確保を図ること」（3条1項）が規定されている。

　厚労省等の中央省庁は，大臣を長として，その下の内部部局等として大臣官房，局，部，課，室等の組織が置かれる。社会保障に関係が深いのは，厚労省の子ども家庭局，社会・援護局，老健局，保険局，年金局のほか，労働保険等の関係で労働基準局，職業安定局，雇用環境・均等局である。

　社会保険の関係では，全ての制度を厚労省が所管しているのではなく，国家

◇ 第4節 ◇ 組織からみた方式

公務員共済は財務省，地方公務員共済は総務省，私立学校職員共済は文部科学省が基本的に所管している。また，政府管掌保険であっても，年金のように直轄ではなく，年金機構に業務が委任・委託されている場合がある。また，医療保険の場合には，政府管掌保険でなく，保険者は，全国健康保険協会，健保組合，地方公共団体等となっている。社会保障を直接所管するわけではないが，予算の関係で財務省，地方公共団体との関係で総務省も重要である。

社会保障における国の役割は，制度の企画・立案，法令の立案，指導監督のような業務の実施であって，国がサービスの実施主体として自ら現場の事業を実施するのは例外的である（例えば，国立ハンセン療養所）。

（2）内部部局以外の機関等

国の事務の関係で，特別な職及び機関が置かれることがある。

例えば，重要事項等を調査審議する合議制の諮問機関である**審議会**（国家行政組織法の8条機関）である。社会保障に関係する審議会としては，社会保障審議会，労働政策審議会，中央社会保険医療協議会，社会保険審査会，労働保険審査会等である[17]。

また，本省には，管轄区域ごとに事務を分掌させるため**地方支分部局**が設置されることがある。厚労省関係では，地方厚生局，都道府県労働局がある。更に事務を分掌させるため，地方厚生局の下に地方厚生支局及び地方麻薬取締支所，都道府県労働局の下に労働基準監督署及び公共職業安定所（その下の出張所）が設置される。このほか，外局として，労働関係の調整を司る独立性の高い**行政委員会**（国家行政組織法の3条委員会）である中央労働委員会が置かれている。

社会保障関係では，地方厚生局が保険医療機関の指定等の業務に関係する。また，労働基準監督署が労災保険，公共職業安定所が雇用保険に関係してくる。年金に関しては，厚労省ではなく年金機構の下に，適用，徴収等の事務を分掌するため年金事務所が置かれている。

---

(17)　戦後の社会保障で重要な役割を果たした制度審は，中央省庁再編の際に廃止され，その機能は経済財政諮問会議と社会保障審議会に引き継がれた。

71

◆ 第3章 ◆ 社会保障の方式等

3 地方公共団体 ●●●

（1）地方公共団体の類型及び役割

　一定の地域を単位とする地方公共団体は，広域自治体である**都道府県**と基礎自治体である**市町村**を基本に構成されている。これら**普通地方公共団体**以外に，**特別地方公共団体**として，東京23区である特別区，地方公共団体の組合である一部事務組合及び広域連合等がある。

　また，社会保障の関係では，大都市等の特例が重要である。まず人口50万以上の大都市が指定都市として指定されており，市に加え都道府県に準じた事務を処理することになっている。このほか指定都市以外であっても，人口30万以上の都市を対象とした中核市があり，指定都市に準じた事務処理の特例が設けられている。

　社会保障は身近な行政が多いこともあり，地方公共団体の役割が重要である。もちろん，国全体の地方分権の流れの影響もあるが，1990年の福祉八法改正により，主な福祉分野の実施主体を都道府県から市町村に変更するなど，社会保障の場合には，かなり意識的に地方分権が進められてきた。改革の中には，国から地方のみならず，国が本来になうべき事務の場合は，年金のように地方から国へという逆方向での見直しも含まれるなど，社会保障のあるべき主体という観点が含まれていた。いずれにせよ，国全体の改革と社会保障の改革が軌を一にしながら，地方分権等が進んできたことになる。特に重要な改革としては，以下のものがある。

　① 1997年の介護保険法により，保険者を市町村としたこと
　② 1999年の地方分権一括法により，国年の徴収を市町村から国に変更したこと
　③ 2005年の障害者自立支援法により，障害者福祉の実施主体を市町村に集約したこと
　④ 2006年の医療保険制度改革により，後期高齢者医療の保険者を都道府県単位の広域連合とするとともに，全国健康保険協会の保険料率等を都道府県単位にしたこと

　国と地方公共団体のどのレベルが如何なる事務を担うかも，立法政策に依存する部分が大きい。現在の潮流は，以下のように整理することができる。ただし，地方公共団体，特に市町村が中心となる場合であっても，国及び都道府県

として企画立案，支援等の機能がなくなるわけではない。

① 年金及び労働保険のように全国的及び長期的な視点が重要な場合は，国を中心とした体制

② 医療提供体制のように広域的視点が重要な場合は，都道府県を中心とした体制

③ 医療保険のように給付のみならず保険料も含めた保険者機能の視点が重要な場合は，職域保険は国，地域保険は地方公共団体を中心とした体制

④ 社会福祉のように身近な地域の視点が重要な場合は，地方公共団体の中でも市町村を中心とした体制

（2）専門組織

社会保障の中でも，公衆衛生のほか，社会福祉等のサービス分野では，その専門性から福祉事務所，保健所，児童相談所，身体障害者更生相談所，知的障害者更生相談所，婦人相談所等の専門的な機関が設けられているのが特徴である。中でも，福祉事務所と保健所が代表的な組織である。なお，福祉事務所と保健所は，設置主体及び管轄地域の面で必ずしも一致しないが，地方公共団体によっては，両者を統合・一体化して設置・運営している場合も多い。

① 福祉事務所

福祉六法に定める援護，育成又は更生の措置に関する事務を司る第一線の社会福祉行政機関として，社会福祉法に基づき都道府県及び市（町村は任意）に設置される。社会福祉分野では，戦前から戦後 1951 年まで市町村が社会事業行政の窓口であったが，社会福祉の専門性と均一的な事務処理の要請から設置された経緯がある。

② 保健所

地域保健法に基づき，地域における保健衛生活動の中心機関として，都道府県，指定都市，中核市，保健所政令市，特別区に設置される。このうち保健所政令市は，地域保健法施行令により個別に指定される市である。

第 II 部

社会保険法

◇ 第1節 ◇ 社会保険の意義

第4章

社会保険の基本構造

● 第1節　社会保険の意義 ●

1　社会保険法の射程[1]

　社会保険法は，医療，年金，労災，失業及び介護の5つの社会的リスクを対象とする法分野である。これらは，一本の法律に集約されておらず，しかも各社会保険立法の相互関係も錯綜する。

　保険者という点でも，労災保険，雇用保険等の政府管掌保険を別とすれば，制度や保険者が分立することが多い。典型的には，医療である。年齢をメルクマールとして，高齢者医療制度とそれ以外に分かれ，高齢者以外の制度も，職域保険（健保，共済）と地域保険（国保）に分かれる。しかも，高齢者医療制度に関しては，前期高齢者医療に係る財政調整，後期高齢者医療に係る拠出金制度が存在することにより，高齢者医療制度以外の制度との関係で錯綜する。年金に関しては，制度体系は大きく厚年と国年に分かれる。ところが，被用者に関しては，医療保険の保険者でもある共済各制度が厚年の実施機関として位置付けられている。さらに，厚年の被保険者等は，国年の被保険者として二重加入状態にあり，給付面では，1階部分の基礎年金は国年の方から支給される。労災及び失業については，基本的に労働者を対象とする労働保険の射程であるが，公務員等の労災の場合には，別途制度が存在している。また，総合保険として出発した船員保険は，労災保険及び雇用保険との関係で独自の給付が存在

---

　(1)　本書では，社会保険の適用・徴収，保険料等については，社会保険法総論で制度横断的に記述し，第7章以下の社会保険法各論では，給付面を中心に記述している。

77

◆第4章◆　社会保険の基本構造

図4-1　社会保険体系の概観

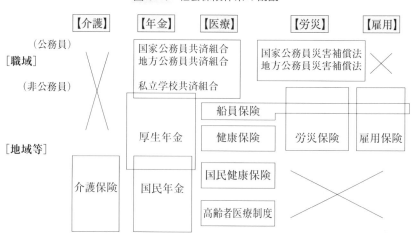

している。その点で介護保険は，市町村単位の地域保険であることから，保険者は多いものの，法律としては，介護保険法に一本化されていることは，むしろ例外的である（図4-1）。

2　社会保険の特徴

（1）社会保険の概念

社会保険とは，1950年の制度審勧告に即していえば，保険的方法により経済的保障の途を講ずる手法である。より一般的には，保険料の拠出を条件とする給付の仕組みと捉えられる。権利義務の観点からいえば，「負担なければ給付なし」ともいうべき給付と負担の牽連性の存在が必須となる。

このことは，社会保険立法における無拠出の基礎年金・福祉的年金等の年金の存在のほか，国年・国保の保険料減免により負担と給付が切断された場合の給付の位置付けの問題につながる。すなわち，給付と負担の牽連性に着目した場合には，無拠出制給付は，社会保険立法に規定があったとしても，社会保険と位置付けることは困難である［第3章第1節2参照］。減免の場合には，保険料軽減ならまだしも，免除期間に対応する給付には保険料拠出がないことから，社会保険というよりも社会扶助と位置付けられる。

もちろん，社会保険の場合であっても，給付と負担について，等価交換的な対価関係という意味での**対価性**（双務関係）が存在するかは，民間保険と異な

◇第1節◇ 社会保険の意義

図4-2 社会保険の基本構造

り議論の余地がある[2]。むしろ拠出が給付の要件という意味での条件関係（給付の要件）という理解も可能である[3]。リスク別保険料ではなく応能負担による保険料設定が多いことからすれば，少なくとも確率論的な等価関係は成立しない。その点では，「対価性」ではなく「**牽連性**」の表現の方が適当ということになる（図4-2）。

この点を給付の局面で考える。被保険者等が給付を受けるに当たっては，保険者による裁定，認定等の処分が必要になることが多いが，受給要件を満たしている限りは給付に対する請求権としての受給権は潜在的には発生しており，保険者による処分は確認行為と解される。かかる解釈の根底には，社会保険における給付と負担の牽連性の存在があり，そのことが形成権とは異なる法律構成を採る理由となる。

（2）社会保険中心主義

1961年の国民皆保険・皆年金に象徴されるように，社会保険は，我が国の社会保障の中核的な制度として位置付けられ発展してきた。これを**社会保険中心主義**という[4]。現在も，2012年の社会保障制度改革推進法が「年金，医療

---

[2] 近代市民法の契約関係は，双務契約における給付（prestation）と反対給付（contre-partie, contre-prestation）を典型とする。等価交換という点では，民間保険でも，保険事故が発生しなければ給付はなされず掛け捨てになることがある。ただし，保険事故の発生確率を加味することで確率論的には対価性が貫徹している。

[3] 社会保険の保険関係を巡っては，被保険者と保険者との間に債権債務関係が発生しているという捉え方も存在する。例えば，社会保障制度審議会の1958年6月14日の答申（「国民年金制度に関する基本方策について」）は，「本来，年金は一度決められたならば，長期にわたって確定債権として各人に保障されるところにその特徴がある。裏返していえば，国はそういった債務を負わねばならないことになる。」と述べている。しかし，社会保険をあえて契約として捉える実益は見出しにくい。

[4] 制度審の1950年の社会保障制度に関する勧告は，「国民が困窮に陥る原因は種々であるから，国家が国民の生活を保障する方法ももとより多岐であるけれども，それがた

◆ 第 4 章 ◆ 社会保険の基本構造

及び介護においては，社会保険制度を基本とし，国及び地方公共団体の負担は，社会保険料に係る国民の負担の適正化に充てることを基本とすること」を社会保障制度改革の基本的考え方として掲げている（2 条）。

　生存権保障における国の責任，とりわけ生存権の国による直接的な保障を理想とするなら，社会保険中心主義は，必ずしもあるべき方向性ではない。しかし，今日に至るまで社会保険が中核的制度であることの理由としては，社会扶助と比較した場合の社会保険には，以下のような特徴があることを挙げることができる（図 4-3）。

① 受給権が保険料拠出と紐付けられる形で明確に規定されるため，行政による裁量が比較的少なく，権利として安定的である（権利性）。

② 保険料拠出との牽連性との関係で，過度の所得要件等を設けることはできず，広範な国民を対象とすることができる（防貧）。

③ 現物給付の場合には，利用者とサービス提供者との間の契約となり，行政庁による行政処分（措置）が介在するのと異なり，サービス選択の自由度が高い（選択）。

④ 給付と負担の牽連性から給付規模が決まるため，財政上の制約を理由に給付が制限されない制度である（給付費膨張）。

　逆に言えば，措置を典型とする社会扶助は，制度ごとの濃淡はあるが，一般に行政処分による裁量が大きい。さらに，利用者にとって心理的抵抗感（スティグマ）が強く，サービスの選択可能性に乏しく，しかも，時々の予算的制約に左右されるといった制度的特徴を有する。ただし，生活保護のように，申請手続き，受給要件等を明確に規定する制度もあり，社会保険が社会扶助と比べて権利性が強い制度であるとは，一概には言えない[5]。あえて言えば，保険料と給付の牽連性が売買等の契約に類似した法律構成を想起させ，国民の意識面での権利性を強めている面はある。このことは，社会保険が所得税を大き

めに国民の自主的責任の観念を害することがあってはならない。その意味においては，社会保障の中心をなすものは自らをしてそれに必要な経費を拠出せしめるところの社会保険制度でなければならない。」と述べている。その後に制度審が出した「社会保障体制の再構築」（1995 年）に関する勧告も，社会保険中心主義の堅持（今後とも社会保険が社会保障制度の中核を占めるべき）を提示している。制度審最後の「新しい世紀に向けた社会保障（意見）」（2000 年）でも，権利面及び財政面から社会保険制度の優位性を指摘している。

◇ 第 1 節 ◇ 社会保険の意義

図 4-3　社会扶助方式，社会保険方式，民間保険方式の比較

	社会扶助方式	社会保険方式	民間保険方式
基本的な仕組み	・公費（税）を財源として，一定の要件に該当する場合に，現物給付・現金給付を行う仕組み ＊救貧法から発展してきたため，公助による救貧施策（社会的弱者・低所得者対策）の色彩	・強制保険における保険料等を財源として，保険事故に対し，現物給付・現金給付を行う仕組み ＊労働者保険から発展しきた共助を中心とする防貧施策の色彩	・任意加入による保険契約に基づく保険料を財源として，保険事故に対し，主として現金給付を行う仕組み ＊リスクを個人レベルで対処する自助の色彩
給付面（サービス付の場合）	〈行政によるサービス決定＝行政法上の処分〉 ・行政庁によるサービス利用の優先順位付け ・原則として所得要件（資産要件） ・原則として応能負担（所得に応じた負担） ・行政又は行政の委託を受けた者によるサービス提供	〈利用者によるサービス選択〉 ・拠出が受益の要件 ・多くの場合には，保険者による裁定・認定 ・原則として所得要件なし ・利用者とサービス提供者との契約（利用者の選択） ・受給権者に対する普遍的な給付 ・原則として応益負担（利用に応じた負担）	〈支給された現金に基づく利用者によるサービス購入〉 ・拠出が受益の要件 ・保険者による審査・認定等 ・拠出額に応じた現金給付（サービス購買を直接保証するものではない） ・インフレヘッジが困難 ・既に保険事故が発生している者等が排除
負担面	〈公費（租税）〉 ・負担と受益の関係がない	〈保険料〉 ・負担と受益の関係が明確 ＊公費が投入される場合あり	〈保険料〉 ・負担と受益の関係がより明確 ・リスクに応じた保険料

注：給付面の欄は，基本的に現物給付の場合であり，年金等の現金給付の場合には
　　該当しない記述がある。
（出典）厚生省高齢者介護対策本部事務局監修『新たな高齢者介護システムの確立
　　について，老人保健福祉審議会中間報告』（ぎょうせい，1995 年）60 頁を
　　参考に作成

◆第4章◆　社会保険の基本構造

く超える財源を保険料によって確保していることに象徴される。

● 第2節　社会保険の構成要素 ●

1　社会保険の構成要素 ●

　社会保険が保険として成立するため制度上不可欠な要素は，以下のとおりである。

①保険事故

　社会保険では，社会的リスクの中でも偶発性・定型性のある要保障事由に対して保険料拠出を要件として給付が行われることから，当該事由を「保険事故」として捉えられることが一般的である[6]。この限りでは，保険法の定義規定（2条）が参考となる。例えば，保険法は，保険契約について，当事者の一方が一定の事由が生じたことを条件として保険給付を行うことを約し，相手方がこれに対して当該一定の事由の発生の可能性に応じたものとして保険料を支払うことを約する契約と定義している。また，損害保険契約については，保険契約のうち，保険者が一定の偶然の事故によって生ずることのある損害をてん補することを約するものと定義している。つまり，偶然の事故といった一定の事由という言葉からも，保険事故の偶発性・定型性を読み取ることができる。

---

(5)　公費(税)方式は，社会保険のような保険料未納の問題がない。ただし，財源という点では，他の行政需要と競合関係にあり，長期的に安定的な財源が確保される保障が弱く，結果的に給付水準の低下，所得制限等を招きやすいことになる。詰まるところ，社会保障の受給権の強弱は，実定法の規定の仕方に大きく依存する。社会保険立法は，受給要件が詳細かつ明確に規定されており，行政の裁量で受給が制限されることが少ないが，社会扶助制度においては，権利発生要件に関する規定が抽象的であり，財政上の制約，行政の裁量が制約要因として働く余地が大きい。その結果として，社会保険では概ね需要が供給を決定するのに対して，社会扶助制度では供給が需要を決定する場合が多くなる。

(6)　実定法上は，必ずしも保険事故という表現が登場するわけではない。旧法時代の国年についてではあるが，「保険料納付の伴わない，いわゆる無拠出制の福祉年金が採り入れられているので，『保険事故』という呼び方は避けられている」との説明がある（有泉亨・中野徹雄編「国民年金法（全訂社会保障関係法2)」（日本評論社，1983年）8頁）。実際，国年の場合には，老齢福祉年金等の無拠出制給付の関係もあり，法律の名称も国民年金「保険」法ではない。

◇ 第 2 節 ◇ 社会保険の構成要素

社会保険の保険関係は，一般に契約とは理解されないが，参考となる点が多い。例えば，射倖契約として保険の場合には，違法な賭博とは異なる合法的な制度であったとしても，確率概念で捉えられるという意味での偶発性（射倖性）が必要となる。もちろん，給付によって保険事故の発生確率（偶発性）は異なるが，保険には，某かの偶発性が必要である。これは，社会保険の場合も同じである。例えば，同じ年金でも，老齢年金では相当数の被保険者が支給開始年齢に到達するのに対して，障害・遺族年金は発生頻度は低い。もちろん，老齢年金の場合にも，給付の終期である死亡等は予測困難であるという点で，十分保険になじむといえる。また，医療保険の場合にも，療養の給付の原因である傷病が予測できないという意味で典型的な保険事故であるのに対して，出産に係る給付の場合には，被保険者等の意思が関わる面がある。失業保険の場合には，労働者にとって失業は事故であるが，その前提となる解雇には使用者の意思が介在する点で特殊性がある。もちろん，使用者が整理解雇の実施に追い込まれる背景として，使用者の意思を超える景気変動等の経済状況があることからすれば，失業も保険事故と捉えることができる。

その点で家族関係給付は一層特殊であり，国によって対応も異なる。我が国の児童手当のように社会手当として制度化している国もあるが，フランスのように社会保険（社会保障）の中に家族手当として位置付けられている国もある。家族手当を保険的に捉えるなら，扶養児童の数によって不均衡が生じうる事業主負担の平準化・均衡確保という点に求めることができる。実際，フランスやベルギーの家族手当は，事業主拠出のプールのための制度として登場した経緯がある[7]。

さらに，社会保険を保険事故に対する事後的な給付と捉えた場合には，予防的・積極的な給付は保険給付になじまないことになる。このため，このような給付については，伝統的には保健福祉事業等によって対応してきた面がある。しかし，給付によって，保険事故を防止するなど，法目的に照らして合理性を有するのであれば，保険給付と位置付けることも不可能ではないであろう。雇

---

(7)　児童手当や子育て支援を巡っては，保険方式（子ども保険，育児保険等）が提案されることがある。一般に多子，育児等を保険事故と捉えることは少ないが，1946 年 7 月 31 日の社会保障研究会の「社会保障案」や 1947 年 10 月 8 日の社会保障制度調査会の「社会保障制度要綱」では，育児を保険事故と捉え，育児手当金を支給することが提言されている。

◆ 第4章 ◆ 社会保険の基本構造

用保険は失業に対する事後的な給付という役割を超えて，積極的な役割は付与されており，現在，高齢者雇用継続給付等が存在する。また，介護保険の介護予防サービスには，状態の軽減又は悪化の防止という意味での介護予防の考え方が入っている。

② 大数の法則

保険財政は，保険集団の規模が大きくなるほど確率的に安定してくる。このため，社会保険の場合にも，財政安定，危険分散等の観点から一定規模以上の保険集団が必要となる[8]。さらに，大数の法則との関係では，保険事故の発生確率が統計的に把握できることが，制度の前提となる。

③ 保険料拠出

負担と給付の牽連性との関係では，保険料拠出が存在しない保険制度は想定し得ない。つまり，保険である以上は，保険料が必須であるが，保険料の給付費に占める割合は，公費投入に関する立法政策によって変わってくる。例えば，介護保険，後期高齢者医療制度等のように公費50%の場合もあるが，健保組合の管掌による医療保険，労災保険等のように，基本的に保険料によって運営されている制度もある。

④ 収支相等の原則

確率計算に基づく収入総額と支出総額との均衡に関する原則である。つまり，保険事故の発生確率を踏まえて計算された支出総額に対して，保険料拠出等の収入総額とが均衡していなければ，保険財政を維持していくことができなくなる。さらに，民間保険の場合には，保険料と保険事故の確率計算から算出される保険金額が均衡するという意味での給付反対給付均等の原則も必要となる。

2 社会保険固有の構成要素 ● ● ●

民間保険にはない社会保険固有の構成要素としては，以下のものがある。

① 保険者が国等の公的団体

保険事業の経営主体（**管掌**）という点では，政府自らが保険者となる**政府管掌**とそうでない場合がある。労働保険及び年金の場合には，政府管掌である。政府管掌以外の形態としては，地方公共団体，全国健康保険協会，健保組合等

---

(8) どの程度の規模が適当かは一概にはいえないが，健保組合等の設立基準が参考となる（健保法11条等）。具体的には，単一健康保険組合で700人，総合健康保険組合で3,000人が設立認可基準となっている。

◇ 第2節 ◇ 社会保険の構成要素

による管掌があり、医療保険に典型的に見られる。保険者といった場合には、保険者が適用・徴収、給付等の保険者事務を担うのが原則である。ただし、全国健康保険協会のように、適用・徴収等のほとんどの事務が厚労大臣の権限に留保された上で、厚労大臣から年金機構に委任・委託される場合がある[9]。また、地域保険である国保の場合は、都道府県単位化のための制度改革の結果、都道府県と市町村が共同保険者になっている。

管掌の在り方は、保険の性格とも関係する。例えば、雇用保険の場合には、失業等の発生率の不明確性、時期的・地域的・業種的・職種的な発生の予見困難性、強制加入等から、政府管掌となっている[10]。労災保険の場合には、強制保険であることに加え、労使を超えた第三者性の確保、危険分散等が理由となっている[11]。年金の場合には、長期保険の特性から政府管掌となっているが、事務は年金機構に委託又は委任されている。また、厚年については、年金の一元化に伴い、国家公務員共済組合連合会等の共済が実施機関に位置付けられている。これらの場合にも、法律の規定に基づき、保険料徴収、給付等に関して一定の権能が付与されており、その限りでは公的な団体といえる。これに対して、短期保険である医療保険の場合には、必ずしも政府が独占せずとも運営できる余地があり、保険者機能の発揮という点では、職域又は地域連帯に委ねた方が望ましい場合もある。

このように、管掌の在り方には、現実的判断が重要となる。しかし、生存権との関係では、政府管掌が社会保険の基本形のようにもみえる。そうなると、例えば、健保組合等の保険者を代行法人と捉える考え方（代行法人説）が出てくるが、世界の社会保険の流れからは、そうとは考えにくい[12]。実際、戦前のILOの社会保険条約のうちでも疾病保険条約は、保険者を自治的な機関に委ねることを原則としており、労使団体が未発達等の例外的場合に政府管掌とすることを規定している。その点では、保険者の在り方は立法政策に依存して

---

(9) 適用・徴収等で全国健康保険協会が自ら実施する場合としては、任意継続被保険者の保険料徴収等がある。

(10) 労務行政研究所編『雇用保険法（コンメンタール）』（労務行政、2004年）284頁

(11) 厚生労働省労働基準局労災補償部労災管理課『五訂新版労働者災害補償保険法』（労務行政研究所、2001年）104頁

(12) 健保法（14条）は、厚労大臣の命令による健保組合の強制設立を規定していることは、むしろ政府管掌が原則ではないことを示唆する。

◆第4章◆　社会保険の基本構造

おり，長期的安定，保険者機能等の何を重視するかで変わってくる。最低限いえるのは，保険集団を構成し，保険料拠出と給付の連環が発生することからすれば，職域，地域等の何らかの連帯が必要となることである。

② 強 制 加 入

社会保険は，原則的に**強制加入**（強制適用）により保険関係が成立することを特徴とする。つまり，個人の意思によって加入が決まる契約による任意保険でなく，一定の要件に該当すれば当然に資格が発生することになる[13]。ただし，任意継続被保険者等のように，例外的に任意加入が設けられることがある。

強制加入が必要な理由としては，逆選択の防止，パターナリズム，財源確保等が一般に挙げられる。まず，**逆選択**とは，任意加入とすると，保険事故の発生確率が高い者のみが加入し，リスク別保険料を採用しない社会保険の場合には，保険が成立しなくなる現象を意味する。リスクの発生確率に個人差があり，各自のリスクを個人が予見できるのであれば，個人としては，合理的行動といえる。ただし，リスクが低くとも，保険事故発生による費用が膨大であれば，逆選択は発生しにくくなるとも考えられる。果たして，逆選択の影響があるかは，議論の余地があるが，全くないともいいにくい。問題は，人々が常に合理的行動をとらないことである。ライフサイクルを考えると老後，更に近い将来に備える必要性は高いとしても，全ての人が先を見通して行動するとは限らない。その点では，近視眼的で日和見的な行動を念頭に置いた場合には，国家的なパターナリズムで強制加入させる必要性はあることになる。また，制度を管理する側に立てば，期間の差はあるにしても，如何なる保険も資金計画に則りキャッシュフロー，資産等を管理する必要がある。その点では，財源の安定的確保も強制加入の必要性の一つである。如何なる理由かは，制度によっても異なり，一つの理由でもって説明することが困難である。

この強制加入を巡っては，憲法の思想・良心の自由又は財産権の侵害に当たらないかが問題となる。その点，国保への強制加入が憲法19条，29条等に違反するとして，保険料未納に対する国保条例による滞納処分の無効確認を求めた訴えについて，最高裁（最大判昭33年2月12日民集12巻2号190頁）は，強制加入や保険料納付義務を規定した国保条例が憲法19条（思想・良心の自由）

---

(13)　立法技術的には，自賠責（自動車損害賠償責任保険）のように契約を強制する強制保険により，強制加入と類似の効果が発生することがある。

◇ 第 2 節 ◇ 社会保険の構成要素

に何ら関わりないのは勿論，憲法 29 条（財産権）への侵害にも当たらないと判示している［第 1 章第 2 節 2 参照］[14]。

③ 保険料の強制徴収

保険料は，源泉徴収等の場合も含め自主的に納付されるのが原則であるが，納付義務の懈怠（未納）がある場合の**強制徴収**規定を設けるのが社会保険立法の通例である[15]。すなわち，納付期限を過ぎても保険料納付がない場合には，原則 10 日以上の期限を定めた督促状による督促を前提要件として，滞納処分を行うことになる[16]。滞納処分については，政府管掌及び職域保険の場合には国税滞納処分の例（健保法 180 条，国年法 96 条，厚年法 86 条，徴収法 27 条），地域保険等のように地方公共団体が関わる場合には地方税滞納処分（国保法 79-2 条，自治法 231-3 条）の例によることになっている。また，地方目的税である国保税の場合には，地方税法（723 条等）が規定する滞納処分手続きによることになる。なお，強制徴収の場合には，延滞金の徴収も併せて行われる。

強制徴収は公権力の行使であることから，健保組合，全国健康保険協会等の保険者又は厚労大臣の委任を受けた年金機構が滞納処分を行い得るかが問題となる。これら行政機関以外が滞納処分を行う場合には，最終的には厚労大臣の

---

(14) 判決は，「国民健康保険は，相扶共済の精神に則り，国民の疾病，負傷，分娩又は死亡に関し保険給付をすることを目的とするものであって，その目的とするところは，国民の健康を保持，増進しその生活を安定せしめて公共の福祉に資せんとするものであることは明白であるから，その保険給付を受ける被保険者は，なるべく保険事故を生ずべき者の全部とすべきことむしろ当然であり，また，相扶共済の保険の性質上保険事故により生ずる個人の経済的損害を加入者相互において分担すべきものであることも論を待たない。されば，本件のごとく，…国民健康保険に強制加入せしめることとし，また，…世帯主である被保険者は，町民税の賦課等級により保険料を納付しなければならないと規定して，被保険者中保険料支払いの能力ありと認められる世帯主だけを町民税の賦課等級により保険料支払義務ある旨規定したからといって，憲法一九条に何等かかわりないのは勿論，その他の憲法上の自由権および同法二九条一項所定の財産権を故なく侵害するものということはできない。」と述べている。

(15) 行政上の強制徴収とは，人民が，国又は地方公共団体に対して負う公法上の金銭徴収義務を履行しない場合に，行政庁が，強制手段によって，その義務が履行されるのと同様の結果を実現するための作用である（田中二郎『行政法上巻』（弘文堂，1974 年）176 頁）。

(16) 滞納処分は，差押え→換価（公売）→配当の流れで行われる。この場合，保険料の先取特権の順位は，国税及び地方税に次ぐ。

87

◆ 第4章 ◆ 社会保険の基本構造

認可にかからしめている（健保法 180 条，厚年法 100-6 条等，国年法 109-6 条等）。これにより，公権力の行使の適正性が担保されることから，例外的に是認されると解する。なお，健保組合，全国健康保険協会，厚労大臣等の滞納処分権者は，自ら滞納処分を行うほか，処分に要する費用に相当する金額（徴収額の4%）を支払うことで処分を滞納者の市町村に請求することが可能となっている。

3 社会保険の保険関係 ● ● ●

社会保険が契約でないとしても，保険者と被保険者（労働者，事業主等）との間には，保険料拠出，給付等に関する権利義務が発生しており，これを**保険関係**と捉えることができる。この場合の保険者とは，保険事故の発生に対して一定の給付を行う主体であり，そのために必要な保険料を徴収し，他の財源と併せて財政の管理・運営を行うことになる。これに対して，被保険者又は労働者は，労災保険を別とすれば，自らも保険料の納付義務を負い，保険事故が発生すれば，給付を自ら受け取る本人又は一定の関係を有する者（被扶養者，遺族等）が給付を受け取る場合の本人である。

民間保険の被保険者の概念は，損害保険と生命保険で異なる。損害保険であれば給付を受け取る者は被保険者であることから，社会保険において給付を自ら受け取る本人の概念に近い。ところが，生命保険の場合には，死亡保険において保険事故としての死亡が起きるかもしれない者を被保険者としていることから，遺族年金の被保険者に近い概念である。生命保険で給付を受け取る者は，保険金受取人と呼ばれる。

社会保険の中にあって，特別な保険関係は労災保険である。この業務災害に関する事業主の無過失賠償責任を担保する役割を有する労災保険では，補償を受けるべき者としての労働者は措定されているが，被保険者概念は存在しない。事業主がその事業を開始することにより，保険関係が発生する構造になっている（徴収法3条）。

● ● 第3節　社会保険の類型 ● ●

1 社会保険のモデル ● ● ●

社会保険に必須の牽連性から，負担と給付の関係が重要となる。つまり，民

◇第3節◇ 社会保険の類型

図4-4 社会保険の理念型

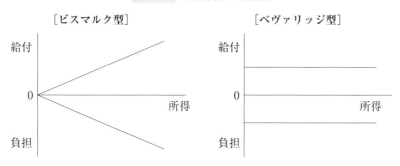

間保険の給付反対給付均等の原則が貫徹しない社会保険においては，貢献による連帯の現れである負担と給付の関係は自ずと多様なものとなる。

理念型としては，ビスマルク型とベヴァリッジ型の2大体系に分けることができる（図4-4）。

① **ビスマルク型**…応能負担による貢献原則に基づき，所得・報酬に応じた給付＝応能負担・所得比例
② **ベヴァリッジ型**…最低生活の定額給付，支払能力に関係ない同一額の定額保険料＝均一拠出・均一給付

社会保障の理想を「負担は能力に応じて，給付はニーズに応じて」という**能力原則**と**ニーズ（必要）原則**に求めるとすれば，ビスマルクとベヴァリッジの何れの型もそこから外れることになる。その点を敷衍する。

まず，社会保険の役割として保険事故発生前の従前所得の保障を重視するならば，ビスマルク型は適切な方式である。実際，社会保険には，保険事故の発生による稼働所得の喪失を補填する面がある。ところが，社会保険でも，医療等のように支出の増大を補填する側面が重要な給付では，報酬比例給付では適切な保障にはならない。

次のベヴァリッジ型の場合には，拠出と給付対応関係の明確性が特徴であるが，この均一拠出・均一給付の考え方の根底には，20世紀初期の自由主義の影響があることに留意する必要がある[17]。すなわち，強制保険により必要以

---

(17) A. M. Rees, *T. H. Marshall's Social Policy in twentieth century*, 5th edition, Hutchinson, 1985, p. 84

◆ 第4章 ◆ 社会保険の基本構造

上に干渉するべきではないという考え方から，社会保険は，均一給付により生存に必要な最低限の所得を保障するものであって，その収入も皆が平等に負担する均一保険料で賄われるべきということになる。均一給付を上回る水準は，個人の責任の下で貯蓄等の自助努力に委ねられることになる。また，所得再分配は，累進税による税制に委ねられることになる。しかし，全ての者が最低限の均一給付を上回る水準を自助努力等で獲得できる保障はない[18]。

　現実の制度は，制度の目的，制度が置かれた社会経済状況等に応じて理念型に対する修正が加えられることになる。このため，現実の制度は多様である（図4-5）。大括りに整理すれば，医療，介護等の現物給付のように，従前所得とは関係なくニーズ原則に基づき給付すべき分野では，最低水準というよりは最適水準でのフラットな給付が行われる。これに対して，年金等の現金給付では，従前所得の保障の色彩が強い給付形態とフラットな給付形態が併存する。このことは，牽連性とも関係し，負担の給付面への反映でもある。

　このほか，我が国の制度に関する限り，被用者等の職域連帯に根差した職域保険と住民の地域連帯に根差した地域保険等が分離しており，そのことが負担のみならず給付にも影響を与える。例えば，職域保険であれば，応能負担による保険料を反映した報酬比例の給付が可能である。ところが，自営業者を含む制度の場合には，所得の捕捉性の問題があるため，所得比例の保険料のみで設計することが困難であり，定額保険料（国年）又は応益部分・応能部分の組合せ（国保）とならざるを得ないことになる。このため，ベヴァリッジ型を目指した結果ではないものの，定額保険料との関係で給付もフラットになるわけである。

　また，保険料負担の在り方は，社会保険における低所得者の位置付けにも影響を与える。保険料が応能負担であれば，低所得者は低廉な保険料で拠出することから，それに対応した給付水準の問題は残るものの，低所得者に係る適用・徴収上の問題は発生しにくい。ところが，応能負担原則が貫徹しない保険料の場合には，低所得者が保険料負担に耐えられない事態が発生する可能性がある。このため，低所得者のための保険料の減免等の配慮が不可欠となる。さもなければ，生活保護により保険料を負担する措置（介護保険の場合）か，社

---

(18)　医療については，包括的な保健・リハビリテーションサービス（保険料財源を投入するが，拠出条件なしのサービス受給）が前提であり，国民保健サービス（NHS）がそれを担うことになる。

◇第3節◇ 社会保険の類型

図4-5 社会保険の負担と給付の関係（イメージ）

① 健康保険

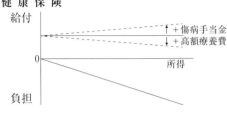

・低所得者も含めて適用，応能負担による保険料
基本的に定額の給付

② 厚生年金

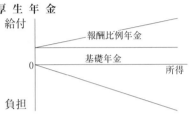

・低所得者も含めて適用
応能負担による保険料
定額の基礎年金＋報酬比例の厚年

③ 国民健康保険
＊後期高齢者医療制度も類似

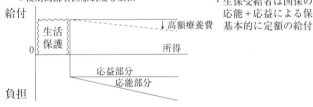

・生保受給者は国保の適用除外
応能＋応益による保険料
基本的に定額の給付

④ 国民年金

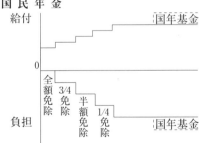

・低所得者も含め適用
・定額による保険料
低所得者は保険料を全額免除・3/4免除・半額免除・1/4免除
・定額の給付
国庫負担1/2の場合，全額免除で1/2，3/4免除で5/8，半額免除で3/4，1/4免除で7/8の給付
・国年基金の加入により所得比例的効果

⑤ 介護保険（1号被保険者）

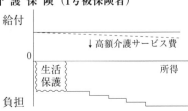

・低所得も含め適用
・所得段階別定額保険料
生保受給者は生活扶助の加算で負担
・基本的に定額の給付

91

◆ 第 4 章 ◆　社会保険の基本構造

会保険を適用除外とし生活保護により対応する措置（国保の場合）等が必要と
なってくる[19]。

2　社会保険の方式　● ●

負担と給付の関係以外にも，様々な観点から社会保険を分類することができる。

（1）保険適用区域の単位

社会保険においては，保険関係の中で保険者，被保険者，事業主等は，一定
の**保険集団**を形成する。この場合，強制加入，強制徴収等の強制性を契機とす
るとしても，保険者が保険者機能を発揮するためにも，社会保険に必須である
保険集団には，何らかの連帯の存在が必要となる。我が国の社会において，現
在でも一定の意義を有するのが，職域，同業同種等の職域連帯と地域共同体内
部の地域連帯，そして連帯のセーフティネットとしての国民連帯である。これ
らの連帯類型に応じて，社会保険は，職域保険，地域保険及び国民保険に分類
することができる。

　① **職 域 保 険**…健康保険（全国健康保険協会，健保組合），国保組合，船員保
　　　　　　　　　　険，公務員等の共済組合，労災保険，雇用保険

　② **地 域 保 険**…国保，介護保険，後期高齢者医療制度

　③ **国 民 保 険**…国年

見方を変えると，生活保障の視点に立つ社会保障にあって，それぞれの生活
者とは，職域保険が被用者又は労働者，地域保険が住民，国民保険が国民とい
うことになる。

このうち職域保険にあっては，工場等の労働者を主な対象とすることで発展
してきた歴史的経緯もあり，法が規定する強制適用事業所に使用される者（社
会保険），適用事業に雇用される労働者（雇用保険）等が被保険者となる。さら
に，事業主が保険料の拠出義務・納付義務を負うことから，職域保険の保険関
係は，政府等の保険者，使用される者である被保険者，事業主の三者の間で構
成される。地域保険及び国民保険の場合には，職域保険におけるような労働者
性が問われることはない。むしろ，住民，国民等であるという実態（帰属によ

---

(19)　国年の場合には，短期保険である国保と違い長期保険であることから，低所得者の
　　　老後の年金保障の必要性，加入期間の長期性（一生低所得とは限らない）等から，低所
　　　得者も適用対象となっている。

◇ 第3節 ◇ 社会保険の類型

る連帯）が権利義務発生の契機となる。

（2）被保険者等の単位

　社会保険の権利義務の帰属主体として**被保険者**（労災保険の場合には，労働者）が不可欠であるとしても，集団内の全ての者を被保険者とするか，被保険者と並んで**被扶養者**概念を設けるかは，保険料徴収の問題も絡んで立法政策に依存する。また，各人を被保険者とする場合であっても，世帯単位と個人単位の両方の捉え方が可能である。このため，現実の制度は，以下のような組合せで構築されている。なお，労働保険の場合には，労災保険の遺族補償給付等を別とすれば，権利義務関係に世帯の構成員を措定する必要はない。

　① **被保険者＋被扶養者　→職域保険**

　② **被保険者　→** 　　個人単位：国年，介護保険，後期高齢者医療制度
　　　　　　　　　　　　世帯単位：国保

　職域保険の医療保険（健康保険等）の場合には，被保険者は使用される者本人とは別に被扶養者の概念を設け給付を行うが，被扶養者への給付は療養費であり，しかも受給者は被保険者本人となる。この場合の被扶養者の範囲は，以下のとおりとなる。

　① 同一世帯の場合

　三親等内の親族（兄弟姉妹，叔父父母，甥・姪，それらの配偶者，配偶者の父母・連れ子），事実上の婚姻関係にある父母・連れ子（当該配偶者が死亡後も含む）である。この場合，被保険者によって主として生計を維持され，かつ，被保険者と同一の世帯に属していることが必要となる。

　② 同一世帯でない場合

　被保険者の直系尊属（父母，祖父母等），配偶者（事実上の婚姻関係を含む），直系卑属のうちの子・孫，兄弟姉妹である。この場合，被保険者によって主として生計を維持されていることが必要となる。

　次に国保の場合には，各世帯員が被保険者となるが，保険料（税）の納付義務，被保険者資格の得喪の届出義務，被保険者証の交付請求権，一部負担金の支払い義務等は世帯主に帰属する。これは，各種義務を履行するには，意思能力・行為能力が必要であり，かつ，金銭的な負担能力も要求されること，事務の効率性・便宜等の観点からと考えられる。このため，被保険者でない世帯主も，いわゆる擬制世帯主としての義務を負う。

◆第4章◆　社会保険の基本構造

　さらに国年，介護保険及び後期高齢者医療の場合には，資格要件に該当する各世帯員を被保険者とするが，保険料等の納付義務は被保険者本人に帰属し，世帯主及び配偶者には連帯納付義務者としての義務が課せられる（国年法88条2項，介保法132条2項，高確法108条）。国年においては，所得のない第2号被保険者の配偶者は「第3号被保険者」と位置付けられ，第3号被保険者に係る拠出金負担は，配偶者の加入する被用者年金制度が負担することとしている。世帯と個人の観点でみた場合，第3号被保険者の制度は，片働きか共働きかという就労形態に関わらず，世帯の収入が同一であれば，給付と負担が均衡するように設計されており，その限りでは，世帯単位を基本としている。しかし，制度が導入された1985年改正時点と比較して，女性の就労が進み，そのライフスタイルも多様化していることから，個人の多様な選択に中立的な制度の構築等の観点から第3号被保険者制度は議論を喚起してきた。その後紆余曲折はあるが，離婚時の年金分割が導入されている。

（3）受給資格期間及び受給期間の長短

　受給資格期間及び受給期間の長短は，財政運営（収支均衡等）の長短にも影響を与える。このような短期・長期の違いから，概ね以下のように分類することができる。

① **短期保険**…医療保険，介護保険

② **長期保険**…年金

　これを所得喪失のリスクの観点から分類すると，以下のようになる（図4-6）。しかし，この区分は絶対的なものではない。年金のうちでも障害年金及び遺族年金は，短期で受給権が発生する場合があり，労災の中には年金形態の給付も含まれている。また，傷病（傷病手当金）と障害（障害年金）は，一応1年6月が境界となっているが，障害の場合の障害程度の変化（事後重症等）に対応した給付が存在するなど，一定の制度的割り切りが影響している面がある[20]。また，介護の場合には，要介護状態の長期化を考慮するなら，短期保

---

(20)　長期保険としての年金と短期保険としての医療保険の違いは，傷病の場合に給付を行うべき制度の基準の違いにも見られる。被用者の医療保険には，任意継続被保険者制度が存在するが，原則は，その時点で加入している制度から療養の給付が行われることになっている（健保法63条）。これに対して，傷病に起因する障害年金については，原則として初診日から1年6月後の時点において障害を有する場合に，初診日に加入して

◇第3節◇ 社会保険の類型

図4-6 所得喪失からの社会保険の分類

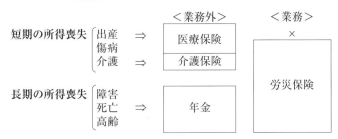

険ではなく，若年期から保険料を拠出し老後に備える長期保険としての制度設計もあり得る。

(4) 財政方式

社会保険は収支均等の原則の下で運営されるが，その場合の収支均衡は，必ずしも単年度で成立するとは限らない。①単年度の均衡を前提とする**賦課方式**に対して，②将来想定される給付に見合った積立金を積立運用する**積立方式**が存在する。さらに，③積立金を一定程度保有する**修正積立方式**も存在する（図4-7）。

医療保険等の短期保険は，その年の給付をその年の保険料等の財源で賄う賦課方式が基本形である。従って，その年の給付に必要な財源が不足する単年度収支の不均衡は許容されず，保険料引上げ等の対応が必要となるが，逆に財源に余裕があり，積立金を保有することは，少なくとも財政上は問題ない[21]。そうなると，賦課方式を基本とする短期保険であっても，積立金を保有しつつ財政の安定を図る中期財政運営もあり得ることになる。

これに対して長期保険である年金の場合には，賦課方式以外の積立方式及び修正積立方式が制度設計として考えられる（図4-8）。このうち賦課方式は，将来の被保険者がいることが前提であり，加入・脱退の自由な民間保険では，将来の被保険者がいる保障がないことから，積立方式しか選択肢がなく，賦課

いた制度から年金が支給される（厚年法47条）。

(21) 理由のない過剰な積立金は，負担と給付の牽連性を弱め，保険料拠出者にとって，何らの見返りもない負担となる可能性がある。この場合には，租税に近い性格を帯び，財産権及び租税法律主義の観点からの問題を生じさせる可能性がある。

◆第4章◆　社会保険の基本構造

図4-7　社会保険の財政方式

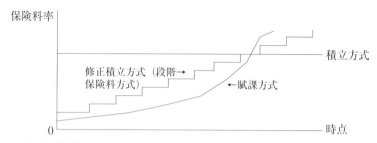

（出典）『保険と年金の動向・厚生の指標 増刊・第64巻第14号 通巻第1011号』（厚生労働統計協会，2017年）393頁を参考に修正

図4-8　各財政方式の仕組と特徴

	仕　組	特　徴
積立方式	給付に要する費用を制度に加入している間あらかじめ積み立てておく。 （例：企業年金，民間保険）	スライドにより給付の実質価値を維持していくことは困難。受給権は積立金として常に確保される。
賦課方式	給付に要する費用をその給付が行われる時点の加入者の負担で賄う。 （例：ドイツ，フランスの年金制度）	スライドにより給付の実質価値を維持していくことが容易。制度の成熟途上においては，拠出と給付の関係に世代間で差が生じる。
修正積立方式（段階保険料方式）	積立金を保有しつつ，被保険者の負担能力を考慮して，必要な費用の一部を後代の負担によって賄う。（例：厚年）	制度の成熟途上における拠出と給付の世代間の差が緩和される。 スライドにより給付の実質価値を維持していくことが可能。

方式は不可能である。それぞれの方式には特徴があり，賦課方式が人口構成の変化に弱いのに対して，積立方式は経済状況の変化に弱い。その点では，積立金を保有することは，人口の高齢化及び年金の成熟化（期間比例的要素により成熟時の給付額が著しく増大）に対処し，最終保険料を抑えるためには意味のあることになる。我が国の年金は，厚年，国年ともに完全積立方式で出発したが，制度の変遷の中で修正積立方式の性格が強まり，国年に関しては，既に積立金が減少していることから，既に賦課方式の状態になっている。

◇ 第1節 ◇ 社会保険の保険関係

第5章

社会保険の適用・徴収

● 第1節　社会保険の保険関係 ●

1　保険関係の成立

　強制保険を原則とする社会保険にあっては，当事者（被保険者，事業主）の意思に関わりなく一定の事由が発生した場合に保険関係が成立するのが原則である。つまり，強制適用（強制加入）の下では，被保険者に関する資格要件等に該当すれば，その時点から被保険者資格が発生し，逆に資格要件等に該当しなくなれば，その時点から資格を喪失する。ただし，労災保険の場合には，被保険者概念を前提としないが，適用事業の事業が開始された時点で保険関係が成立することから，事業主の意思を問わない点では共通である。

　実務上は，被用者保険の場合であれば，事業主に資格取得届出等を義務付け，当該届出に基づく資格の取得・喪失・異動（以下「得喪等」という。）に関する確認によって効力が発生することから，その場合の確認は講学上の準法律的行政行為である**確認**と解される[1]。これに対して被用者保険以外では事業主を

---

(1)　大阪高判昭和37年10月26日行集13巻10号1866頁（山本工務店事件）は，「確認処分があるまでは，抽象的保険関係があるにとどまり具体的な保険料の支払い，保険給付などの関係で，いまだ資格の取得なきものとして取り扱われるほかないのであるが，一度確認処分がなされると抽象的保険関係は顕在化し，確認されたところに従って具体的保険関係が生じ，この関係ではあたかも効力が遡るがごとき観を呈する場合が生ずることになる。しかし，これは本件確認処分が形成処分でありその形成力の作用ではなく，法律が確認処分に認めた効力にほかならない。」と判示した。さらに，上告審である最二小判昭和40年6月18日判180号103頁では，「確認は，所論のごとく事業主の届出の日または確認の時を基準とすることなく，資格取得の日を基準として行うべきであり，

97

◆ 第5章 ◆ 社会保険の適用・徴収

想定し得ないことから，被保険者本人等に資格得喪に関する届出を義務付ける。

　この保険関係の下では，被保険者又は事業主が保険料の納付義務を負い，ひとたび保険事故等が発生した場合には，被保険者・労働者等が保険給付の受給権を取得する。この点で，社会保険の保険関係は契約とは解されないものの，負担と給付を通じた権利義務の基礎となる関係である。また，社会保険も保険である以上，保険者を如何に構成（集団性）し，安定的な保険関係（継続性）を構築できるかが重要となる。

2　保険関係の当事者等　● ● ●

　保険関係の当事者及び関係者は，保険の種類，制度等によって異なってくる。保険者のない保険制度はないが，被保険者については，労災保険のように被保険者概念がない制度もある[2]。また，被用者又は労働者を対象とする職域保険の場合には，適用・徴収事務，制度運営等の関係で事業主が権利義務の主体として登場する。これに対して，地域保険等の場合には，被用者が被保険者であっても事業主は登場しない。

　現物給付の場合には，加入者にサービス提供を保障するためのサービスの提供組織が必要となる。現実には，保険者自らが直接サービス提供を担うことは一般的ではないことから，予め事業者等の指定制度等を設けることにより，指定事業者等を通じて加入者へのサービス提供が行われることになる。この結果，サービス提供を担う事業者等との間にも権利義務関係が発生する。さらに，事業者等によるサービス提供に係る大量の報酬の審査支払事務を処理するための審査支払機関が置かれることになる。

　現金給付の現物給付化の場合には，法定代理受領により保険者から事業者等に対して直接給付費相当分を支払うことになる。その際，社会保険給付として必要なサービスの質を具備した事業者等が如何なるサービスを提供するかを確認する必要がある。このため，現物給付における契約関係とは異なり確認行為としての指定制度が設けられる。この結果，保険者と事業者等との間には，

　　確認が行われると，当事者は，資格取得の日に遡ってその効力を主張しうることになるものと解するのが相当である」と判示している。

(2)　後期高齢者医療制度のように保険者の概念が登場しない制度がある。この場合も，都道府県単位の広域連合は，市町村が徴収した保険料は広域連合に納付され，給付事務を処理し，そのための特別会計が設けられることからすれば，実質的に保険者といえる。

サービスの費用の支払いの関係で権利義務関係が発生する。

　以上の点を踏まえて，保険関係の主な当事者等を整理すると，以下のように
なる。

　① 国民年金 ＝ 保険者＋被保険者
　② 被用者年金・雇用保険 ＝ 保険者＋被保険者（被用者・労働者）＋事業主
　③ 労災保険 ＝ 保険者＋事業主（＋労働者）
　④ 医療保険 ＝ 保険者＋被保険者（＋事業主）＋保険医療機関等
　⑤ 介護保険 ＝ 保険者＋被保険者＋医療保険者＋指定事業者・施設等

3　被保険者等　● ● ○ ·

　負担と給付の関係において，保険料の納付義務者であり，かつ，給付の受給
権者等でもある被保険者は，保険者と並ぶ社会保険の権利義務の主体である。
被保険者概念が存在しない労災保険の場合にも，労働者は受給権者となる。そ
の点，被保険者及び労働者概念を如何に構成するかが重要となる。

（1）職域保険の被保険者

　職域保険にあっては，工場等の労働者を主な対象とすることで発展してきた
歴史的経緯もあり，法が規定する強制適用事業所に使用される者（社会保険の
場合），適用事業に雇用される労働者（雇用保険の場合）が被保険者となる。さ
らに，事業主が保険料の拠出義務・納付義務を負うことから，職域保険の保険
関係は，被保険者概念のない労災保険を別とすれば，政府等の保険者，使用さ
れる者である被保険者，事業主の三者の間で構成される。

　このうちの被保険者については，労働保険が労働者であるのに対して，それ
以外の社会保険では被用者である。両概念の異同は，概ね以下のとおりである。
　① 社会保険の**被用者**：「使用される者」であり，社員以外にサラリーマンで
　　ある取締役・社長等が含まれる。
　② 労働保険の**労働者**：労働基準法（以下「労基法」という。）の労働者であり，
　　社員以外の取締役・社長等は含まれない。

　このような違いは，労働保険が労働法制との接点を持ちながら，使用従属関
係に象徴される労働者性を重視する（憲法27条2項）のに対して，その他の社
会保険が事実上の使用関係を重視する（憲法25条）ことの反映でもある。

1）労　働　者

◆ 第 5 章 ◆　社会保険の適用・徴収

　労災保険法及び雇用保険法に労働者に関する定義規定はないが，労基法の労働者と同じと解される[3]。その労基法（9 条）では，労働者は，職業の種類を問わず，事業・事務所に使用される者で，賃金を支払われる者と定義されている。この指揮命令下の労働は，労働契約という契約の目的と主体が同一の者に属するという特徴を有しており，労働者を特徴付ける使用従属関係は，契約の形式ではなく，実態に即して判断されることになる[4]。

　労基法の定義規定に即していえば，労働者性を決定するメルクマールは，①「使用される者」に表象される使用従属性（従属労働）と，②「賃金」に表象される対償性（労基法 11 条）となる。従って，会社の役員等が労働保険の対象とならないのは，従属労働といえないことによる。逆に労働者性が認められれば，労働者として扱うべきことになる[5]。

　2）被 用 者

　社会保険における被用者は，事実上の使用関係があれば足り，事業主との間の法律上の雇用関係とは常に一致するわけではない[6]。このため，労働保険の対象とならない会社の役員（使用人兼務取締役）等であっても，法人に対して労務が提供され，その対価として報酬が支払われるサラリーマン社長等は，社会保険の被保険者となる[7]。逆にいえば，個人事業所の社長は，社会保険であっても被保険者とはならない。

　3）具体的考察

　労働者又は被用者の概念については，労基法の労働者，労働契約法の労働契約等と密接に関係しつつも，それらと常に平仄が合うわけではなく，結局のところ労務の提供実態，報酬の性格等を踏まえ社会保障法として考える必要がある。このため，労働契約等が形式的に存在していても，名目的・形骸的であれ

---

(3)　最一小判平成 8 年 11 月 28 日判タ 927 号 85 頁は，「上告人は，労働基準法上の労働者ということはできず，労働者災害補償保険法上の労働者にも該当しないものというべきである」と判示しており，労災保険法上の労働者を労基法と同じと解釈している。

(4)　中窪裕也・野田進『労働法の世界［第 12 版］』（有斐閣，2017 年）11 頁・18 頁

(5)　「専務取締役」の名称の下に無限責任社員の職務を代行していた有限責任社員について，会社代表者の「指揮命令の下に労務を提供していたにとどまる」と解して，従業員としての退職金規定が適用されるとした判例がある（最一小判平成 7 年 2 月 9 日判タ 874 号 123 頁）。

(6)　『健康保険法の解釈と運用平成 29 年度版』（法研，2017 年）125 頁

(7)　厚生省年金局年金課他『厚生年金保険法解説』（法研，1996 年）408-409 頁

◇ 第 1 節 ◇ 社会保険の保険関係

ば対象外となる。

　被用者に関する行政解釈によれば，以下のように整理されている[8]。

① 単に名目的な雇用契約があっても，事実上の使用関係がない場合は使用される者とはならない（例えば，労働組合の専従職員）。

② 名目的な使用関係の存在に疑問を生ずるが，実体的にみれば使用関係が認められる場合には被保険者となる（例えば，稼働日数，労働報酬等からみて実体的に使用関係が認められる技能養成工）。

③ 無報酬の場合でも，実体的に使用関係が認められれば被保険者となる（例えば，技術見習い後は適当の給料が支給されるが，一定期間技術見習いのため報酬を受けていない職工）。

④ 直接事業主との間に使用関係がなく，その事業主に使用される者と同様の状態で労働する者は，その事業主に使用される者として被保険者となる（例えば，在学中に就職予定先で職業実習する者）。

　この点，過去の裁判例では，以下のようなものがある。

① 社会保険について，法人代表者に被保険者資格を認めた事例[9]

② 作業場を持たず一人で工務店の大工仕事に従事する大工の労働者性を否定した事例[10]

---

(8)　前掲注(6)125-127 頁

(9)　広島高判昭和 38 年 9 月 23 日行集 14 巻 9 号 1684 頁は，「健康保険法，厚生年金保険法に定める保険給付はいずれも労基法，労災保険法に定める災害補償とその対象を異にし，専ら労働者及びその被扶養者または遺族の生活の安定を図り，福祉の向上に寄与することを目的としているのであつて，憲法二五条…に基づき制定されたものと解すべく，健康保険法，厚生年金保険法のもとにおいては労使間の実勢上の差異を考慮すべき必要がなく，右各法が定める「事業所に使用せられる者」のなかに法人の代表者も含め，右代表者をして労基法及び労災保険法上の「労働者」と区別することなく，ともに右各法所定の保険制度を利用させることこそ，前期憲法の条項の趣旨にかなう所以であるから，右「事業所に使用せられる者」という概念をもつて，労基法，もしくは労災保険法上の「労働者」の概念と同一視する控訴人の主張は採用することができない。」と判示している。

(10)　最一小判平成 19 年 6 月 28 日集民 224 号 701 頁は，「上告人は，前記工事に従事するに当たり，A はもとより，B の指揮監督の下に労務を提供していたものと評価することはできず，B から上告人に支払われた報酬は，仕事の完成に対して支払われたものであって，労務の提供の対価として支払われたものとみることは困難であり，上告人の自己使用の道具の持込み使用状況，B に対する専属性の程度等に照らしても，上告人は労

◆ 第 5 章 ◆ 社会保険の適用・徴収

③ 車の持込み運転手が労働基準法及び労働者災害補償保険法上の労働者に
　　当たらないとされた事例[11]

④ 洋服の仕立てが請負契約（自分の所有物であるミシン等を使用して，自宅に
　　届けられた材料で加工を行っていた者）であって，使用される者に当たらな
　　いとされた事例[12]

　このほか問題となる場合として，解雇無効等に伴う被保険者資格の取扱いが
ある。健保及び厚年の実務では，資格喪失届出があれば有効なものとして処理
し，後に解雇無効となった時点で遡及して資格を回復することになってい
る[13]。この関連では，解雇無効に伴う被保険者資格回復に関して，解雇時に
遡及して資格回復することが望ましいとした判決がある[14]。

　働基準法上の労働者に該当せず，労働者災害補償保険法上の労働者にも該当しないとい
　うべきである。」と判示している。

(11)　前掲最一小判平成 8 年 11 月 28 日判タ 927 号 85 頁は，「上告人は，業務用機材であ
　るトラックを所有し，自己の危険と計算の下に運送業務に従事していたものである上」，
　「運送という業務の性質上当然に必要とされる運送物品，運送先及び納入時刻の指示を
　していた以外には，上告人の業務の遂行に関し，特段の指揮監督を行っていたとはいえ
　ず，時間的，場所的な拘束の程度も，一般の従業員と比較してはるかに緩やかであり」，
　上告人が「指揮監督の下で労務を提供していたと評価するには足りないものといわざる
　を得ない。」と判示している。

(12)　静岡地判昭和 35 年 11 月 11 日行集 11 巻 11 号 3208 頁は，「原告は洋服の仕立方及
　び仕事の完成時期について訴外会社から指示を受けるだけで，他は全く自由に自分の仕
　事場で自分の器具及び一部の材料を使用して依頼された仕事を完成し，その出来高に応
　じて報酬をもらつていたのであるから，原告と訴外会社との関係は一カ月の最低注文量
　の定められた洋服加工の請負契約であつて，原告は訴外会社に使用されていたものでは
　ないと解せざるを得ない。

(13)　解雇無効等に伴う被保険者資格の扱いに関する通知（昭和 25 年 10 月 9 日保発第 68
　号）では，以下のようになっている。①解雇が裁判所等で係争中の場合であっても，資
　格喪失届出があるときは，一応届出が有効なものとして処理するのが原則（解雇が労働
　法規等に明らかに違反するなど解雇の正当性が疑われる場合は別），②仮に，その後，
　解雇が裁判所等で無効となった場合には，解雇時点まで遡及して資格回復（資格喪失確
　認処分の取消）を行い，自費で診療を受けた場合には，療養費を支給，③解雇無効が仮
　処分等の暫定的な判断の場合にも資格回復の対象となるが，本裁判の結果解雇無効の判
　断が覆り解雇が有効となったときには，資格は遡及的に喪失し，必要に応じて保険料の
　還付，給付の返還を実施

(14)　宮崎地判平成 21 年 9 月 28 日判タ 1320 号 96 頁は，「厚生年金保険法の規定及び労
　働者の年金受給に対する期待等に加え，年金が労働者の老後の生活保障に重要な役割を

◇ 第 1 節 ◇ 社会保険の保険関係

　また，労働争議に伴い労働者が長期にわたり就労拒否状態にある場合にも，
「使用」関係にあるといえるかが問題となる。この点，報酬の支払いがないと
いう実態に着目し，使用関係の事実上の消滅を理由に健保及び厚年の被保険者
資格を喪失するとした本山製作所事件の判決がある[15]。当該判決の意義は，
被保険者資格の要件を形式的な雇用契約の存在ではなく，実質的に捉え，法律
上の雇用関係が存在する場合であっても，①被保険者による就労拒否が著しく
長期間に及ぶこと，②就労拒否の期間中，事業主が不就労を理由として報酬
（賃金）の支払をしないこととなり，その結果，被保険者の負担すべき保険
料が報酬から控除されることがないこと，③被保険者が近々再就労をする具体
的な見通しが立たないことの3要件が満たされる場合には，事実上使用関係が
消滅したとみられるという判断枠組みを示したことにある[16]。

　　担うことを併せ考慮すると，労働者に対する解雇の無効が確定した場合には，使用者は，
　　労働者の年金受給額についての期待を保護すべく，解雇時に遡って当該労働者の被保険
　　者資格等を回復させることが望ましいのであって，年金資格の回復方法について労働者
　　の選択に委ねる余地があるとしても，使用者は，雇用契約に付随する義務として，当該
　　労働者に対し，労働者の資格の回復方法について合理的に選択できるよう，被保険者資
　　格等の回復に必要な費用及び回復により得られる年金額等，各加入方法の利害得失につ
　　いて具体的に説明する義務をおうものと解するのが相当である。」と判示している。

(15)　本山製作所事件の仙台高判平成4年12月22日判タ809号195頁は，事業主の保険
　　料納付に関連して，次のように判示している。「健康保険法及び厚生年金保険法が，『其
　　ノ業務ニ使用セラレサルニ至リタル日』及び『その事業所に使用されなくなったとき』
　　をもって被保険者資格喪失事由としたのは，事業主と被保険者との使用関係が事実上消
　　滅したことにより，事業主から被保険者に対する報酬が支払われず，その結果被保険者
　　が保険料を負担することができなくなることをその実質的な理由とするものと解され
　　る」。したがって，「たとえ法律上の雇用関係が存在する場合であっても，被保険者によ
　　る就労拒否が著しく長期に及び，その間，事業主が不就労を理由として報酬（賃金）の
　　支払をせず，その結果，被保険者の負担すべき保険料が報酬から控除されることがない
　　こととなり，かつ，被保険者が近々再就労をする具体的な見通しが立たないような場合
　　には，事業主と被保険者との間の使用関係は，事実上消滅したものとみられるから，こ
　　のような場合には，被保険者は『其ノ業務ニ使用セラレサルニ至リ』，あるいは『「その
　　事業所に使用されなくなった』ものというべきである。」

(16)　判例評釈等としては，堀勝洋「判批」季刊社会保障研究29巻3号（1993年）264
　　頁，加藤智章「判批」法政論叢（山形大学）2号（1994年）91頁，竹中康之「社会保険
　　における被用者概念―― 健康保険法および厚生年金保険法を中心に」修道法学19巻
　　（1997年）2号155頁等がある。

◆ 第5章 ◆ 社会保険の適用・徴収

このように強制加入の社会保険における保険関係については，使用関係という事実状態を重視する傾向があるが，一方において，本山事件第一審判決は，社会保険が依然として保険であり，保険関係の成立には保険料の拠出継続が必要条件であるとの判断を示していることが注目される[17]。もちろん判決は，保険関係の性格について，それ以上の判断は示していないのであるが，読み方によっては，保険関係は，報酬に淵源を有する保険料拠出と給付との牽連関係の存在を前提としていることになる。

（2）職域保険の事業主

保険集団としての職域は，概念上，人的要素である「**事業主**」と場所的要素である「**事業所**」又は「**事業**」が重要な構成要素となる。つまり，職域保険は，抽象的な意味での場である事業所又は事業を単位として適用され，権利義務の主体としての事業主との間で保険関係が成立することになる。

このうちの事業主は，必ずしも自然人を意味しない。個人事業所であれば当該個人であるが，法人事業所の場合には当該法人が事業主となる。

次の適用単位としての事業所は，社会保険の場合には，工場等の現場的要素の強い事業場と事務的な要素の強い事務所に分かれるが，両者を一括して事業所と呼ぶ（健保法3条，厚年法6条）。これに対して労働保険の場合には，より抽象度の高い事業が使用される（徴収法3条等）。この事業の概念は，一つの経理組織として独立性をもった経営体を意味しており，企業全体ではなく個別の事務所等が適用単位となる。何れの場合であっても，物理的な場所よりも機能的な側面に重点を置くことになる。

支社，支店等を置く会社等の場合には，事業所・事業の概念からすれば，個別の支社，支店等が適用単位になるとも解される。しかし，実務上は，労働保険の場合であれば，本社等と同一事業で一体的に扱うのが適当な継続事業であれば，一定要件の下で本社等と一括適用が認められる。それ以外の社会保険に

---

[17] 「社会保険も保険であって，保険関係が継続するためには保険者に対する保険料の支払継続が必要であり，事業主が保険料納付義務者と法定されていることを考慮すると，事業主の将来にわたる被保険者に対する報酬支払い義務が消滅するに至ったときは，事業主は被保険者負担部分の保険料の納付義務も消滅するから少なくとも保険関係の面においては，雇用関係は終了し，被保険者資格も喪失するというべきである。」（仙台地判平成4年5月13日判時1444号69頁）

◇ 第 1 節 ◇ 社会保険の保険関係

ついても，本社等が人事・労務管理等を集中的に行っている場合に，届出漏れを防止するメリットがあることから，一定要件の下で一括適用が認められている（健保法 34 条，厚年法 8-2 条）。

　適用単位で問題となる点として，健保と厚年の適用・徴収がある。被用者という点では，両制度で違いはなく，手続き上も健保と厚年を一体的に適用するのが原則である。ただし，健保組合の組合員等の場合には，全国健康保険協会の対象でないことから，年金機構は，厚年の適用・徴収のみを行うことになる。また，労働保険の場合には，徴収法により，労災保険と雇用保険を一元的に適用することが原則である。この一元適用事業に対して，地方公共団体の事業等のように労災保険と雇用保険とで適用範囲が異なる場合があることなどから，両制度を分けて適用する二元適用事業がある（徴収法 39 条）。

（3）職域保険の適用事業(所)

　生存権保障の観点からは，適用対象となる事業（所）の範囲は広いことが望ましい。このため，国民皆保険・皆年金に象徴されるように，適用対象は歴史的に拡大してきているが，現在でも，事業（所）の適用除外等が存在する。ただし，適用除外の場合であっても，任意加入により，適用対象となる途が用意されている。

　例えば，労働保険のうち労働者 5 人以上の事業は適用であるが，労働者 5 人未満の事業のうち農林水産関係の一定の事業が事業が強制適用でない暫定任意適用事業となっている（1969 年の失業保険法及び労災保険法の一部改正法附則 12

図 5-1　労働保険の適用事業

	労 災 保 険	雇 用 保 険
労働者 5 人以上の事業	適　　用	適　　用
労働者 5 人未満の事業	以下の暫定任意適用事業を除き適用 ①一定の個人経営の農業（特定の危険・有害作業を主として行う事業以外） ②一定の個人経営の林業 ③一定の個人経営の畜産・養蚕・水産の事業	以下の暫定任意適用事業を除き適用 ①一定の個人経営の農林水産の事業

105

◆ 第5章 ◆ 社会保険の適用・徴収

図5-2 社会保険の適用事業所

		個人	法人
非適用業種		任意適用	適用
適用業種	被用者5人未満	任意適用	適用
	被用者5人以上	適用	適用

条1項，雇保法附則3条1項）（図5-1）。

　健保及び厚年の適用事業所の範囲は，船員を被保険者とする厚年がその事業所である船舶を含むことを別とすれば，基本的に同じである[18]。社会保険においては，適用業種と非適用業種の区分が存在するが，事業主が法人の場合には，全ての業種が適用対象となる（健保法3条3項，厚年法6条1項）。これに対して，個人事業主については，非適用業種及び被用者5人未満の非適用業種の場合が任意適用となっている。この結果，法人事業所に加え，被用者5人以上の適用業種の個人事業主が強制適用の対象となってくる（図5-2）。なお，適用業種は，製造・加工，土木・建築，鉱物採掘・採取，電気，運送など広範囲に及んでいる。結果的に除外される非適用業種としては，農林水産業，理美容・宿泊・飲食等のサービス業，芸能，法律・会計事務等に限定される。

（4）職域保険の任意適用

　強制適用を原則とする社会保険において，任意適用により適用事業所となることは例外である。しかしながら，健保及び厚年は，基本的に①適用事業所で②使用される③一定要件（年齢等）に該当する者を被保険者としていることから，

①　従業員であっても使用されているのが適用事業所でない場合，

②　適用事業所に帰属するが使用されていない場合，

③　従業員であるが一定要件に該当しない場合には，被保険者にはならず，社会保険の適用から排除されることになる。このような場合であっても，生存権保障の観点からは，制度の基本原理を歪めない限り，できるだけ多くの者が社会保険の受給権を取得することが望ましい。ここから，強制加

---

[18]　船員の医療保険に関しては，船員保険法が給付を行っている。また，被保険者の観点から見ると，国保組合の事業所の中には，被用者も含めて組合員とするものがあり，その場合の事業所は，結果的に厚年のみの適用を受けることになる。

◇ 第 1 節 ◇ 社会保険の保険関係

入の例外としての**任意適用**制度が設けられている[19]。

　任意適用に当たって健保及び厚年では，被用者の 1/2 以上の同意を得た事業主からの申請を受けて，厚労大臣が認可することにより適用事業所となることができるほか，申請に基づく厚労大臣の認可により適用事業所でなくなることもできる（健保法 31 条等，厚年法 6 条 3 項等）。ただし，このような任意脱退のための認可の取消は，被保険者にとって不利益を招くことから，被用者の被保険者の 3/4 以上の同意が必要である。

　任意適用に関連して，**擬制的任意適用**がある。これは，一旦強制適用事業所になった事業所が強制適用事業所に該当しなくなった場合（個人事業主の従業員が 5 人以上から 5 人未満になった場合，事業の種類の変更により任意的用事業所になった場合），加入の認可があったものとみなし，保険関係が継続する。

　労働保険の場合には，雇用保険は，健保及び厚年と同じように，労働者の 1/2 以上の同意を任意適用の認可の要件としている。これに対して，労災保険は，労働者の保険料はないことから，労働者の同意を要件とはしておらず，事業主の意思のみで任意適用の申請が可能である。ただし，労働者の過半数の希望がある場合には，事業主は任意適用の申請が義務付けられる。また，任意脱退を申請する場合には，一定割合（労災保険は過半数，雇用保険は 3/4 以上）の労働者の同意が必要となる[20]。

---

(19)　経緯的に言えば，厚年法の任意包括被保険者制度は，その前身である労働者年金保険法では存在せず，1941 年の厚年法制定で導入されたものである（花澤武夫『厚生年金保険法大要』（教学館，1944 年）148-152 頁；後藤清・近藤文二『労働者年金保険法論』（東洋書館，1942 年）374-382 頁）。これに対して，健保法では，任意包括被保険者制度が当初から存在した。制度創設の理由は，健康保険の適用対象が限定されていた制定時において，被保険者が解雇等による資格喪失後，再就職までの間の傷病により困窮することがないよう費用を保障することにあった（熊谷憲一『改正健康保険法精義』（厳松堂書店，1935 年）152-153 頁）。これに対して，労働者年金保険法では，任意包括被保険者制度の代わりに任意単独被保険者制度のみが存在した（花澤武夫・前掲書 148-152 頁）。逆に，健保法の場合には，逆選択の問題があるために，任意単独被保険者のような個人単位での加入は認めなかった。その後，健保及び厚年を通じた適用対象拡大により，次第に任意包括加入制度の役割は減少していくことになる。とりわけ，1984 年の改正に伴う社会保険の 5 人未満事業所への段階的な適用拡大により，任意包括加入の対象となる事業所としては法人事業所はなく，制度上任意包括加入制度の対象は，今や個人事業所のうちでも 5 人未満の適用業種及び非適用業種の事業所に限定されている。

(20)　労災保険の任意脱退の場合には，保険関係の成立後 1 年の期間経過，特別保険料

◆ 第5章 ◆ 社会保険の適用・徴収

任意包括加入制度による被保険者資格の得喪については，従業員の同意，大臣の認可を介する点で強制適用の被保険者にない手続きを要するが，一旦被保険者になった後の地位は強制適用の被保険者と異なるところはない[21]。

このほか，健保では，資格喪失後の被保険者としての継続加入を認める任意継続被保険者制度がある。これは，逆選択防止のため，被保険者が資格喪失後10日以内に申請すれば，従来の資格を継続するという制度である。任意継続被保険者については，2007年4月から傷病手当金・出産手当金が廃止された。これ以外の現金給付（出産育児一時金，高額療養費，埋葬料等）は，従来通り支給される。

（5）職域保険の業務概念

職域保険である健保法と労災保険法は，何れも傷病を保険事故と捉える点では，共通している。ただし，健保法が業務外の傷病を対象とするのに対して，労災保険法は業務上の傷病を対象とする点に両者の違いがある。それ故，両制度の**業務**の概念が適用のメルクマールとして重要となってくる。

ところが2013年の改正前は，健保法の業務の概念が社会的地位に基づいて反復継続される事務・事業の総称であったのに対して，労災保険法の方は，労基法（75条）が規定する労働者の業務災害でいうところの業務の概念であった。このため，シルバー人材センター会員，インターンシップ生等の活動は，健保法上の業務となる一方，労災保険法上の労働者の業務ではないため，何れの制度からも給付を受けることができなかった。このいわゆる谷間問題を解消する

（労災保険に加入する以前に発生した労災等に関し，特例により行われる保険給付（特例給付）に係る保険料）の徴収期間の経過も要件となる。

(21) 任意包括加入制度における資格の得喪に係る申請・認可に関して，失業保険に関わる事件の判決（千葉地判昭和33年6月28日労民集9巻4号566頁）がある。判決は，いわし揚繰網漁業を営む事業主に対して，季節的・循環的に離職者を発生させた場合には，解約その他いかなる処置にも苦情を言わない旨の誓約書を提出させて失業保険法第8条第1項に規定する失業保険任意包括加入の認可をしたところ，その後，大量の離職者を発生させたとして認可が取り消された。この認可取消の法的性格に関して，判例は，撤回権留保の附款付きの処分ではなく，認可の撤回に対する事前の同意であると判示している。この点に関して，特許という行政処分とその附款という公法契約的なものとの複合的構造との理解もある（山田幸男「行政法の展開と市民法」（有斐閣，1961年）342-343。

◇ 第1節 ◇ 社会保険の保険関係

図5-3 健保法と労災保険法の谷間問題（2013年改正）

[改正前]

	業務上（地位に基づく反復継続事務・事業）		業務外
	労災対象業務	労災対象外業務	業務外
労働者の場合	労災 ○	×	健保 ○
被用者であって労働者以外の場合	×	×	健保 ○

⇒

[改正後]

		業務上（労災対象業務）	業務外（労災対象外業務を含む）	
			労災対象外業務	業務外
労働者の場合		労災 ○	健保 ○	健保 ○
被用者であって労働者以外の場合	役員以外	健保 ○	健保 ○	健保 ○
	役員	健保 ×*	健保 ○	健保 ○

(注) 塗りつぶし部分が健保法の対象。波線部分が谷間部分。
＊5人未満事業所は給付対象。

ため，2013年に健保法が改正され，労災保険法の業務災害以外を給付対象とすることとされた。

　この結果，労働者に該当せず，労災保険の業務に該当しないがために，何れの制度の対象とならなかった者が健保法の給付対象となった（図5-3）。ところが，法人役員の業務も労災の業務災害でないことから，健保法の給付対象となる可能性がある。この点の疑義が生じないよう，法人の役員が業務に起因して負傷等をした場合には健保の対象にはならないことが併せて規定されることになった（健保法53-2条）。ただし，被保険者が5人未満である適用事業所に所属する法人の代表者等であって，一般の従業員と著しく異ならないような労務に従事している者は，引き続き給付対象とされている。

（6）職域保険の被扶養者

　職域保険の中でも医療保険は，被保険者との生計維持関係等の実態に着目し

◆ 第5章 ◆ 社会保険の適用・徴収

て，その配偶者，子等の親族のほか，親族関係のない一定の者を**被扶養者**と位置付けている。その上で，被扶養者の傷病に係る家族療養費を設けることにより，実際上被扶養者を保険給付の対象としている。ただし，家族療養費の受給権者は被扶養者ではなく，被保険者に対する療養費の支給という法律構成を採っている。このため，家族療養費支給の名宛人は被保険者である。ただ療養費の法定代理受領による現物給付化により，実際の医療は，療養の給付の場合と同じように被扶養者に提供されることになる。

　この点が医療保険の特徴であり，同じ職域保険でも年金であれば，被扶養者である第3号被保険者も厚年の給付の受給権者であり，遺族年金の場合にも，子，妻等は受給権者となる。また，労働保険の場合にも，被扶養者の概念は登場しないが，遺族補償給付等の受給権者となることがある。なお，医療保険でも地域保険の場合には，被扶養者であっても各自が被保険者となるため，保険料の負担能力の関係で納付義務者の問題はあるものの，給付の権利主体となる。

（7）地域保険等の被保険者
1）住 所 要 件
　地域保険（国保，後期高齢者医療）の場合には，住民ともいうべき「**住所を有する者**」が被保険者の基本形である。ただし，介護保険の第2号被保険者である若年者（45〜64歳）の場合には，医療保険加入者と定義されている関係から，被用者である第2号被保険者に関する限り，間接的に職域保険の被保険者概念が登場することになる。制度に即して言えば，給付は65歳以上の高齢者である第1号被保険者と同じように介護保険の保険者が実施するが，保険料は各医療保険者がその仕組みの中で徴収し，納付金として納付する関係で，被用者の場合には，地域保険に職域保険が拠出者として組み込まれている。

　類似の図式は，国年でも発生する。国年の第2号被保険者は，職域保険である厚年の被保険者であり，第3号被保険者は第2号被保険者の被扶養配偶者である。第2号及び第3号被保険者以外の者と定義される第1号被保険者と異なり，第2号被保険者の場合には，厚年との関係で二重加入となる。国年の場合には，介護保険の第2号被保険者のように介護と医療という異なる社会的リスクの間の拠出制度（保険料も医療保険とは別の保険料）はなく，基礎年金という同じ年金制度内の拠出制度（保険料は厚年の保険料）ではある。ただ，拠出という側面で，職域保険がその保険料負担の仕組みに組み込まれている限りでは，

◇ 第 1 節 ◇ 社会保険の保険関係

同じである。

このように部分的に職域保険が組み込まれ，被用者のみならず事業主も保険料負担の当事者となることを別とすれば，医療に関する地域保険及び国年においては，被用者及び事業主の概念は登場しないことになる。まとめると，地域保険等においては，国年の第 1 号被保険者のように国内に住所を有する 20 歳以上の者，国保のように市町村に住所を有する者，介護保険のように市町村に住所を有する 40 歳以上の者のように，一定の地域に住所を有することが被保険者の要件の一つとなる。また，自営業者も包含する住民を対象とすることから，被用者保険のような事業主が保険関係に登場することはない。

2）一人親方等

労働者（被用者）か自営業者か微妙な判断を迫られるのが，いわゆる一人親方である[22]。典型的には，大工，左官，とび，石工等の建設関係の従事者である。

これら一人親方に対して，労災保険法においては，特別加入制度を設け，法の適用を受けられることにしている（33 条等）。これは，業務，災害等の実態，業務範囲の明確性等を考慮して，労災保険の保護を及ぼそうとするものである。対象としては，一人親方のほかに，中小事業主，特定作業従事者，海外派遣者等が含まれる。

これに対して，年金及び医療保険の場合には，自営業者であっても国年及び国保の適用対象となることから，法の欠缺状態は発生しない。ただし，建設関係の一人親方については，国民皆保険より前から，日雇労働者と見做して日雇健康保険を適用する擬制適用が行われてきたことから，1970 年の擬制適用廃止後は，国保組合が給付を実施している。このほかの特例としては，健保法（3 条 1 項 8 号）が厚労大臣等の承認を受けた場合の健康保険の適用除外を規定している。これは，法文上も「国民健康保険の被保険者であるべき期間に限る」と規定するように，自営業者と被用者を同一の国保組合の組合員として給付を行うための制度である。

---

(22) 最一小判平成 19 年 6 月 28 日判タ 1250 号 73 頁は，一人親方である大工が工務店等が受注したマンション工事に従事中に発生した災害への労基法及び労災保険法の適用に関して，労働者性を認めなかった。

111

◆ 第5章 ◆　社会保険の適用・徴収

第2節　社会保険の適用・徴収

1　適用・徴収事務

　労働保険の保険関係の成立及びその他の社会保険の被保険者資格の得喪等は，任意適用等のような申請及び認可を前提としておらず，要件に該当すれば，その時点から効果が発生するのが原則である[23]。しかし，保険者等にとって，そのような事実を知ることは必ずしも容易ではないことから，事実関係を明確にするための届出，確認等の仕組みが設けられることがある。

　具体的には，労働保険であれば，保険関係成立届等の手続きである（徴収法4条）。また，その他の社会保険の場合も，資格の得喪等の届出が事業主，被保険者等に義務付けられている。この場合であっても，届出は保険関係の効力の発生要件ではないので，その効力は事由が生じた時点まで遡及することになる。逆に保険関係の消滅も，強制適用であれば，届出制度又は届出の事実の有無にかかわらず効力が発生する。

　代表的な制度を例に採ると，保険関係の成立段階における適用・徴収等の手続きは，以下のような流れで展開する。

① 労働保険

　事業の開始 →事業主の届出 →概算保険料の申告・納付 →給付
　　　　　　　　　　　　↳増加・確定保険料の申告・納付

② 被用者保険の場合

　使用関係等の発生 →事業主の届出 →確認処分 →事業主への通知 →保険料徴収 →給付
　　　　　↳被用者による確認請求　（年金手帳・被保険者証交付）

---

(23)　最二小判昭和40年6月18日判時418号35頁は，被用者保険の被保険者資格取得確認の基準日は，被保険者が適用事業所に使用される至った日であつて，事業主の届出の日又は確認の日ではないとする。かかる制度の趣旨として，裁判所は，「適用事業所に使用されるにいたった労働者はその日から当然に被保険者資格を取得することとするが，労働者が被保険者資格を取得することによって保険者と被保険者並びに事業主との間に重大な法律関係が生ずるところから，資格取得の効力の発生を確認にかからしめ，保険者または都道府県知事が事業主の届出または被保険者の請求に基づき或いは職権でその確認をするまでは，資格の取得を有効に主張し得ないこととしたものである。」と判示している。

◇ 第2節 ◇ 社会保険の適用・徴収

　　　　　　職権適用
③ 国年（第1号被保険者）
　資格取得 →被保険者による届出 →年金手帳交付 →保険料徴収 →給付
　　　　　　↳世帯主による届出
　　　　　　職権適用
④ 国保
　資格取得 →世帯主による届出 →被保険者証の交付 →保険料徴収 →給付
⑤ 介護保険（第1号被保険者）
　資格取得 →被保険者による届出 →被保険者証の交付 →保険料徴収 →給付
　　　　　　↳世帯主による届出

2　被保険者資格の取得　● ● ●

　強制適用の場合には，資格要件に該当すれば，その時点から被保険者等の資格が発生し，任意脱退も認めないのが原則である。

　この点，受給に必要な資格期間を設けている年金制度が問題となる。かつては，加入可能期間中に資格期間を満たせない者を対象に国年の任意脱退制度が存在していたが，公的年金制度の財政基盤及び最低保障機能の強化等のための国民年金法等の一部を改正する法律（年金機能強化法）等により，2017年8月から年金の資格期間が25年から10年に短縮されたことに伴い廃止された。

　これに対して，国年の任意加入の方は，現在も制度として存在している。国外居住日本人，60歳以上の者等は，国年の強制適用ではないが，国年の受給資格期間を満たすため，又は満額の年金に近付けるために，任意加入の途が開かれている。ただし，年金の支給開始年齢である65歳以上70歳未満の者については，特例任意加入と呼ばれるように，受給資格期間を満たせない場合に限って任意加入が可能である。

　このほか，任意適用事業（所）の事業主が申請・認可により社会保険の適用対象となった場合にも，当該事業（所）の労働者・被用者は適用対象となり，脱退の自由はない。また，強制適用事業（所）が強制適用の要件に該当しなくなった場合には，任意適用と同じように，適用の申請に対する認可があったものと見なして，保険関係が継続する仕組み（擬制的任意適用事業（所））となっている[24]。この場合にも，個々の被保険者等が任意脱退する途はなく，事業（所）としての脱退手続きが必要となる[25]。

113

◆ 第 5 章 ◆ 社会保険の適用・徴収

3 保険料の徴収 ● ●

（1）保険料の納付義務

　保険料の納付義務者は，被用者保険とそれ以外で異なる。

　まず，被用者保険の場合には，事務上の便宜もあり，事業主が事業主分のみならず，被保険者分がある場合は，それも含めた保険料全体の納付義務を負うのが原則である（健保法 161 条 2 項，厚年法 82 条 2 項，徴収法 15 条等）。ただし，健保の任意継続被保険者（161 条 3 項）及び厚年の高齢任意加入被保険者であって事業主負担のない者（厚年法附則 4-3 条 7 項）の場合には，被保険者自らが保険料を納付する。なお，事業主が被用者分の保険料拠出義務を負う関係で，被保険者負担分の保険料を給与等から控除する**源泉徴収**が認められている。

　これに対して地域保険等の場合には，事業主が保険関係に介在しないことから，被保険者自らか又は被保険者と一定の関係にある者が納付義務を負うことになる。例えば，国年，介護保険の第 1 号被保険者及び後期高齢者医療制度の場合には，被保険者本人が第一義的な納付義務を負うが，世帯構成員や配偶者の中に本人の収入により拠出する能力を有しない者がいるため，世帯主及び配偶者の一方も，**連帯納付義務者**として，それぞれ世帯構成員及び他方の配偶者の保険料を連帯して納付する義務を負う（国年法 88 条，介保法 132 条，高確法 108 条）。また，国保の場合には，世帯構成員のそれぞれが被保険者であるが，保険料等の納付義務は世帯主が負う（国保法 76 条）。その場合，世帯主が例えば被用者保険の被保険者であったとしても，世帯主の納付義務は，国保の被保険者でなく保険料等の賦課対象とならない世帯主（**擬制世帯主**）にも及ぶ。このような国保における世帯主主義は，医療給付の受益は主たる生計維持者である世帯主に帰属するという考え方による。

（2）保険料納付の効果

　保険料の納付の有無は，負担と給付の牽連性から給付にとって重要である。とりわけ，貢献原則の色彩の強い年金の場合であれば，給付が保険料の納付

---

(24)　擬制的任意適用となる場合としては，被用者・労働者数の変動，事業の種類の変更等が考えられる。

(25)　任意適用の加入後の脱退と同じような手続きが必要となる。健保及び厚年であれば，被保険者である従業員の 3/4 以上の同意を得ること，厚労大臣の認可を得ることが必要となる。

◇ 第2節 ◇ 社会保険の適用・徴収

済期間等に応じて計算されることから，保険料未納が給付に及ぼす影響は大きい。また，国年の場合には，被保険者本人が保険料納付義務を負っており，保険料未納はそのまま給付額に影響を及ぼす。これに対して，厚年の場合には，保険料は**労使折半**である（厚年法82条1項）が，事業主が被用者分も含めて納付する義務を負っており（同条2項），納付した保険料の被保険者負担分は立替払いであることから，私法上の求償権として被保険者に求償できることを前提に報酬からの源泉徴収（控除）を認めている（同84条）。つまり，保険者との関係では，保険料納付義務者は事業主であり，被保険者は第2次的な納付義務を負うことにもなっていない。この結果，事業主が保険料を納付しない場合には，結果的に，被保険者の年金額減少という不利益が生ずることから，事業主の保険料納付は重要であり，法律も督促，滞納処分，罰則等の規定を設け（同86条，102条等），保険料徴収に遺憾なきを期すことになっている。

このような事業主を納付義務者とする保険料納付の構造は，基本的に健保の場合も同じである。事業主の単一的な納付義務から，以下のような運用がなされている。

① 被保険者の資格取得届の遅延と保険料の徴収とは無関係であり，届が遅延している被保険者であっても資格を取得し，確認により効力を発生した日からの分を納付しなければならない（昭和2年1月15日保理第217号）。

② 事業主は，被保険者に支払う報酬から控除した被保険者の負担する保険料の額のいかんにかかわらず保険料全額の納付義務を負うべきものである（昭和2年2月14日保理第218号）。

仮に事業主が虚偽・過少申告等を行い，本来納付すべき保険料を納付しなかった場合には，これは被保険者との関係で不法行為を構成する可能性がある[26]。

---

(26) 仙台高判平成16年11月24日判時1901号60頁は，会社が社員の給料から天引きした厚年保険料の一部を社会保険事務所に納付しなかったため，将来受け取れる年金が減ったとして，会社に対して，適正な保険料を納付しなかった不法行為により損害を被ったとして損害賠償請求をするとともに，国に対しても，虚偽内容の申請を看過して受理し，社会保険庁が立入調査等としなかったことから申請の真正等を調査すべき義務を怠ったとして，国家賠償法の損害賠償請求をした事案である。このうち会社に対する請求については，控訴審判決は，「控訴人は，上記保険料の差額分について被控訴会社に対し，上記のとおり賃金支払請求権を有するが，被控訴人会社の前記行為によって，賃金支払請求権の行使が事実上困難な状態になり，その結果控訴人は差額分相当額の損

◆ 第5章 ◆ 社会保険の適用・徴収

　なお，年金と異なり，医療保険及び介護保険の場合には，給付水準に影響する保険料の納付済期間の概念がなく，また，保険料納付を給付の要件とすることも少ないが，以下のような例外がある。

①　健保法の任意継続被保険者は，被保険者自らが保険料納付義務を負っており，正当な理由がない未納は，資格喪失につながる。

②　国保法の場合には，被保険者資格証明書による償還払い化（9条），保険料滞納による支払いの一時差止め（63-2条）等の給付制限がある。

③　介護保険法の場合には，第1号被保険者に対する保険給付の償還払い化（66条），保険給付の支払いの一時差止め（67条），保険給付率の引下げ及び高額介護サービス費等の不支給（69条）が滞納期間に応じて実施できる。また，第2号被保険者に対しては，保険給付の償還払い化及び保険給付の支払いの一時差止め（68条）が設けられている。

　事業主が保険料納付義務を負う労働保険も，職域保険として他の社会保険と類似の特徴を有している。例えば，雇用保険の場合も，事業主による保険料の未納があっても，給付はなされる。また，未加入の場合には，遡及できる限度の期間分の保険料を後納することにより，事後的に雇用保険に加入することが可能である。さらに労災保険については，事業主からの費用徴収制度がある。これは，事業主の保険料滞納のみならず未加入等の場合も含め，当該未加入，滞納等の期間中に労災が発生した場合であっても，保険給付が行われるが，事後的に保険給付に要した費用の全部又は一部を事業主から徴収する仕組みである（労災法31条）。

（3）強 制 徴 収

　保険料等の納付義務は，法律上当然に発生する。ところが，保険料等の徴収は，介護保険等のように年金から保険料を控除する**特別徴収**（年金天引）を別

害を被ったと認められる。そうすると，被控訴人会社の行為は，控訴人の上記差額分の支払い請求権の行使を事実上困難ならしめたとして不法行為を構成する。」として，請求を認めた。他方，国に対する損害賠償請求については，「都道府県知事に立入検査権等の権限が付与さされているが，この権限を行使しないことが直ちに国家賠償法1条1項の適用上違法と評価されるものではなく，その権限の性質等に照らし，権限不行使が許容される限度を逸脱し，著しく合理性を欠くと認められるとき違法となると解するのが相当である。」が，本件の場合には，許容される限度を逸脱し，著しく合理性を欠くものと認めることはできないと判断して，請求を棄却した。

◇ 第2節 ◇ 社会保険の適用・徴収

とすれば，納付義務者による自主的な申告納付制度（**普通徴収**）を採っている。

このため保険料等の未納が発生した場合には，まずは督促による催告等が実施されるが，期限までに支払われなければ，滞納処分に移行することになる。滞納処分による**強制徴収**は，租税債権について認められているものであるが，国保の国保税（地方税）のみならず，その他の社会保険の保険料等についても法律上認められている[27]。この点，社会保険各法は，国税滞納処分（健保法180条，徴収法26条等）又は地方自治法（231-3条3項）が規定する地方税滞納処分（国保法79-2条，厚年法86条，介保法144条等）の例による強制徴収を認める。この保険料等の滞納処分は，私法上の債権が民事執行法に基づき国の執行機関による強制執行されるのに対して，租税債権と同じように債権者が自ら強制執行する点に特徴がある。

滞納処分の流れとしては，滞納者の財産の差押え，差押財産の換価（公売），換価代金等の配当の順番で手続きが進められ，最終的に配当された代金から保険料等に充当することになる。ただし，保険料の先取特権の順位は，国税及び地方税に次ぐことから，保険料等よりも租税債権の方に優先的に配当されることになる。

このように公権力の発動である滞納処分は，政府管掌保険でない健保組合，全国健康保険協会等の保険者にも認められている。また，年金の場合には，大臣から委任を受けた年金機構が原則として滞納処分を実施するが，実施に当たっての大臣の認可，徴収職員の任命に当たっての大臣認可等が義務付けられている（国年法109-6条，厚年法100-6条）。医療保険についても，全国健康保険協会，健保組合，国保組合等の政府以外の保険者が滞納処分を行う場合には，大臣の認可が必要となる（健保法180条，国保法80条等）。また，これら医療保険保険者等が滞納処分を行う場合には，自ら行うほか，滞納者又はその財産の所在市町村に滞納処分を請求することが可能となっている。

なお，普通徴収に関しては，収入の確保及び被保険者の便益の観点から，私人への徴収又は収納の委託が設けられている（国保法80-2条，介保法144-2条，高確法114条）。

---

(27) 行政上の強制徴収とは，人民が，国又は地方公共団体に対して負う公法上の金銭徴収義務を履行しない場合に，行政庁が，強制手段によって，その義務が履行されるのと同様の結果を実現するための作用であるとされる（田中二郎『行政法上巻』（弘文堂，1974年）176頁）。

◆ 第6章 ◆　社会保険の財政

第6章

社会保険の財政

● ● 第1節　社会保険財政の概観 ● ●

1　社会保険の財源 ● ●

　社会保険の財源として不可欠な要素は，保険料である。国保のように，国民健康保険料（以下「国保料」という。）とともに，国民健康保険税（以下「国保税」という。）という目的税が併存する場合がある。国保税の導入は，国民皆保険前の社会保険制度になじみの少ない時代の歴史的経緯によるが，その実質的役割は保険料と変わらない[1]。

　むしろ我が国の社会保険の特徴としては，保険料以外に国庫補助等の公費が一般財源から投入されていることが重要である。しかも，制度によっては，給付費等の半分が公費によって賄われる制度もみられる。このほか，保険料を財源とする拠出金，納付金等が制度間又は制度内で移転する財政調整，共同拠出等の仕組み（以下「財政調整等」と総称する。）が存在する。国年の基礎年金，後期高齢者医療制度，介護保険等では，財政調整等が重要な財源となっている。

　さらに，中長期的視点からは，積立金等を保有し，その資産を運用する社会保険制度もある。これは，長期保険である年金が典型であるが，財政の安定等を目的として中期的に制度が運営される場合には，医療保険等が積立金を保有することがある。

　以上のように，現実の社会保険の財政は，複雑な様相を呈す（図6-1）。な

---

(1)　保険料の名称については，労働保険であれば，「労働保険料」（徴収法10条），公務員の共済組合等であれば，共済組合等が徴収する厚年の保険料分を含めて「掛金等」（国共法100条等）が使用されるが，ここでは単に「保険料」と称している。

◇第1節◇ 社会保険財政の概観

図6-1 社会保険財源の構造

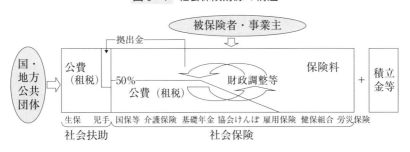

お，現物給付の利用者が支払う一部負担金は，サービス提供者に直接支払われることから，社会保険の財源とはならない。ただし，一部負担金を引き上げれば，その分だけ給付費が縮減することから，社会保険財政に影響する。

2 財政運営 ● ● ●

「入るを量りて出ずるを制す」と言われるが，社会保険財政の機序は逆である。むしろ，給付等の支出を見込み，その上で必要な保険料等の財源を確保することが，社会保険にとって必要となる。仮に保険者の本来発揮すべき役割を**保険者機能**と呼ぶなら，その最たるものは財政運営の全きを期すことである。適正・効率的な適用・徴収，給付等の実施，加入者利益の増進のための諸活動等を実施する上でも，財政基盤の安定が肝要である。

このため，国及び地方公共団体が運営する場合であれば，区分経理により負担と給付の関係を明確化するため，**特別会計**（年金特別会計，労働保険特別会計等）が設けられることになる。また，健保組合，国保組合等の場合であれば，設立母体とは別の法人格をもった法人が保険者となって制度運営することになる。

とは言え，保険者機能の個々の保険者で完結しないことも多い。例えば，医療保険であれば，診療報酬の審査・支払いは，保険者から社会保険診療報酬支払基金（以下「支払基金」という。）又は国民健康保険団体連合会（以下「国保連」という。）に委託されるのが一般的である。また，全国健康保険協会のように適用・徴収の大半が厚労大臣に留保されていたり，国保のように都道府県と市町村が共同保険者となる場合もある。従って，保険者機能にとって必須の要素は，最終的な財政運営責任であり，その点でも社会保険における財源等の財政問題は重要となってくる。

◆ 第6章 ◆　社会保険の財政

● ● 第2節　保　険　料 ● ● ●

1　社会保険の保険料の意義 ● ● ●

　保険料とは，一般に保険者による保険引受けに対する報酬である[2]。社会保険にとっての保険料は，保険給付及び保健福祉事業等の財源として被保険者等から徴収されるものの総称である。民間保険と異なり，社会保険の場合には，保険者事務に要する事務費に保険料だけではなく公費が投入されることがある[3]。これは，生存権保障の一環として社会保険が実施されることの反映である。

　このほかにも，民間保険との違いがある。法的にも重要なのは，市民法的（等価交換原理）な**給付・反対給付均等の原則**が成立しないことである。給付・反対給付均等の原則は，保険金に対応する保険事故の発生確率に応じた保険料が算定されることを意味する。従って，個々の加入者にとって保険料と給付が常に等価になるわけではないが，確率計算上は等価関係になる[4]。

　等価交換原理が及ばないとしても，社会保険においても依拠すべき原理・原則が存在しており，具体的には以下のものが挙げられる[5]。

---

(2)　保険法（2条1号）は，当事者の一方が一定の事由が生じたことを条件として財産上の給付である保険給付を行うことを約し，相手方がこれに対して当該一定の事由の発生の可能性に応じたものとして保険料を支払うことを約する契約を保険契約と定義している。ここでは，保険料の対価性が反映している。

(3)　民間保険の場合には，保険金額を基準として危険率に応じ算定されたもの（純保険料）に手数料等を加えたものが保険料（営業保険料）となる。

(4)　民間保険における給付・反対給付均等の原則は，保険料＝保険事故発生率×保険金で示される。これを敷衍すれば，加入者 m 人，受給者 n 人，給付額 A 円，純掛金 P とすると，$m \cdot P = n \cdot A$（収支相等の原則）が保険の原理的構造である。従って，純掛金である保険料は，$P = n/m \times A$ となるはずである。このうち，n/m は保険事故発生率であることから，結局，保険料の額は，偶然に受け取るかもしれない保険給付の正当な対価に相当する額（給付・反対給付均等の原則）になる。この給付・反対給付均等の原則は，この等式を表したドイツの経済学者レクシス（Wilhelm Lexis）の名から「レクシスの原則」ともいわれる。

(5)　制度審の1995年勧告では，社会保険が民間保険と基本的に異なるとして，以下の点を挙げている。「第一に，社会保険は，加入が自由な民間保険とは異なり，国民全体の連帯を可能にするため強制加入を特色としている。第二に，個人に掛け金と運用益を財

◇ 第 2 節 ◇ 保 険 料

① 貢献による連帯

社会的リスクに対する給付の要件として保険料拠出を求める保険関係の根底にある連帯原理としての貢献である[6]。これは，保険料拠出という貢献に対する給付という意味での貢献原則とも親和性を有する。貢献による連帯の規範的意義としては，保険料の金額の多寡に関わらず給付を受けるためには保険料拠出が必要となることである。

② 応 能 負 担

保険料の設定方式を領導する原則として，所得・報酬に応じた保険料の設定という意味での応能負担原則がある。応能負担は所得再分配効果をもたらすことになるが，応能負担の程度は制度によって異なる。また，全ての制度で応能負担原則が貫徹するわけではなく，国年のような定額保険料方式もある。ただし，その場合であっても，保険料の減額・免除・猶予等の減免制度が存在することがあり，結果的には応能負担となる。

③ 受 益 性

負担と給付の牽連性からして，受益性のない負担は許されないのは当然として，受益からかけ離れた負担も，その負担が極端に大きくなれば問題がある。その点で，負担と受益の均衡が社会保険にとって必要となる。このことは，所得・報酬が如何に高くとも，所得税のような上限なしの負担となれば，社会保険より税に近付くことになる。逆に所得・報酬が低い場合にも，課税最低限がある税と異なり，保険料負担が求められるのは，社会保険の負担と給付の牽連性が理由である。このほか受益性が問題となるのは，事業主負担である。被用者保険においては，全額事業主負担の労災保険を別とすれば，労使折半が原則となるが，この事業主拠出の理由として事業主にも何らかの受益性があることがある[7]。

　　源として支払う民間保険と異なり，社会保険は，国民の連帯に基づき給付の確実性や実質価値の維持を公的制度として保障し，また所得再分配による国民生活の安定化に寄与している。したがって，社会保険料は，単なる貯蓄や事故に対し私的に備える掛け金ではなく，社会連帯の責任に基づく国民としての義務的な負担と考えるべきである。」

(6)　拙著『社会保障法における連帯概念 —— フランスと日本の比較分析』（信山社，2015年）45-50頁

(7)　事業主の受益性としては，医療保険であれば，「業務外の疾病についても，労働条件，工場設備等の事由が被保険者の健康を損ない疾病にかかりやすい素地をつくる一因をなすものであり，また被保険者の健康保持，速やかな傷病の回復は，労働能率の増進等を

◆ 第6章 ◆　社会保険の財政

　以上3点を踏まえて，社会保険の保険料の特徴をまとめる。

　第一に，所得・報酬が低い場合にも某かの保険料負担が求められると同時に，保険料には，応能負担の要素があることである。健保及び厚年であれば，標準報酬による報酬比例の保険料であり，労働保険であれば，賃金総額に賦課されることから応能負担といえる。このうち健保及び厚年には，標準報酬の上下限が存在する。これに対して，地域保険である国保は，必ず応益割と応能割で構成されており，応能割があることにより応能負担となっている。さらに国保の場合にも，保険料の賦課上限が存在する。標準報酬のような下限は存在しないが，応益割があることにより，所得が低い場合にも応益割の負担が発生する。また，国年のような定額保険料となると，それ自体は応能負担ではないが，減免制度により応能負担的要素が入ってくる。

　第二に，被用者保険に関しては，保険料の設定方法は制度によって異なるが，労災保険が全額事業主負担となっているのを別とすれば，労使が折半で保険料を拠出する労使折半原則となっていることである[8]。これに対して，国保や国年の1号被保険者のように自営業者を含む保険の場合には，事業主負担がないのが特徴である。

　　もたらすことにより産業上に好影響を及ぼし，事業主も共通の利益を有するものであること」（前掲注(6)1190頁）がある。これに対して介護保険の場合には，地域保険でありながら，被用者である第2号被保険者の保険料に事業主負担があるのは特殊である。これは，介護サービスの充実により従業員の離職の防止等が期待でき，老人医療の一部が介護保険に移行し老健拠出金負担（当時）が軽減されるなどの，受益が事業主にも存在することが理由となろう。

(8)　全国健康保険協会，厚年，雇用保険等の場合には，原則どおり労使折半であるのに対して，健保組合の場合には，事業主の負担割合を規約により増やすことが可能となっている（健保法162条）。労使折半となった理由として，社会保険の嚆矢である健保法では，①数理的理由（傷病のうち業務上が1/4，業務外が3/4の割合で発生し，業務上は全額事業主負担，業務外は事業主が1/3，被用者が2/3を負担すると，計算上は労使折半となること）及び②外国の立法例（諸外国でも労使折半であること）が挙げられる。フランス等でも，労使関係の変遷の中で，事業主の負担割合の方が徐々に高くなってきた歴史がある。

◇ 第2節 ◇ 保 険 料

2 各制度の保険料 ● ● ●

（1）労 働 保 険

　労働保険については，適用事業ごとに労災保険と雇用保険が一体となった保険関係が成立し，保険関係の適用事務を一元的に処理するのが原則（ただし，建設の事業等の場合には，二元的処理）である。この場合には，労働保険徴収法に基づき，労災保険と雇用保険の保険料（労災保険料率＋雇用保険料率）が一括して徴収されることになる。

　労災保険の保険料である**労災保険料率**は，基準保険料率（事業の種類毎に労災の発生率を考慮して決まる保険料率）にメリット労災保険料率を加えた率となる[9]。このうちのメリット労災保険料は，事業主負担の公平性や事業主の災害防止努力の促進の観点から，一定規模以上の経営的な基盤を有する事業につき，個々の災害発生率に応じて決められる保険料率である。この**メリット制**の仕組みでは，継続事業，有期事業といった事業別に過去3年間の実績から算出されるメリット収支率（業務災害に係る保険給付÷非業務災害分を除く保険料×100）に基づき，一定範囲内で保険料が増減することになっている。このうち保険給付には，短期給付（療養・休業補償給付等）及び長期給付（障害・遺族・障害特別補償年金を一時金に換算した労基法相当額）のほか，特別支給金が含まれる。また，非業務災害とは，通勤災害等である。

　雇用保険の保険料である**雇用保険料率**は，労使折半の失業等の給付に係る保険料率と全額事業主負担の二事業に係る保険料率を合算したものである。雇用保険の場合には，一般事業と農林水産・清酒の事業及び建設の事業とでは異なる保険料率となっている。

　さらに労働保険の特徴の一つが**総報酬制**にあり，保険料が賦課される報酬は，総報酬となる。このため，労働者が受け取る賃金はもちろん，ボーナス，超勤手当，扶養手当，通勤手当等の諸手当（出張手当等の実費弁償的な物は除く）は，全て保険料算定の対象に入ってくる。手続的には，毎保険年度（年度更新の開始日が6月1日。期限が7月10日）の初めに概算額（概算保険料）で申告・納付し，翌保険年度の初めに確定額（確定保険料）を申告し，過不足を精算することになる。このほか労災保険の場合には，費用徴収制度（ペナルティ）が存在

---

(9)　通勤災害は，事業主の無過失賠償責任者に基づくものではなく，その支配下にもないことから，メリット制ではなく全業種一律の保険料率である。二次健康診断等給付，労働福祉事業等の場合も，同様に全業種一律である。

123

◆第6章◆　社会保険の財政

（労災法31条）する。これは，①事業主が故意・重大な過失により加入手続きを行わない未加入期間中に労災が発生した場合，②事業主が保険料を納付しない未納期間中に労災が発生した場合，③事業主が故意・重大な過失により労災（業務災害）を発生させた場合を対象として，①未加入・未納等に係る労災保険料の遡及徴収，②保険給付に要した費用の徴収が行われる。

（2）健保及び厚年

　健保及び厚年の保険料の特徴は，総報酬制であるものの，標準報酬月額と標準賞与額からなる**標準報酬制**を採っていることである。このうち標準報酬月額は，報酬の多寡に応じて一定の刻みで区分され等級に実際の被保険者の報酬を当てはめ，等級ごとに設定された標準報酬月額でもって保険料が算定される。報酬の中には，通勤手当，住宅手当等の各種手当，食事，住宅等の現物給与も含まれる。この標準報酬月額が月給のように定期的に受け取る報酬を念頭に置いているのに対して，標準賞与額は，3か月を超える期間ごとに受け取る報酬（ボーナス等）のうち上限額以下の額に1000円未満を端数処理（切り捨て）した金額である。標準賞与額の場合も，これに保険料率を乗じて保険料が計算される。また，給付の場面でも，標準報酬が使われることになる。傷病手当金であれば，標準報酬月額を基に算定され，年金であれば，標準報酬月額と標準賞与額の合計の平均である平均標準報酬に基づいて算定される。

　健保及び厚年が標準報酬制を採用するす理由は，徴収及び給付に関する大量の事務を効率的に実施するためである。実務上は，事業主が資格取得に併せて報酬月額及び賞与額も厚労大臣に届け出ることになっており，当該届出に基づいて厚労大臣が標準報酬月額及び標準賞与額を決定する（健保法42条・48条，厚年法21条・27条）。また，報酬及び賞与は変動することから，毎年7月1日時点で前3か月の報酬に基づき標準報酬月額が改定される。これを**定時改定**というが，昇・降給等により報酬月額が一定幅（2等級）を超えて変動する場合には，年の途中でも標準報酬月額の改定（**随時改定**）が行われる。

　保険料の水準については，厚年が保険料水準固定方式により，18.3％に固定されているのに対して，健保の方は，全国健康保険協会及び各健保組合が収支が均衡するように設定している（図6-2）。なお，保険料の納付は，健保組合等の例外はあるが，厚年と健保の何れも年金機構が一体的に実施している（図6-3）。

◇第2節◇ 保 険 料

図6-2 健康保険及び厚生年金の保険料の概要

	月　給	賞　与
健康保険	標準報酬月額×保険料率 ＊標準報酬月額の 　上限　1,390,000円 　下限　　58,000円 　（50等級に区分）	標準賞与額（1,000円未満切捨） ×保険料率 ＊標準賞与額（年度の累計額）の 　上限　5,730,000円 　下限　　　1,000円
厚生年金	標準報酬月額×保険料率 ＊標準報酬月額の 　上限　620,000円 　下限　 88,000円 　（31等級に区分）	標準賞与額（1,000円未満切捨） ×保険料率 ＊標準賞与額の 　上限　1,500,000円 　下限　　　1,000円

（注）厚年の事業主には，別途「子ども・子育て拠出金」として拠出金率が標準報酬月額及び標準賞与額に賦課される。

図6-3 保険料の納付

（注）事業主が被保険者の給料から控除できるのは，前月分の保険料である。事業主が手続きの遅れのため遡って数か月分を納付する場合の支払方法は，事業主と被保険者が話し合って決める。

(3) 国　保

　国保の場合には，国保法に基づく国保料による**保険料方式**と地方税（目的税）に基づく国保税による**税方式**が選択可能であり，保険者の多くが税方式を採用している。両者の違いとしては，消滅時効の期間（保険料が2年，税が5年），滞納処分の際の先取特権（税が保険料に優先）等がある。

　何れであっても，所得・資産に応じて額が決まる**応能割**と被保険者1人当たり又は世帯当たりの定額で算定される**応益割**を合算して世帯ごとの保険料（税）が算定される。標準的には，賦課（課税）総額を応能割と応益割で按分した割合が応能割：応益割＝50：50となるよう設定される。ところが，応益割は低所得者にとって負担感が大きいことから，応益割より応能割の比重が高い

◆第6章◆ 社会保険の財政

図6-4 国民健康保険の保険料（税）の構造（イメージ）

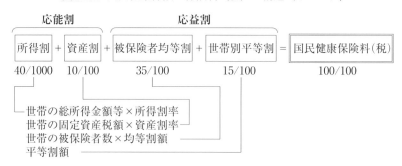

保険者が多いのが実情である。

応能割と応益割には，以下の4種類がある（図6-4）。この中には，世帯別平等割のように世帯単位の色彩の強いものもある。組合せは，各保険者が決めることになるが，応益割又は応能割の片方しか徴収しないことは許されない。また，所得割を設けないことも許されない。この結果，実際の算定方式は，4種類の算定方式全てを賦課する4方式以外には，3方式（所得割＋均等割＋平等割），2方式（所得割＋均等割）が可能となる。

① 応 能 割

　所得割…被保険者に係る基礎控除後の総所得金額に賦課

　資産割…被保険者に係る固定資産税額（又は固定資産税額のうち土地及び家
　　　　　屋に係る部分）に賦課

② 応 益 割

　被保険者均等割…被保険者数に応じて賦課

　世帯別平等割…世帯数に応じて賦課

国保の保険者は，被保険者のための給付等だけでなく，当該被保険者に係る後期高齢者医療制度の支援金及び介護保険の介護納付金を負担することになっている。このため，保険料（税）を分解すると，国保の給付等に対応する基礎賦課（課税）額，後期高齢者支援金等のための後期高齢者支援金等賦課（課税）額分及び介護介護納付金に対応する介護納付金賦課（課税）額によって構成されており，これらの合算額が実際の保険料（税）となる。このほか国保の場合には，健保の標準報酬の上限に類似する仕組みとして賦課（課税）限度額が存在する。この賦課限度額は，基礎賦課（課税）額，後期高齢者支援金等賦課

◇ 第2節 ◇ 保 険 料

（課税）額及び介護納付金賦課（課税）額のそれぞれに設定されている。

（4）後期高齢者医療制度

世帯単位である国保と違い後期高齢者医療制度は，個人単位となっており，税方式がなく保険料方式のみである。しかし，同じく地域保険であることもあり，保険料には類似点も多い。すなわち，2年ごとに見直される保険料は，応能負担と応益負担が組み合わされており，①全ての被保険者が負担する均等割と②所得に応じて負担する所得割によって賦課総額が按分されている。また，後期高齢者医療制度の場合にも，保険料の賦課限度額が設けられている。

（5）国　年

国年の保険料は**定額制**であり，かつ，保険料水準固定方式により，法律上16,900円／月（2004年度価格）となっている。実際には，過去の名目賃金及び物価の変動を反映させるため，一定の改定率を乗じた金額が保険料となる（国年法87条）。

国年の保険料については，制度創設時に貢献原則の強い所得比例年金が検討されたが，結果的に所得再分配効果の弱い定額保険料・定額給付となった。その理由としては，対象者に低所得者が多かったこと，所得の把握が困難であったことから，所得比例の拠出を求めることが技術的に不可能であったことが影響している[10]。その後も所得比例年金が検討されてきた経緯はあるが，これまでのところ，付加年金の導入（1969年改正），多段階保険料免除制度の導入，国民年金基金による上乗せ給付（1989年改正）によって対応がなされている。

---

(10)　吉原健二『新年金法』（全国社会保険協会連合会，1987年）56頁は，「サラリーマンとちがい，たとえ有業者であっても種々様々な業態にわたる国民年金の対象者について，果たして長い期間にわたって全国的な規模で所得の公平で的確な把握ができるかどうかということが最大のネックである。…第二の理由は，国民年金の対象者は各種統計や調査のうえでは所得の低い者が大部分で，所得比例制の導入が実質上それほど大きな意味をもたないと考えられることである。…三番目に，本人の希望または申告による任意加入制あるいは選択制の所得比例制度でもよいではないかという意見がある。しかし国が社会保障として行う年金が任意制あるいは選択制というのは疑問があるし，仮にやってもどの程度の人が加入するか疑問である。またそれでは物価スライドによる実質価値の維持ができない。それならならいまある国民年金の付加制度を改善すれば十分ではないかということになる。」と述べている。

◆ 第6章 ◆ 社会保険の財政

（6）介 護 保 険

　介護保険も地域保険であり，市町村保険者であることから，創設時に第二の国保になることを懸念する声があった。このため，以下のように，国保とは異なる独自の保険料算定方式が採用されている。

① 第1号被保険者については，所得に応じて多段階の**定額保険料方式**

② 第2号被保険者については，医療保険の保険料に上乗せして，医療保険の保険料と一体的に徴収する方式

　また，第1号保険料については，被保険者が自ら納付する**普通徴収**のほかに，保険者の徴収事務を軽減し徴収の実を挙げるための**特別徴収**（年金天引き）が導入されている。さらに，毎年保険料が改定される国保と異なり，第1号被保険者の保険料は，市町村介護保険事業計画に対応して改定は3年ごととなっており，途中年度の改定作業が不要となっている。

　この介護保険に特徴的な所得段階別の定額保険料方式には，応益負担の要素が取り込まれており，低所得者の生存権及び実質的平等という憲法規範に抵触するかが問題となり得る。この点，裁判所は，否定的に捉えている[11]。

---

(11)　定額保険料と特別徴収という特徴を有する介護保険の第1号保険料に関連して，①保険料の多段階（当初は5段階）設定及びその内容が憲法14条に違反しないか，②低所得者に保険料を賦課することが憲法25条に反しないか，③保険料の特別徴収が憲法25条に反しないかが争点となった裁判がある（大阪地判平成17年6月28日賃社1401号64頁）。裁判所は，①については，介護保険は応益負担の考え方を基礎に応能負担の理念も取り入れた保険料区分を設けているが，応益負担と応能負担の何れを原則とするかは立法裁量の問題であり，5段階定額保険料方式に裁量権の逸脱・濫用があるとは言えないと判示している。また，②については，介護保険は社会保険制度であるから低所得者からも保険料を徴収することとしたものであり，その徴収方法には一応の合理性があり，しかも，個々の国民の生活水準は資産等によっても左右されることから，現時点で収入の少ない低所得者からも保険料を徴収すること自体が，直ちに憲法25条の趣旨に反するとはいえないとした上で，介護保険及び条例が生活保護受給者については保険料相当額を加算した生活扶助が支給されること，境界層措置が設けられていること，保険料減免措置が執られていること等により，生活保護法を含む法制度全体をもって最低限度の生活の侵害を抑止していることから，裁量権を逸脱・濫用しているとはいえないと判示している。さらに③については，介護保険料賦課決定処分と特別徴収は別個独立の処分であることを前提にした上で，保険料の徴収方法について，どのような立法措置を講じるかについて，立法府に幅広い裁量が認められるべきであり，特別徴収により保険料を確実かつ効率的に徴収することができるほか，介護保険制度の財政安定化により，保険給付の確実な提供という利益を享受することもできることを理由に，特別徴収には

◇ 第2節 ◇ 保 険 料

　以上を踏まえると，全体として多様な保険料方式が存在するのが現状である（図6-5）。

図6-5　各制度における保険料（税）賦課の考え方

	賦課される保険料（税）額	納付義務者	連帯納付義務者	負担額について納付義務者本人の所得以外の考慮要素
国民年金〔第1号〕被保被保者（自営業者等）	被保険者個人ごとに定額＊事業主負担なし	被保険者	世帯主及び配偶者	被保険者本人，世帯主，配偶者何れも一定の収入以下のである場合は，保険料の一部又は全部を免除
厚生年金健康保険	被保険者個人ごとに標準報酬・賞与の一定割合＊事業主負担あり（原則労使折半）	適用事業所（被保険者から天引き徴収）	なし	なし
国民健康保険	被保険者について算定した所得割額（定率），資産割額（定率），被保険者均等割額（定額）及び世帯別平等割額（定額）の合計額を世帯主（擬制世帯主を含む）に賦課＊事業主負担なし	世帯主（世帯の中心となる者）	なし	定額部分について，世帯主（犠牲世帯主を含む）及び被保険者である世帯員の所得の合計額が一定金額以下であれば，減額
後期高齢者医療	被保険者ごとに算定した所得割額（定率）と被保険者均等割（定額）の合計額を賦課＊事業主負担なし	被保険者	世帯主及び配偶者	低所得者について，均等割の9割，8.5割，5割，2割軽減，所得割の5割軽減被扶養者であった者について，均等割得の9割軽減

───────────
　合理性があり違憲ではないと判示している。なお，控訴審である大阪高判平成18年5月11日判自283号87頁でも結論は維持されている。

129

◆ 第6章 ◆ 社会保険の財政

介護保険 〔第1号被保険者 (65歳以上)〕	被保険者ごとに所得段階別の定額を賦課 ＊事業主負担なし	被保険者	世帯主及び配偶者	他の世帯員が何れも市町村民税非課税である場合は，基準額よりも減額 ＊第1号被保険者の3/4が市町村民税非課税である中で，可能な限り低所得者にきめ細かい配慮を行うため世帯による保険料負担能力（他の世帯員の所得も考慮）を加味
労災保険	労働者の総報酬に対して，事業の種類毎に過去の災害率を考慮して設定された料率を賦課（メリット制） ＊全額事業主負担	適用事業所	なし	なし
雇用保険	労働者の総報酬に対して，保険料率を賦課。 ＊農林水産・清酒製造の事業，建設の事業は，別途高い保険料を賦課。	適用事業所	なし	なし
所得税 住民税	所得を稼得する個人に対し，所得の一定割合（所得段階別に応じて累積構造を持つ定率）を賦課	所得を稼得する個人	なし	納税者及び世帯員の人的事情等による所得控除（扶養控除等）

（出典）女性のライフスタイルの変化等に対応した年金の在り方に関する検討会
「報告書 —— 女性自身の貢献がみのる年金制度」平成13年12月46頁等を
参考に作成

3　保険財政の運営　● ● ●

　保険者にとって必須の役割である財政均衡を実現するためには，保険の財政
方式及びその運営が重要となる。長期保険であれば，積立方式，賦課方式等の
選択があるが，短期保険であっても，必ずしも賦課方式により単年度の収支均

◇ 第 2 節 ◇ 保 険 料

衡を図るのではなく，中期的な財政運営方式も存在する。このため，財政運営
の検討に当たっても，制度に即して，年度をまたぐ多様な方式の存在を念頭に
置く必要がある。もちろん，政府管掌保険等の場合には，会計年度独立の原則
等の予算原則に従う必要があるが，長期の財政運営方式の下で毎年の予算を組
むことは，予算原則に矛盾するわけではない。

（1）短期保険の財政運営

　短期保険であっても，必ずしも完全な賦課方式が常に採られるわけではない。
少なくとも，将来の予期しないリスクに備えた危険準備金のような準備金は，
制度の運営上必要となる。例えば，健保組合の2か月分の準備金は，変動リス
クと解散に備えた準備金として積立が義務付けられている。また，国保の場合
には，国民健康保険財政安定化基金等の基金が設けられている。同様に介護保
険にも財政安定化基金が存在している。

　財政運営から見て規範的に重要な点は，支出を下回る収入の状態（赤字）を
放置することは許されないが，逆に収入が支出を上回る状態（黒字）まで常に
許されないわけではないことである。つまり，財政均衡とは，赤字の場合を念
頭に置いた規範であるとも理解できる。

　こうした規範の財政面の現れが，支出の増加に対応するための保険料に関す
る弾力条項であったり，黒字の場合の中期財政運営といった制度である。

① 弾 力 条 項

　雇用保険の特徴は，不況期に保険料収入が減り，保険給付が増えるという点
にあり，安定的な給付を行うためには，保険料収入が増える好況期に積立を行
いう必要がある。このビルト・イン・スタビライザー（自動安定化装置）機能
故に，雇用保険は，財政の安定運営に必要な積立金を積み立てることになって
いる[12]。

　このように雇用保険では積立金の仕組みが存在するものの，毎会計年度にお
いて積立金が失業等給付費等の1～2倍の範囲内にない場合（つまり失業等給付
費等の2倍を超えたり，失業等給付費等を下回る場合）に，一般の保険料で±4‰
の範囲で保険料率の変更が可能となっている（徴収法12条5項）[13]。これは，

---

[12]　雇用保険制度では，失業等給付のための積立金のほかに，不況期に雇用安定事業を
　機動的・集中的に実施するため雇用安定資金を置き，必要な積立を行うことになってい
　る。

131

◆ 第6章 ◆ 社会保険の財政

法律の改正を本来必要とする保険料率の変更について，厚労大臣に権限を付与する特例である[14]。

② 中期財政運営等

かつての政府管掌健康保険は，3K（国鉄，米，健康保険のK）赤字と呼ばれる長期的な赤字基調から単年度収支均衡を原則として運営されてきた。ところが，1981年以降は黒字基調に転換し，1991年には積立金がピークに達した。こうした中で登場したのが，5年を通じて収支均衡を図る中期財政運営であった。これにより，1992年以降の5年間を通じて，給付費の3か月分の事業運営安定資金（積立金）を確保できるよう財政収支の見通しを設定することとなった。

その後の積立金の枯渇により中期財政運営は放棄されることになる。このことを踏まえると，短期保険における中期財政運営は，剰余金による積立金を前提として，その活用による安定的な財政運営のための仕組みとも理解することができる。

介護保険の場合には，そもそも単年度均衡主義ではない。介護保険事業計画及び介護保険支援事業計画の計画期間である3年を前提とした財政運営が行われる。つまり，施設等の整備等のデータに基づき，3年間の給付の見通し等を踏まえて，第1号被保険者の保険料も3年間固定されることになる。このことは，計画期間中の保険料収入が介護給付費等との関係で不足する事態（収支不均衡）が起こり得ることを意味する。このため，市町村からの拠出金等により財政安定化基金を設け，不足額を当該基金からの貸付で賄う財政安定化基金事業が行われている。

---

(13) 2007年4月より前は，弾力条項が±4‰ではなく±2‰であったが，その時代の2002年には，弾力条項により2‰（15.5% → 17.5‰）への引上げが実施された。なお，2010年改正で雇用保険2事業に係る弾力条項が廃止されている。

(14) 2006年改正前の健保法（160条）にも弾力条項が存在した。当時の政府管掌健康保険は5年を期間とする中期財政運営により運営されており，最低2年ごとに保険料率の見直しを行うことになっていた。一般保険料率は82‰であったが，厚労大臣は社会保険庁長官の申し出により，これを66～91‰の範囲で変更することが可能となっていた（ただし，国会への報告が必要）。また，法律は引上げが可能な事由を，給付内容の改善・診療報酬の改定が伴う場合，老健拠出金等の増加の場合，保険料総額の減少の場合に限定していた。

132

◇ 第2節 ◇ 保 険 料

（2）労災保険の財政方式

　労災保険の給付には，療養補償給付，休業補償給付等の短期給付のほかに，障害補償年金，遺族補償年金等の長期給付がある。

　このうち短期給付の場合には，賦課方式（**純賦課方式**）が採用されており，一定期間（3年）は業種別の収支均衡を，また，その後の期間は業種全体の収支均衡が図られるように保険料が算定される。これに対して，長期給付の場合には，数十年にわたる給付も存在することから，**充足賦課方式**が採用されている。これは，労災事故の責任は事故発生時点の事業主集団が負担すべきとの考え方から，事故発生時点の事業主集団から将来の一定期間（7年）分も含めた給付費用を徴収し，積立金として保有する仕組みである。ただし，一定期間後の給付の分は，財政上，業種全体で負担することになっている。

（3）年金の財政方式

　長期保険である年金においては，他の制度以上に長期的な財政の安定運営が重要である。法律上も，長期的な財政の均衡が規定されており，著しい財政の不均衡に対しては，必要な措置を講じることが義務付けられている（国年法4-2条，厚年法2-3条）。

　この長期的な財政均衡を確保するための仕組みとしては，**財政検証**がある（国年法4-3条，厚年法2-4条）。具体的には，最低5年ごとに，保険料，国庫負担，保険給付等の財政の現況及び概ね100年間の財政均衡期間における見通しを作成し公表することになっている。この**有限均衡方式**は，2004年の制度改正で導入された。それより前は，未来永劫にわたって財政が均衡する**永久均衡方式**が採用され，5年ごとの**財政再計算**により保険料，給付等の保険数理計算に基づく見直しが実施されていた。

　この従前の財政再計算に対して，現在の財政検証の特徴は，財政均衡期間終了時に積立度合が1（1年分の積立金）となるように，当該期間中に年金額の調整を行うことである。つまり，永久均衡方式と比べて，有限均衡方式の場合，積立金の規模が小さくなり，その分だけ給付のための積立金が活用されることになる。とはいえ，保険料水準固定方式により保険料の引上げが選択し得ない現行制度にあって，長期的な財政均衡を実現する手段としては，①積立金の運用・活用以外に②マクロ経済スライドが必要となる。

　この**マクロ経済スライド**は，保険料を負担する現役世代の減少と年金を受給

◆第6章◆　社会保険の財政

する退職世代の平均余命の伸びを年金額に反映する仕組みである。具体的には，現役被保険者数の増減率（実績値）及び平均余命の伸び率（予測値）を合算した率（調整率）を賃金スライド及び物価スライドに乗ずることになっている。この場合の調整率は，1より小さいことから，その分だけ賃金スライド及び物価スライドは目減りすることになる。結局のところ，マクロ経済スライドは，積立金も活用しつつ，財政均衡期間の終了時点まで資金ショートが発生しないために必要な期間（調整期間）にわたって実施されることになる。

　以上からいえることは，マクロ経済スライドの調整期間が長くなれば，それだけ給付水準が低下することである。賃金に対する年金の割合を代替率というが，現行制度では，片働きサラリーマン世帯を標準としたモデル年金の代替率（モデル年金額／男子被保険者の平均手取賃金額×100）について，50%を下限とすることが法律上も規定されている（2004年改正法附則2条1項）。仮にモデル年金の代替率が50%を下回ることが見込まれる場合には，マクロ経済スライドを終了させ，必要な措置を講じることが政府に義務付けられている［第9章第1節4・5参照］。

4　保険料を巡る法律問題　●　●

（1）租税法律主義

　保険料は，給付との関係で牽連性を有する点で租税とは異なるものの，強制徴収等の公権力の発動という点で租税との類似性を有する。仮に保険料が実質的に租税であれば，租税法律主義又は租税条例主義（以下単に「**租税法律主義**」という。）が及び，租税の種類及び課税の根拠のみでなく，納税義務者，課税物件，その帰属，課税標準，税率などの課税要件を全て法律で定めることが原則として必要になる。この課税要件法律主義及び課税要件明確主義に象徴される租税法律主義の根底には，行政権による恣意的課税の排除がある。この必要性は保険料にも共通するものの，租税法律主義が保険料も射程に置くかは検討を要する。

　そもそも**租税**とは，一般的に国・地方公共団体が，その経費を支弁するために，国民から無償で強制的に徴収する金銭といえる。租税を広く解するなら，負担金，手数料，専売物資の価格，国の独占事業の料金などを包摂する可能性がある[15]。

　しかし，保険料は，給付との関係で対価性でなくとも牽連性は有していること

◇ 第2節 ◇ 保 険 料

とから，一般的な租税が牽連性を欠き，一般財源となるのとは異なる。確かに税と同じ強制徴収が認められているが，公権力の発動は租税に限定されるわけではない。強制加入も含めて考えるなら，社会保険という公的な制度の本源的必要性に根差したものであると考えるべきである。

　これを敷衍する。まず，程度の強弱はあっても社会保険の場合には牽連性が存在しており，その反映として**収支相等の原則**に基づき保険料が算定されることから，極端に過剰又は過小な保険料徴収は行われない。逆に租税法律主義が社会保険の論理に優越すれば，適時・適切な保険料設定ができないことによる収支不均衡から給付不能を招く危険性がある。そのことは，旧・政府管掌健康保険及び雇用保険の弾力条項にも現れている。すなわち，収支不均衡が見込まれる場合には，一定の厳格な要件で保険料の変更等の権限を大臣に付与しているが，この場合にも租税法律主義が及ぶとするならば，弾力条項による保険料率変更は違憲となってしまう。財政の収支均衡という箍がはめられている社会保険にあっては，国民に不合理な義務を課す危険性は低減しており，租税法律主義の適用は緩和されると解すべきである。最高裁判所も，国保に関する事案において，保険料が給付に対する反対給付として徴収されることを理由に租税法律主義は及ばないものの，国民の義務等に関わることから，租税法律主義の趣旨は及ぶとして，総合判断により，その性質に応じた適正な規律がなされるべきとしている[16]。

---

(15)　憲法及び行政法の学説は，広く捉える傾向がある。例えば，清宮四郎『憲法Ⅰ（新版）（法律学全集）』（有斐閣，1971年）256-257頁は，「租税とは，形式的には租税といわれなくても，実質的に租税と同じように，国民の自由意思にもとづかないで定められ，徴収されるもの，例えば，特許料のような課徴金，煙草の価格や鉄道料金の類を含み，憲法上の原則はそれらにも及ぶと解すべきである。」とする。田中二郎『租税法（新版）（法律学全集）』（有斐閣，1981年）69頁は，「法律形式上は，使用料，手数料，免許料，特権料というように租税とは異なる名称を用いているものであっても，これらを課されるその前提たる事実が強制され，しかも，これらが強制的に課徴されるものであれば，租税法律主義の趣旨に徴らし，法律をもって定めるのが正しいであろう。」とする。このほか，碓井光明『社会保障財政法精義』（信山社，2009年）89頁も「社会保険料には租税法律主義の適用があると考えられてきた。」とする。

(16)　最大判平成18年3月1日民集60巻2号587頁は，「市町村が行う国民健康保険の保険料は…被保険者において保険給付を受け得ることに対する反対給付として徴収されるものである。…国民健康保険事業に要する経費の約3分の2は公的資金によって賄われているが，これによって，保険料と保険給付を受け得る地位とのけん連性が断ち切ら

135

◆ 第6章 ◆ 社会保険の財政

以上をまとめる。保険料は租税ではないため，租税法律主義の直接的な適用はないが，強制的な賦課金であることから，租税法律主義の精神に則り，法律で必要な定めをする必要があるが，料率又は金額の算定方法を明定する方式も許されると解する[17]。ただし，社会保険料のうち国保税は，地方税法の規定により形式上地方税となっており，税法律主義が適用される[18]。

（2）保険料の遡及改定

法律不遡及の原則によれば，国民に不利益・義務を課す法規の遡及適用は許されないのが原則である。これは，国民既得権の尊重，法的安定性の確保等から，社会保障立法にも及ぶはずである。

ところが国保等では，住民税等の前年度所得を基に年度途中で保険料を引上げに関する条例改正を行い，年度当初に遡って保険料増額分を徴収する**遡及改定**の仕組みがある。この保険料の遡及改定は，制度上予定された仕組みであって，かつ，前年度所得の範囲内で保険料が変更されることから，行政の恣意的判断によるものでなく予見可能性があることから，法律不遡及の原則の例外として許容されると解される[19]。

れるものではない。また，国民健康保険が強制加入とされ，保険料が強制徴収されるのは，保険給付を受ける被保険者をなるべく保険事故を生ずべき者の全部とし，保険事故により生ずる個人の経済的損害を加入者相互において分担すべきであるとする社会保険としての国民健康保険の目的及び性質に由来するものというべきである。したがって，上記保険料に憲法84条の規定が直接に適用されることはないというべきである（国民健康保険税は，前記のとおり目的税であって，上記の反対給付として徴収されるものであるが，形式が税である以上は，憲法84条の規定が適用されることとなる。）。」と判示している。

(17) この関係では，財政法（3条）が「租税を除く外，国が国権に基づいて収納する課徴金及び法律上又は事実上国の独占に属する事業における専売価格若しくは事業料金については，すべて法律又は国会の議決に基づいて定めなければならない。」と規定していることが参考になる。これは，国権に基づいて収納する課徴金，独占事業の料金等については，憲法83条の財政処理権限の国会議決主義の精神に沿って，法律等に基づくことを義務付ける規定である。ただし，租税法定主義に関する憲法84条が「法律により」であるのに対して，財政法は「法律…に基づいて」となっており，文言上も違いがある。

(18) 秋田市国民健康保険税条例事件控訴審判決（仙台高秋田支判昭和57年7月23日判時1052号3頁）が，保険料にも地方税条例主義が適用されると判示している。

(19) 国民健康保険条例に関する東京高判昭和49年4月30日行集25巻4号330頁は，

◇ 第3節 ◇ 国庫補助等

●　●　● 　第3節　国庫補助等　●　●　●

1　国庫補助等の意義　●　●　●

　国からの**補助金等**は，義務的な**国庫負担**と奨励的な**国庫補助**に分かれる[20]。社会保険においても補助金等が存在しており，国の一般会計から特別会計，地方公共団体，公法人等に対して，社会保険に要する費用の全部又は一部を負担することになる。

　この補助金等の対象となる費用は，次のとおり，給付費等と事務費に分かれる。実際の補助金等の対象範囲及び義務的性格の有無は，制度によって異なる。

① 給 付 費 等
　　・事業の目的である保険給付に必要な費用
　　・給付に関連する保険事業等の経費

② 事 務 費
　　・事業の管理運営のための事務的経費

　また，社会保険（特に長期保険である年金）の国庫負担には，負担の時期に応じて，①**拠出時負担方式**と②**給付時負担方式**の区別がある。例えば，国年の国庫負担は，制度創設時は拠出時負担方式であったが，1976年以降は給付時負担方式に変わっている。この負担の時期によって，時々の財政圧力は変わってくるが，法的に重要なのは，拠出時負担であれば，保険料への補助の色彩が強いのに対して，給付時負担であれば，給付への補助の色彩が強くなることである。

　「行政法規は単に一般的，抽象的な法規範に止まらず，具体的な行政上の必要を充たすためという性格を持つものであるから，国民ないし住民の既得権を侵害せずしかも遡って適用すべき予測可能性のある場合には遡及することも許される…（保険料の暫定徴収について，）保険料は条例の定めに従い暫定的に徴収された額に過ぎないのであるから被保険者の既得権を侵害するものではなく，その増減のあることは予測可能であったものというべきである。したがって，保険条例が遡って昭和四三年の保険料から適用するものとしたことは許容されるものといわなければならない。」と判示している。

(20)　ひも付き補助金という言葉があるように，補助金等はその使途が細分化されている場合が多い。このため，使途を包括化し，地方公共団体の自主性を高めた交付金が存在する。本書では，これも補助金等に含める。

◆ 第6章 ◆　社会保険の財政

2　国庫補助等の理由　● ● ●

社会保険の国庫補助等の理由としては，以下のものが挙げられる[21]。

① 社会保険に強制加入させることの見返り
- ・低所得層も強制加入とする以上，国庫負担を投入して保険料負担を抑える必要

② 社会保険の財政力の不十分さを補うこと
- ・分立した制度間の財政力の格差の是正
- ・非被用者を対象とする国保の場合にあっては，事業主負担がないことの代替

③ 公的責任の遂行
- ・雇用保険にあっては，保険事故たる失業が政府の経済政策，雇用政策と無縁でないこと

国庫補助等の補助・負担率は，これらの理由によっても影響されるが，制度の財政状況等を踏まえた立法政策の問題でもある[22]。また，地方との関係では，制度の定着により国庫補助等から地方交付税化に転換するなど，地方分権の観点も国庫補助等に影響してくることになる。

3　国庫補助等の状況　● ● ●

現在の国庫補助等の割合は，労災保険のように基本的に国庫補助がないものから，国保のように高率のものまで多様である（図6-6）。なお，国庫補助等の水準は，その投入理由に依存するが，論理的に決められるというよりも，制度の沿革，政策的議論の帰結等による面が強い。

---

(21)　堀勝洋『社会保障法総論』（東京大学出版会，1994年）60-61頁；江口隆裕「第7章社会保障の財政」『講座社会保障法第1巻21世紀の社会保障法』（法律文化社，2001年）152頁

(22)　国保は自治事務であるが，国保が健保に比べて高い国庫負担割合となっている理由は，次のように説明されている。「国民健康保険には，被用者保険における事業主負担がないこと，被保険者に低所得者層を含むこと，また，経営主体が市町村であることから保険者間の財政調整を必要とすること等の理由により，被用者保険に比べて国庫負担の割合が高い。」（国民健康保険中央会『国民健康保険法の解釈と運用』国民健康保険中央会，2000年）660頁

◇ 第 3 節 ◇ 国庫補助等

図 6-6 国庫補助等の割合

社会保険の種類	制度名	国庫補助等の割合
医療保険	国保	給付費の 41%（原則は調整交付金 9%，定率国庫負担 32%）
	全国健康保険協会	給付費の当分の間 16.4%（減額措置を除く） ＊法律上は，13.0〜20% の範囲で政令で定める率
	組合健保	基本的になし ＊財政窮迫組合等に対して高齢者医療運営円滑化等補助金の枠内で補助
	後期高齢者医療制度	給付費の 4/12 ＊国：県：市町村＝4/12：1/12：1/12
年金保険	国民年金 （基礎年金）	基礎年金の給付費の 1/2
	厚生年金 （報酬比例部分）	なし
介護保険		給付費の 25%（施設等給付は 20%） ＊国：県：市町村＝1/4：1/8：1/8
労災保険		基本的になし ＊労働基準法上の使用者の災害補償責任の限度を超える補償を行っていることから国が一部補助
雇用保険		求職者給付の原則 1/4 （ただし，日雇労働求職者給付金は 1/3，高年齢雇用継続給付以外の雇用継続給付の 1/8） ＊法改正により，2007 年度から当分の間，本来水準より 55% 引下げ（1/4 × 0.55 ＝ 13.75%）

＊政管健保の国庫負担は，1973 年までは 10% だったが，保険料率が 72‰を超える時は，その超える保険料率 1‰につき 0.8% の補助率の上乗せを行う調整規定が設けられた。この結果，1978 年に国庫負担が 16.4% となり，1983 年の老人保健制度創設時も老人保健拠出金にも同率の国庫負担が導入された。1992 年の改正で，老人保健拠出金を除き，国庫負担は当分の間 13% に引き下げた経緯がある。全国健康保険協会の国庫補助も，基本的に政管健保を継承している。

＊年金の場合，1985 年改正前は，厚年 20%，船保 20%，国年 1/3 の国庫負担が存在した。1985 年改正時に国庫負担を基礎年金部分に集中させることとし，厚年については，基礎年金拠出金に対して 1/3 の国庫負担となった。2004 年改正により，本則上は 1/3 から 1/2 に引上げられた後，社会保障・税一体改革による消費税の引上財源により，実際に 1/2 となった。

＊労災保険は，使用者の補償責任を政府の保険において行うという考え方から，全額事業主負担が原則であるが，労災保険給付の他に，労働者福祉の観点から各種援護措置等を講じていることから，定額の予算補助による国庫補助が存在する。

＊雇用保険の求職者給付については，赤字の場合にその額に応じて国庫負担を 1/3 まで引き上げること，日雇労働求職者給付については，黒字の場合その額に応じて国庫負担を 1/4 まで引き下げることが可能である。

＊後期高齢者医療制度の公費負担は，厳密には，①現役並み所得者の給付費については国庫負担がなく，②その他の加入者の給付費については 5 割負担となっており，制度の前身である老人保健制度の場合と同じである。

◆ 第6章 ◆ 社会保険の財政

4 財政調整等の状況 ● ● ●

　社会保険における**財政調整等**は，制度内又は制度間の財源の移転であり，その点では，制度レベルでの連帯の表れである。典型的には，①後期高齢者医療制度における後期高齢者支援金，②前期高齢者医療制度における前期高齢者納付金，③介護保険における介護納付金，④国年における基礎年金拠出金が存在する。

　このうち②の前期高齢者医療制度は，それ自体独立した制度ではなく，医療保険者間の財政調整である。具体的には，前期高齢者（65〜74歳）は，国保，健保等の医療保険に加入し，前期高齢者の制度間偏在による保険者間の負担の不均衡を，各保険者の加入者数に応じて調整する仕組みである。調整の結果，前期高齢者の少ない制度からの支援金が前期高齢者の多い制度に交付金が交付されることになる。

　これに対して，①の後期高齢者医療制度は，独立した制度である。そのため後期高齢者支援金は，若年者の医療保険制度からの一方的な財源移転であるが，結果的に後期高齢者と若年者との間の給付費及び負担力の格差が調整されることになる。さらに，後期高齢者医療制度がない状態を想定するなら，高齢者加入率の低かった被用者保険から同加入率の高かった国保への財源の移転ともとらえることができる。③の介護保険の場合には，第2号被験者と第1号被保険者との間の給付費及び負担力の格差が調整されることになる点では，後期高齢者医療制度に類似する。ただし，医療保険から介護保険への財源の移転である点が，後期高齢者医療制度と異なる。なお，被用者保険からの後期高齢者支援金及び介護納付金については，**総報酬割**が導入されている。このため，加入者の頭数による人数調整の場合と異なり，財政力の強い健保組合と財政力の弱い全国健康保険協会等との間で財政調整が発生することになる。

　④の基礎年金拠出金の場合には，拠出の対象となる被保険者が国年の被保険者（第1号被保険者）である場合のみならず，厚年の被保険者（第2号保険者）及び厚年の被保険者の配偶者（第3号被保険者）である点に特徴がある。このため，年金の受給権者と被保険者の人口構成の不均衡から，基礎年金拠出金を通じて，厚年から国年への財源移転が発生することになる[23]。

---

(23)　基礎年金拠出金は完全賦課方式となっており，以下のとおり算定される。
　①国年の負担金＝当該年度の基礎年金給付費×（国年の第1号被保険者数／国年の全被保険者数）＝被保険者1人当たりの拠出金単価×国年の第1号被保険者数

140

◇ 第3節 ◇ 国庫補助等

---

②厚年の拠出金額＝当該年度の基礎年金給付費×（当該被用者年金の被保険者数＋被扶
養配偶者数）／国年の全被保険者数＝被保険者1人当たりの拠出金単価×当該被用者
年金の被保険者・被扶養配偶者数

　このうち，基礎年金給付費は拠出金算定対象額，被保険者は拠出金算定対象者
（20〜59歳）に限られる。また，保険料免除期間に係る給付費，20歳前障害の障害基礎
年金の40％相当額は全額国庫負担となり，拠出金の対象外である。

141

◆第7章◆　社会保険給付総論

第7章

社会保険給付総論

● 第1節　給付の態様 ●

1　給付の方式 ●●

　社会保障の給付類型である現物給付，現金給付及び現金給付の現物給付化の類型［第3章第2節1参照］に即して，社会保険立法の各種給付を整理すると，以下のとおりとなる。

① **現 物 給 付**＝サービスの支給
　・医療保険の被保険者本人への療養の給付等

② **現 金 給 付**（金銭給付）＝費用の現金による支給
　・年金
　・医療保険の傷病手当金，出産育児一時金，出産手当金等
　・医療保険の療養費，移送費，高額療養費等
　・介護保険の高額介護サービス費等

③ **現金給付の現物給付化**＝形式上は現金給付だが，法定代理受領により現物給付化
　・医療保険の被扶養者への家族療養費
　・介護保険の居宅介護サービス費，施設介護サービス費等

　このうち現物給付及び現金給付の現物給付化は，専門職等の人手を介した医療，介護等のサービスを伴う場合の社会保険の基本形である。とりわけ，医療の保険の場合には，混合診療の禁止との関係もあり，療養の給付による現物給付が重要な意味を持っている。

　プロフェッショナルフリーダムの観点から，利用者とサービス事業者等との

142

◇ 第 1 節 ◇ 給付の態様

直接契約を重視するなら，むしろ社会保険としては，費用の償還を原則とする現金給付方式もあり得る。我が国では，医療保険の療養費の支給がそれに当たるが，あくまでも例外的・補完的な給付である。

なお，サービスに係る現金給付のみならず，現物給付及び現金給付の現物給付化の場合も含めて，利用者とサービス事業者等との契約関係が別途存在しており，そこに社会保険の法律関係が重畳的に発生することになる。

現金給付は，貨幣の形で行われる給付である。社会的リスクの観点でみると，年金，傷病手当金等のように所得の喪失に係る給付と，療養費等のように支出の増大に係る給付に分けることができる。このうち療養費等を社会保険の一部負担との関係でみると，現物給付方式の場合には，被保険者等は一部負担のみ支払うことになるのに対して，被保険者等が費用の全額を一旦支払った後で事後的に保険給付部分が現金給付として償還されることから償還払い方式ということができる。

現金給付の現物給付化については，具体的な方法として，サービス事業者等が被保険者等に代わり保険者から保険給付費の支払を受ける**法定代理受領方式**が採られている。つまり，保険者が事業等に保険給付費を支払った場合には，被保険者に保険給付費の支給があったものと見做す方法である。非典型担保の類型に代理受領があるが，法定代理受領の場合にも，債権者である事業者等が債権者である利用者に対する報酬債権を利用者（被保険者）が第三債務者である保険者に対して有する給付費の請求権でもって弁済を受ける仕組みと評することができる。

この現金給付の現物化（介護保険の保険給付等）と現物給付（医療保険の療養の給付）の差異は，以下の点を除けば，ほとんどの場合，それが顕在化することがない。

① 医療保険のような療養の給付（現物給付）の場合には，**混合診療**が禁止されるのに対して，現金給付の現物給付化である介護給付の場合には**混合介護**は許容されている。

② 医療保険者が療養の給付を実施するためのサービス提供組織である保険医療機関等の指定が**公法上の双務契約**となるのに対して，介護保険給付の場合には各種サービス費の支給要件適合性（人員・設備・運営基準）を判断することに止まる事業者等の指定は**確認行為**となる[1]。

このうち①については，医療と介護のサービスとしての違いが反映している。

143

◆第7章◆　社会保険給付総論

図7-1　混合診療の禁止及び混合介護のイメージ

① 医療保険の混合診療の禁止

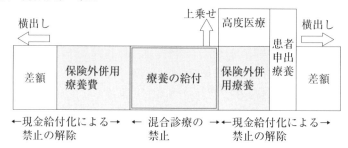

② 介護保険の混合介護（保険給付と保険対象外サービスの組み合わせ）

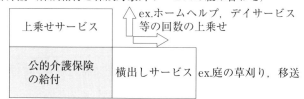

　医療保険については，保険医療機関及び保険医療養担当規則（以下「療担規則」という。）が療養の給付の担当方針として「療養上妥当適切なもの」（2条2項）であることを規定している。しかも，身体に対する侵襲を伴う医療の特質に鑑みるなら，上乗せ・横出しは必ずしも望ましくない。その点で，公的医療保険として過不足のない医療を適切に提供していく上でも，混合診療の禁止には合理性がある［第8章第2節2参照］。これに対して，介護保険の場合にも，「必要な保険給付を行うもの」であるが，その内容及び水準は「自立した日常生活を営む」という制度目的によって画される（介保法2条1・4項）。これは国民の負担により成り立っている公的保険としての制約であって，保険給付を超える内容又は水準のサービスが，国民の保健医療及び福祉の観点から禁じるべきとはいえない。従って，介護保険においては，混合介護を許容する観点から，現金給付でありながら法定代理受領方式を採用していると理解できる（図7-1）[2]。

---

(1)　遠藤浩・神田裕二「介護保険法案の作成をめぐって」法政研究66巻4号（2000年）1802頁

(2)　混合診療とは，保険医として健康保険の診療を開始した者が療養担当規則18条及び

◇ 第 1 節 ◇ 給付の態様

2 権利発生の機序 ●　●　●

　給付に係る受給権の発生機序からみると，以下のとおり，給付に係る処分・決定が前置される場合とそうでない場合がある。

　① 給付支給に当たっての処分・決定が存在…年金，労災保険，雇用保険

　　　　　　　　　　　　　　　　　　　介護保険（要介護・要支援認定）

　② 給付支給に当たっての処分・決定が欠如…医療保険の療養の給付等

　何れの場合であっても，保険関係の下での被保険者，労働者，被扶養者等の地位にあること，すなわち資格要件に該当することが前提となる。その上で，給付に当たって行政庁（保険者）の処分・決定を介在させるか否かは，給付の性格，立法政策等に依存することになる。例えば，現行の医療保険の場合には，保険医療機関との間の個別の診療契約は格別，保険者との関係では，被保険者証等により資格が確認されれば，特段の処分・決定を要せず受給権が発生する。しかしながら，1994 年改正前の健保法の場合には，少なくとも法文上，入院，処置手術，転医等の給付を受けるためには，保険者に予め申請書を提出し，その承認が必要とされていた。また，社会保険ではないが，生活保護の場合には，医療扶助の決定が受診の前提となる。

　また，同じ現物給付であっても，介護保険の場合には，医学的に給付量が画される医療保険と異なり，給付量を事業者・施設等の専門性に委ねることが困難であることからも，要介護・要支援認定及びサービス計画（ケアプラン）を法律上位置付けることが必要となる[3]。この処分・決定の必要性は，老齢・障害・遺族等に係る要件を課す年金，業務起因性等を前提とする労災保険，失業状態等を前提とする雇用保険でも同様である。

　これら社会保険給付に係る処分・決定は，準法律的行政行為のうちの**確認**と解される。従って，契約に基づく民間保険のように，保険事故の発生によって保険給付に関する権利が発生するのとは違い，行政庁による処分・決定を待って権利が確定することになる。とは言え，保険者としては，保険事故の発生等

---

　19 条で禁止された療法等（特殊療法等）を行うこと，すなわち，保険医の当該患者に対する診療（傷病の治癒を目的とする一連の医療行為）に保険診療と保険外診療（自由診療）とを混在させることである。混合診療の禁止が原則であるが，保険外併用療養費である①評価療養，②選定療養及び③患者申出療養は，例外的に禁止が解除される。

(3)　医療保険の場合にも，療担規則により，保険医療機関による療養の給付は，療養妥当適切なものであること（12 条）等が義務付けられている。

145

◆ 第7章 ◆ 社会保険給付総論

は知り得る立場にないため，給付の開始に当たっては，被保険者等からの請求・申請が必要となる。この点では，保険事故の発生等により，申請主義の下で被保険者等は，権利確定のための請求・申請を行う権利を取得することになる。ただし，確認の性格上，給付に関する受給権は，請求・申請の時点ではなく，保険事故の発生等により被保険者等が受給要件に該当した時点に遡及して発生するのが原則である。なお，社会福祉及び生活保護関係の給付の場合は，社会保険と異なり形成権的性格を有すると解されることから，行政処分又は請求・申請の時点以降から権利が発生する。

3 一部負担金等 ● ●

（1）意 義

医療保険及び介護保険のようなサービスを伴う現物給付の場合，当該サービスに要する費用の一部を被保険者等の**一部負担金**として自己負担とすることが規定されている。同様に労災保険においても，事業主の災害補償責任を前提としない通勤災害については，初回の休業給付から療養給付に係る一部負担相当額を控除する形で一部負担金の制度が設けられている。さらに療養費等の現金給付及び現金給付の現物給付化の場合には，一部負担金相当額を控除した金額を給付費として支給するという法律構成を採るが，当該一部負担金相当額が結果的に自己負担となる[4]。

これに対して，年金等の文字通りの現金給付の場合には，サービスに付随する費用は想定し得ないことから，一部負担金は存在しない。ただし，現金給付であっても，仮に所得により給付額が異なったり，所得制限が設けられる制度もあり，当該給付が一定の費用を賄うことを想定している場合には，結果的に一部負担金に近い効果が発生する可能性はある。

これら一部負担等金の設定方法は，大きく①**定額負担又は定率負担**と②**応益負担又は応能負担**に分類することができる。

医療保険及び介護保険の場合は，定率負担が基本となっているが，入院時食事療養費，入院時生活療養費，施設介護サービス費等のように食費・ホテルコスト（居住費，宿泊費）相当額を定額負担で算定し負担を求めるものがある。

---

[4] 例えば介護保険の場合には，給付費の支給の現物給付化という構成をとっており，一般的な被保険者には，給付費の 90/100 を支給することが規定されている。従って，一部負担金は法文上は登場しないが，給付されない 10/100 が結果的に自己負担となる。

◇ 第 1 節 ◇ 給付の態様

また，労災保険の一部負担金も定額負担となっている。定率又は定額以外の負担方法としては，一定の限度額以下の費用を負担させる「足切り負担」が考えられる。これを逆に言えば，一定限度額以上を保険が負担するものであり，民間保険に見られる手法である。

医療保険及び介護保険の負担は，サービス量に応じた応益負担が基本となってきたが，高額療養費・サービス費の上限額については応能負担の要素が加味されている。また，介護保険の食費・居住費に係る負担を所得に応じて軽減するための補足給付があるが，これも応能負担といえる。

このような多様な一部負担金等は，その制度目的を考える上でも重要となる。典型的な定率又は定額による応益負担であれば，サービスの受益性に着目した負担という性格が強くなろう。ところが，一部負担金等に応能負担又は応能負担の要素が入ってくると，保険料負担が応能負担である場合には，保険料負担が重い者ほど給付が少なくなる。これは，高額所得層の保険利益を減少させるほか，法的には負担と給付の牽連性を弱め，保険料の性格を租税に近付けることになる。

いずれにせよ，一部負担金等の徴収の制度目的は，法律上規定されていない。最大公約数的にいえば，
① サービス利用者と非利用者の公平性の確保
② 給付費の抑制による保険料の軽減
③ サービスの利用抑制・浪費防止（コスト意識の涵養によるサービスの適正利用）
④ 保険料，公費等の財源の制約
等が一部負担金等の目的として挙げられる[5]。

（2）支 払 方 法

一部負担金等の支払方法としては，①**窓口払い**と②**保険者徴収**が考えられるが，①の窓口払いが原則となっている。

---

(5) 一部負担の意義は，時代，制度，論者によって異なっている。例えば，国民健康保険中央会『国民健康保険法の解釈と運用』（国民健康保険中央会，2000年）では，「一部負担金とは，一般に濫受診を防止し，保険財政に対する負担を軽減するため，療養の給付の一部を受給者に負担させる制度として，医療保険各制度において採用されている。」と述べられている。

◆ 第7章 ◆ 社会保険給付総論

この一部負担金等の法的性格としては，利用者（被保険者等）とサービス提供を行う事業者等との間にサービス提供に関する準委任契約（医療であれば，診療契約）が成立していることも踏まえれば，事業者等と利用者との間の報酬に関する債権債務と解される[6]。仮りに，報酬の減額査定等により，一部負担金に係る過払金が生じた場合には，不当利得として返還請求を求めることができると解する（民法703条）。なお，医療保険の場合には，その歴史的にみると，保険者が一部負担金を徴収する保険者徴収を採用されていた時代もあるが，保険医療機関等による徴収が原則となった現在でも，保険医療機関等が一部負担金を徴収できない場合の例外として保険者徴収が存在する[7]。

（3）減　免

一部負担金については，医療保険の場合，加入者はこれを支払う義務があり（健保法74条1項等），医療機関等もこれを受領する義務がある（健保法74条2項等）ことから，医療機関等が減免を行うことは認められていない。また，一部負担金が高額の場合には，高額療養費が適用されることからも，原則として一部負担金は減免すべきではなかろう。しかしながら，現実には，一部負担金

---

[6] 厚労省の「医療機関の未収金問題に関する検討会報告書」（2008年7月）では，「厚生労働省の解釈は，窓口払いにおける関係は，国保法第42条第1項の規定に基づいて，法律上の原因による保険医療機関等と被保険者との間の債権債務関係と解すべきであり，また同法第42条第2項の規定により，『善良な管理者と同一の注意』義務を果たした保険医療機関等の請求に基づく保険者の処分関係も，債権債務関係の当事者としての保険者ではないとしている。したがって，当事者である保険医療機関等にも公法上の責任ないし義務を遂行すべきであるとしているが，反面保険者としても最大限可能なことをしてもらうことが必要であると考えられることから，これを制度化したのが保険医療機関等の請求に基づく保険者の強制徴収制度である。」としている。

[7] 歴史的には，当初の国保法（1938年）においては，一部負担金の徴収方法等は組合に委ねられていたが，1948年改正後の国保法では，市町村公営原則の下で，保険者である市町村は自ら一部負担金を徴収するよう義務付けた。しかし，実際には保険者と医療機関との交渉により窓口払いが増大し，1951年改正により，窓口払いと保険者徴収の両方が可能となった。その後，1958年の改正により，他の医療保険各法と同じ窓口払いに統一された。ただし，医療機関が善良なる管理者と同一の注意をもって支払の受領に努めたにもかかわらず，一部負担金の支払いを受けることができない場合には，保険者に徴収を請求できることになった。健保法の場合には，もともと窓口払い一本であったが，1980年改正により未収金に関して保険者徴収規定が挿入された。後期高齢者医療についても，保険者徴収規定がある（67条）が，介護保険には保険者徴収に相当する規定はない。

◇ 第1節 ◇ 給付の態様

の支払いに支障を来す事態が発生することから，**減免制度**（保険者減免）が法定
されている。

例えば，健保法（75-2条），国保法（44条）及び後期高齢者医療制度（69条）
の場合には，一部負担金を支払うことが困難であると保険者が認める者に対し
て減免することが可能である。

これに対して，介護保険の場合には，様相を異にする。まず，食費・居住費
に関する補足給付はあるものの，一部負担金自体の減免に関する規定はない。
ただし，高額介護サービス費等が存在しており，それにより負担が緩和される。
また，社会福祉法人等による生活困窮者に対する介護保険サービスに係る利用
者負担軽減制度が実施されている。

4 スライド制度 ● ● ● ●

生存権保障としての社会保障においては，年金制度が典型であるが，国民の
生活水準や賃金水準との関係で給付の実質価値を維持するための仕組みとして，
一定の指標で自動的に給付水準が改定される**スライド**（自動スライド）制が導
入されているものがある。そうでない場合には，**政策改定**という形で法改正等
により給付の実質価値が維持されることになる。短期保険にも傷病手当金等の
現金給付が存在するが，給付開始時点の標準報酬，給付基礎日額等を通じて賃
金水準が給付額に反映することになる。

スライド制は，大きく①物価の変動に応じて改定が行われる**物価スライド**と
②賃金の変動に応じて改定が行われる**賃金スライド**に分けることができる。さ
らに，賃金スライドの中には，**名目賃金スライド**と税金・社会保険料を控除し
た賃金で改定を行う**実質賃金スライド**（可処分所得スライド）がある。制度目
的としては，物価スライドが給付の価値の維持にあるのに対して，賃金スライ
ドは生活水準の向上の反映にある。

年金を例にとると，物価スライド及び賃金スライドに加え2004年の制度改
正により，保険料水準固定方式の下での給付水準の調整方式として「**マクロ経
済スライド**」が導入された。年金額の計算に当たっては，物価スライド及び賃
金スライドにマクロ経済スライドに係る調整率が一定年度まで乗ぜられる。す
なわち，新規裁定者の場合には名目手取賃金変動率が，既裁定者の場合には物
価変動率を基準に毎年度の年金額の改定が行われる[8]。

労災保険の場合にも年金があることから，賃金水準の変動を反映させるため

149

◆第7章◆　社会保険給付総論

のスライド制が導入されている。具体的には，被災日の賃金を基に算定される給付基礎日額に給付日数を乗じて計算される年金額のうち，この給付基礎日額に年金スライド率が乗じられることになる。

　このスライド制は，年金の財政方式（積立方式又は賦課方式）にも関わる。仮に積立方式をとった場合には，想定を超えるような賃金，物価等の経済変動があれば，事前の積立をすることはできず，現役被保険者又は事業主に別途の追加負担等を求めない限り対応ができない。これに対して，賦課方式であれば，経済変動があった場合には，その時点の現役被保険者の保険料で対応することが可能である。このため，スライド制は賦課方式と親和的であり，財政方式が長い期間の間に賦課方式化する背景にもなる。

　なお，1973年に年金のスライド制が導入される前は，財政再計算の際の年金額の改定において，賃金のみならず物価も含めて政策的に決定されていた。この点に鑑みると，憲法25条との関係でスライド制は望ましいとしても，政策改定により適時適切に給付水準の見直しを行うことも可能であり，スライド制の導入の有無は立法政策の問題といえる[9]。

第2節　受給権の構造

1　概　観

　社会保険の適用徴収から給付までの権利義務の機序をみると，①事業（所）単位，②世帯単位，③個人単位で発生する。連帯との関係では，個人のほかに職域連帯又は家族連帯がその権利義務に影響することになる。特に決定的なの

---

(8)　1973年にスライド制度が導入されて以来，5年に1度行われる財政再計算時に年金額の計算の基礎となる標準報酬をその間の賃金上昇に見合ったものに再評価し，裁定時及び財政再計算時には再評価後の標準報酬で年金額の計算を行う形で賃金スライドが実施されるほか，毎年の年金額について，消費者物価の変動に応じて改定する形で物価スライドが実施されてきた。

(9)　厚年の中でも一時金である障害手当が年金たる給付と異なり自動物価スライドの対象となっていないことから，これが年金たる給付との関係で，憲法14条違反（適用違憲）に当たるかどうかが問題となった訴訟があるが，最高裁は違法でも違憲でもないとして，上告を棄却した判例（最二小判昭和61年2月14日）が堀勝洋「社会保障法判例」『季刊社会保障研究』22巻2号186頁により紹介されている。

150

◇ 第 2 節 ◇ 受給権の構造

は，適用・徴収の単位としての事業（所）及びそれとの関係での事業主の存在である。職域保険においても，給付の側面では，事業（所）及び事業主が権利義務の主体として登場することは基本的にないが，適用徴収は事業（所）及び事業主を中心に保険関係が展開することになる。これに対して，地域保険等では事業（所）又は事業主が介在することは想定できず，権利義務関係は，世帯又は個人との関係で展開することになる。

　また，負担と給付の牽連性と言いながらも，拠出者が常に受給者になるわけではない。さらに，拠出金制度も存在することから，受益性と牽連性が常に一致するわけではない。この結果，社会保険の受給権を巡っては，制度ごとに多様な法律関係が発生することになる[10]。

2　各社会保険制度の構造 ● ● ●

　社会保険の適用・徴収から給付までの一連の過程を**個人単位**で設計するか，**世帯単位**で設計するかの選択の問題がある。しかも，社会保険は，負担と給付の牽連性の関係から，「負担なければ給付なし」に象徴されるように，個人又は世帯を制度上位置付けることにより，某かの権利義務関係が発生する。その点では，制度の設計単位は，政策選択にとどまらず法的な問題ということになる。現実の制度は，以下のように複雑な様相を呈する（図7-2）。

（1）医療保険

　国保は，世帯構成員を被保険者とし，当該構成員が給付の受給権者かつ受益者である．その点では，個人単位の色彩が強いが，保険料（応益割）の平等割及び世帯主の保険料納付義務の存在は，世帯単位が前面に出ている。同じく地域保険である後期高齢者医療制度は，後期高齢者本人を被保険者とし，給付の受給権者かつ受益者である。その点では，国保と同様に個人単位であるが，世帯主・配偶者が連帯納付義務者となる限りでは世帯単位の色彩も帯びる。

　これに対して，被用者保険の場合，保険料の納付義務は事業主にあるが，労使折半の折半分の負担が帰着するのは被用者本人にとどまり，被扶養者は「家族療養費」の受益者であるが，受給権者は被保険者となっている。この点から，

---

　(10)　詳細は，拙稿「社会保障とワークライフバランスの交錯：社会保障法政策の観点から」『東洋大学社会福祉研究』No. 10（2017年7月）19-26頁

◆第7章◆ 社会保険給付総論

図7-2 社会保険の権利義務と受益

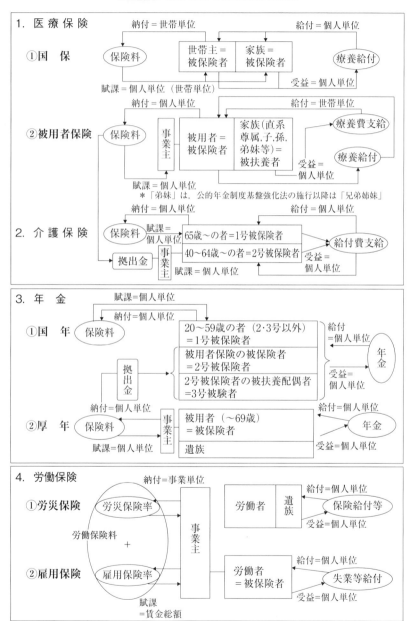

◇ 第 2 節 ◇ 受給権の構造

> 5. 子ども・子育て支援法
> ・年金特別会(子ども子育て勘定)への事業主拠出
> ⇒両立支援事業への投入

(出典) 拙稿「社会保障とワークライフバランスの交錯：社会保障法政策の観点から」『東洋大学社会福祉研究』No. 10 (2017 年 7 月) 19-26 頁を加筆修正

被用者保険は世帯単位とも捉えられる，権利義務の当事者は被保険者であり，その限りでは個人単位である。

さらに，後期高齢者医療制度への拠出金の負担は，医療保険各制度の被保険者にも帰着するが，給付の受給権者ではないことから，受益性が希薄化する。さらに，拠出金の算定上被扶養者も加入者に算入されることから，世帯単位の色彩を帯びるが，負担者は被保険者に限定される点では，個人単位である。

(2) 介 護 保 険

地域保険である介護保険において，第 1 号被保険者は，適用・賦課徴収・給付等の各場面で権利義務の主体であり，基本的に個人単位の制度である。ただし，世帯主・配偶者も，保険料の連帯納付義務を負う点では，世帯単位の色彩も帯びる。

これに対して，第 2 号被保険者の場合にも，受益者かつ受給権者になり得ることから，給付面では個人単位であるが，負担面の保険料は，各医療保険者が徴収して介護納付金として拠出することから，各医療保険制度が負担の性格付けに反映することになる。すなわち，国保であれば世帯単位であり，被用者保険であれば個人単位となる。

(3) 年 金

国年の基礎年金は，第 1 号から第 3 号被保険者に分類され，各制度からの基礎年金拠出金によって賄われる。このうち第 1 号被保険者の保険料は，個人単位であるが，世帯主・配偶者が連帯納付義務者となっており，さらに扶養親族数が保険料免除基準に反映されることから世帯単位の色彩を帯びる。

これに対して，厚年の場合には，給付に関して被用者本人（第 2 号被保険者）のみならず被扶養配偶者（第 3 号被保険者）も受益者かつ受給権者に位置付けられているが，拠出の義務主体は第 2 号被保険者のみである。その点では，拠出と給付との牽連性が遮断されており，健保等の被扶養者が権利主体性を欠いて

153

◆ 第7章 ◆ 社会保険給付総論

いることと比較すると，第3号被保険者の給付面の権利性は強いことになる。

（4）労働保険

適用事業の事業主との間で保険関係が成立する労働保険においては，全額事業主拠出の労災保険のみならず，労使折半の雇用保険も含め不可分一体的に捉える点に特徴があり，適用・賦課・徴収の権利義務は，事業主との間で発生する。その上で，雇用保険の被保険者は，保険料の半分を負担することになる。従って，負担と給付の牽連性という点で雇用保険は被保険者にも牽連性を認めることができるのに対して，労災保険の場合には，労働者に着目した牽連性を認めるのは困難である。なお，計算上は労災保険率と雇用保険率が存在するが，保険料としては，賃金総額に賦課される労働保険料のみである。

賦課及び納付の単位の観点からは，個々の労働者に着目するのではなく，賃金総額で賦課され，事業単位で納付されると捉えられる。これに対して，給付面では，個人単位で受給権及び受益が発生することになる。

（5）小 括

社会保険の負担面の権利義務関係と給付面の権利義務関係は，常に一致するとは限らず，更にそこに拠出金制度，世帯等が絡むことから，権利義務の主体と受益者が更に乖離することが起きる。

① 国年（第1号被保険者）及び地域保険（国保，後期高齢者医療及び介護保険の第1号被保険者）は，個人単位で設計されており，基本的に権利義務関係と受益が一致する。ただし，保険料徴収に関しては，国保の世帯主，国年，後期高齢者医療及び介護保険の連帯納付義務者が存在しており，世帯概念が一部混じる。

② 労働保険以外の被用者保険は，被用者が権利義務の主体になることが基本である。ただし，医療保険の被扶養者の場合には，受給権者と受益者が乖離し，国年の第3号被保険者の場合には，権利義務関係が負担面と給付面で乖離することになる。見方を変えれば，被扶養者及び第3号被保険者においては，負担面の個人単位が貫徹せず，給付面に世帯単位の考え方が存在していることになる。

③ 労働保険の場合には，給付面は個人単位であるが，負担面は事業単位又は賃金総額単位とも言うべき制度となっている。

◇ 第3節 ◇ 受給権の保護

④ 介護保険及び後期高齢者医療のように拠出金制度が絡む場合には，権利義務の主体と受益者の受益性が問題となる。介護保険の場合には，第2号被保険者は受給権者となる可能性があり，直接的な受益性が発生する。これに対して，後期高齢者医療の場合には，若年者は受給権者となる余地はなく，受益性が弱まることになる。

第3節　受給権の保護

1　受給権保護の必要性

社会保険の給付請求権としての受給権は，生存権保障の一環としての権利であることから，一般の金銭債権と異なる特別の保護が加えられている。つまり，譲渡・担保・差押の禁止，公租公課の禁止等である。

その一方，社会保障の生存権保障的性格から，社会保険給付を財産権的に捉えることは困難である。一般に社会保障給付は，一身専属的な権利（民法896条1項但書）と解されており，相続の対象外である。仮に受給権者が死亡すれば，受給権が消滅するのが原則である。ただし，既に発生した権利で未支給となっている給付は，配偶者，子等の遺族に支給される。これは，社会保険各法に基づき配偶者等の遺族に支給されるものであって，相続ではない。

2　譲渡・担保・差押の禁止

社会保障給付は，原則として**譲渡・担保・差押禁止**であり，その受給権を譲渡し，担保に供し，差し押さえることはできない（国年法24条，健保法61条，労災保険法12-5条2項，雇保法11条等）。ただし，以下の例外がある。

① 医療福祉機構等による**年金担保融資**（国年法24条，厚年法41条1項，労災保険法12-5条2項等）

② 国税滞納処分（その例によるものも含む。）による老齢年金等の**差押**（国年法24条，厚年法41条1項等）

③ 国保及び介護保険の保険料滞納者についての未納保険料と一時差止に係る現金給付との**相殺**（国保法63-2条3項，介保法67条3項）

このうち年金担保（上記①）については，民法（343条）上の原則によれば，質権は譲渡することができない物をもって目的物とすることができない。この

155

◆第7章◆　社会保険給付総論

図7-3　保険料との相殺の概念

図7-4　保険料滞納者に係る相殺の手続き

＊災害，失業等の特別の事情とがあるときは，償還払化，一時差止は行わない。

ため，年金担保融資のための手法としては，①年金の受領委任契約又は②委任契約の解除権放棄の特約により，実質的に質権設定と同一の効果を得る方法が考えられる。しかし，②は年金の譲渡差押禁止規定に対する脱法行為であることから無効となる[11]。実際に（独法）福祉医療機構が行う年金担保の場合には，①金銭消費貸借契約及び②担保権設定契約（年金証書預かり）が不可分一体的に実施され，年金から貸付債権を控除することにより回収する仕組みである。

次に未納保険料（自働債権）と現金給付（受働債権）との相殺（上記③）は，民法（510条）の差押禁止債権を受働債権とする相殺の禁止に対する特例といえる（図7-3）。すなわち，扶養的性格を有する社会保障給付の場合には，それが確実に受給権者に渡る必要性が高いことから差押禁止となっており，相殺によって差押と同じ状態が発生することを民法上も防止している[12]。保険料

---

(11)　恩給担保に関する最一小判昭和30年10月27日民集9巻11号1720頁は，以下のように判示し，債権者が債務者から交付を受けた恩給証書及び恩給受領の委任状を任意に債務者に返還しても，そもそも恩給担保が無効であることから，担保が一旦成立したことを前提とする民法504条（担保の喪失・減少）の保証債務免責の抗弁を排除している。「恩給受領の委任と受領する恩給金による債務の弁済充当についての合意はもとより有効ではあるが，その受領委任の解除権の放棄を特約することは恩給法一一条に対する脱法行為として無効たること勿論であって，債務者は何時でも恩給受領の委任を解除し恩給証書の返還を請求し得るのであるから，…民法五〇四条にいわゆる『担保ヲ喪失又ハ減少シタル』場合に該当しないことは明白である。」

◇ 第 3 節 ◇ 受給権の保護

との相殺は，その例外となることから，まずは督促，給付の償還払化等の手続きを踏んだ上で実施されることになっている（図 7 - 4）。

　これに対して，一般の貸付債権と年金との相殺について，年金が預金口座に振り込まれた場合には，既に年金受給権が預金債権に転換していることから解釈上の疑義が生じる[13]この点，年金と貸付債権との相殺が問題となった事案について，相殺を認める最高裁の判例（最三小判平成 10 年 2 月 10 日金融法務 1535 号 64 頁）がある。その判断の基礎となる 1 審の判決（釧路地裁北見支部判決平成 8 年 7 月 19 日金融法務 1470 号 41 頁）が掲げる理由は，以下のとおりである。

① 年金等が指定預金口座に振り込まれることによって年金等の受給権は消滅し，同時に預金口座に預金が形成され，口座開設者たる年金等受給者は年金取扱金融機関に対して預貯金の払戻請求権を有することになることから，受働債権は年金等の受給権そのものではなく，それらが転化したところの預金債権とみるべきであって，これらを相殺に供することが直ちに差押等禁止規定に違反することにはならない，

② 一般的には預金口座には差押等の禁止債権について振込以外の振込や預入も存在するのであって，年金等は預金口座に振込まれると受給者の一般財産に混入し，年金等としては識別できなくなるといわざるを得ず，差押を禁止することとなると取引秩序に大きな混乱を招く結果となるというべきであることから，差押禁止債権の振込によって生じた預金債権は，原則として，差押禁止債権としての属性を承継しないと解するのが相当である。

3　一身専属性　●●●○

　社会保障関係の給付は，一般に**一身専属的**な権利と理解されている。確かに社会保険給付の受給権の場合には，処分・決定に関する訴訟が行政訴訟（抗告

---

(12)　民法（510 条）が規定する差押禁止債権を受働債権とする相殺の禁止の趣旨は，差押禁止によってその債権者を保護する目的を徹底させようとする趣旨であるとされる（我妻栄『新訂債権総論』（岩波書店，1964 年）331 頁）。

(13)　相殺は，銀行取引において，相殺適状にある預金（受働債権）と貸付債権（自働債権）とを対等額で帳消しにする形（期限の利益喪失通知→相殺通知）で行われ，この場合には，預金が貸付の担保的機能を果たす。廃止前の全銀協の銀行取引約定書（1962 年，改定 1977）は，銀行側及び債務者による相殺条項を差引計算として雛形に規定していた。

◆ 第7章 ◆　社会保険給付総論

訴訟等）の形式をとることに象徴されるように，それは公法上の権利である。また，譲渡・担保・差押が禁止されていることから，給付が受給権者に帰属すべきとの考え方に立った一身専属的な権利であって，相続の対象とならない。

　この一身専属性から，受給権者が死亡した場合には，当該受給権は消滅することになる。ただし，年金等の保険給付の場合には，未支給給付があれば，遺族が死亡者に支給すべき未支給給付（支分権）を請求することができる（国年法19条，厚年法37条，労災法11条，雇保法10-3条等）。なお，健保法の場合には，共済組合（国共法44条，地共法47条等）の場合と異なり，未支給給付に関する規定はないが，未支給の傷病手当金は法定相続人に支給される運用となっている(14)。

　この健保法の運用からすれば，未支給給付は相続財産と解する余地があるが，最高裁は，未支給給付の請求権に関連して，

　① 当該請求権は相続とは別の立場から，一定の遺族に対して，未支給年金の支給を認めたものであり，相続の対象とはならない，

　② 遺族は当該請求権を承継的に取得するが，その権利を行使するためには，社会保険庁長官に対する請求をし，その支給決定を受けることが必要であると判示している(15)。

---

(14)　『健康保険法の解釈と運用平成29年度版』（法研，2017年）765頁

(15)　旧国年法の障害福祉年金を受給していたために，併給調整規定により停止されていた老齢年金の受給資格を有する者が未支給年金の支払いを国に求める訴えを起こしたものの，訴訟継続中に死亡したために，その遺族が訴訟承継を主張するとともに，訴訟への参加申立てを行った事案に木村訴訟がある。最高裁（最三小判平成7年11月7日民集49巻9号2829頁）は，未支給年金の受給権者が訴訟の継続中に死亡した場合には，訴訟は当然終了し，遺族が当然承継するものでないと判示している。その判旨の中では，未支給年金支給の規定（国年法19条1項）は，「相続とは別の立場から一定の遺族に対して未支給の年金給付の支給を認めたものであり，死亡した受給権者が有していた右年金給付に係る請求権が同条の規定を離れて別途相続の対象となるものではないことは明らかである。また，同条1項所定の遺族は，死亡した受給権者が有していた請求権を同項の規定に基づき承継的に取得するものと理解することができるが，…自己が所定の遺族に当たるとしてその権利を行使するためには，社会保険庁長官に対する請求をし，同長官の支給の決定を受けることが必要であると解するのが相当である」と述べられている。

◇ 第4節 ◇ 権利の制限・消滅

図7-5 公的年金等の課税の仕組み

	（拠出時）		（給付時）
（老齢年金等）	事業主：損金算入 本人：社会保険料控除（全額）	⇒	雑所得（公的年金等控除）として総合課税
（退職金）	退職給与引当金として 損金算入	⇒	退職所得として分離課税
（老齢年金等以外）	事業主：損金算入 本人：社会保険料控除（全額）	⇒	×

4 租税その他公租公課の禁止 ● ● ●

社会保障給付は生存権保障を目的としており，かつ，租税を財源とするものも多いことから，給付の実効性を減殺する（税金に税金をかけることになる）公租公課を賦課しない制度も多い。

社会保険の場合には，拠出時に保険料が損金算入又は社会保険料控除により非課税となるのであれば，給付時に課税するのが税の考え方と整合的である。しかし，賃金の後払い的性格がみられる老齢年金，退職年金等を除き，**公租公課禁止**の考え方から非課税となっている給付の方が多い（国年法25条，厚年法41条2項，健保法62条，国保法68条，労災法12-6条，雇保法12条等）。また，課税対象の老齢年金等の場合にも，税制上，年金所得は，公的年金等控除額を控除した上で，雑所得として課税されることになっている（図7-5）。

● ● ● 第4節 権利の制限・消滅 ● ● ●

1 保険給付の制限 ● ● ●

保険給付に関して，法が規定する支給事由に該当する場合であっても，例外的に給付が行われないのが**保険給付の制限**である。国民の生存権に関わる社会保険は，一旦受給権が発生した以上，恣意的に給付を制限することは許されない。むしろ，受給権の譲渡・担保提供・差押の禁止や租税その他の公課の禁止を規定していることからしても，受給権は保護されるべきである。しかし，被保険者等の保険料等により賄われ，本人の責めに帰すことができない偶発的な保険事故に着目して行われる給付であることから，制度の趣旨を歪めてまで給

159

◆ 第7章 ◆ 社会保険給付総論

付すべきことにはならない。このため，給付の全部又は一部を支給しなという意味で保険給付の制限が設けられている。

この給付制限の類型には，以下のようなものがある[16]。

① 保険事故を発生させた被保険者の態様に関するもので，保険事故が被保険者の違法又は不当な行為に基づいて生じたことによる給付制限（例えば，犯罪行為，重過失，喧嘩・決闘等の不行跡等）

② 保険給付を行うことが，事実上困難であるか，又は他の法令との関係から給付が重複するような場合の給付制限（例えば，監獄，労役場等への拘禁等）

③ 保険給付を受けるについて，被保険者の不正行為があり，その他，適正な保険給付を行うことを妨げるような態様が存在する場合の給付制限（例えば，文書提出等の指示義務違反等）

給付制限には，保険者の裁量の余地の全くない**絶対的給付制限**と，制限するかどうか保険者の裁量の余地のある**相対的給付制限**がある。

なお，国保及び介護保険においては，保険料の未納を防止する観点から，滞納者に対する給付の全部又は一部の差止めが，滞納者への給付と未納保険料との相殺の前段階として設けられている。また，期間比例の考え方に立つ年金の場合には，保険料の未納期間は年金額に反映されないことから，給付制限ではないものの受給権が縮減する限りにおいて類似の効果が発生する。

2 消滅時効 ● ●

（1）消滅時効の意義

権利の消滅という点では，受給権者の死亡，受給要件の消滅等があるが，それ以外の事由としては，**消滅時効**が重要である。一般に時効とは，一定の事実上の状態がある法定の期間継続した場合に，真実の法律関係にかかわらず，権利の取得又は消滅の効果を生じさせる制度である[17]。その趣旨は，法律関係の安定を図ることにあり，「取得時効」（権利の取得）と「消滅時効」（権利の消滅）とがあるが，社会保険立法では，消滅時効のみが規定されている[18]。さ

---

(16) 法務省訟務局内社会保険関係訴訟事務研究会編『社会保険関係訴訟の実務』三協法規

(17) 角田禮次郎他『法令用語辞典〈第10次改訂版〉』（学陽書房，2016年）346頁

(18) 最二小判昭和49年12月20日民集28巻10号2072頁は，準禁治産者（権利者）が

◇ 第4節 ◇ 権利の制限・消滅

図7-6 消滅時効の類型

類　型			時効期間
給付	年金		① 基本権（裁定前）　　5年（国年法102条，厚年法92条） 　　　　　　　　　　　　　＊国年の死亡一時金は2年 　　　　　　（裁定後）　　なし ② 支分権　　　　　　　5年 　　＊2007年の年金時効特例法により，現在，会計法30条ではなく，国年法102条，厚年法92条が適用
	医療	現物給付	適用なし
		現金給付	2年（健保法193条，国保法110条，高確法160条）
	介護	現物給付	適用なし
		現金給付	2年（介保法200条）
	労災	現物給付	適用なし
		現金給付	① 短期（療養補償給付，休業補償給付等） 　　2年（労災法42条） ② 長期（障害補償給付，遺族補償給付等） 　　5年（労災法42条）
	雇用		2年（雇保法74条）
保険料 （延滞金，徴収金，拠出金等を含む。）			2年（健保法193条，国保法110条，徴収法41条） ＊国保税は5年（地税法18条）

（注）厚年法においては，1948～1954年にかけて受給権に関する消滅時効が規定されていなかった時期があり，裁定行為がなくとも時効消滅しないと解されていた。

らに，大量で定型的な事務を迅速・確実に処理する必要のある社会保険におい

――――――――――――――
保佐人の同意を得られないため訴を提起できない場合でも，その権利についての消滅時効の進行は妨げられないとして，以下のように判示している。「消滅時効は，権利者において権利を行使することができる時から進行するのであるが，消滅時効の制度の趣旨が，一定期間継続した権利不行使の状態という客観的な事実に基づいて権利を消滅させ，もつて法律関係の安定を図るにあることに鑑みると，右の権利を行使することができるとは，権利を行使し得る期限の未到来とか，条件の未成就のような権利行使についての法律上の障碍がない状態をさすものと解すべきである。」

◆ 第 7 章 ◆ 社会保険給付総論

ては，一定の債務につき普通より短い消滅時効を定める場合がある[19]。

　ところで，社会保険の給付は現金給付と現物給付に分かれるが，金銭債権ではない現物給付はその性格上時効の問題は発生しない。従って，医療保険，介護保険等において，消滅時効の関係で「保険給付を受ける権利」と規定してあっても，その対象は償還払いによる現金給付を意味すると解される。また，健保の家族療養費等及び介護の現物給付は，現金給付が現物給付化されており，現物給付とみなされることから，消滅時効の問題は生じない。

　このほか，社会保険立法に規定がない場合には，性質上適用すべきでないものを除き，民法の規定が適用されることになる。例えば，医療保険や介護保険の診療報酬・介護報酬の場合，民間の病院，事業者等からの当該報酬の請求権は，一般の民事債権と解されることから，一般法である民法の消滅時効が適用される。これに対して，公立であれば地方自治法（236条等で5年），国立であれば会計法（30条で5年）の消滅時効が適用されるとも解する余地がある。しかし，この点に関して，最高裁は，公立病院における診療債権の消滅時効期間について，民法（改正前の170条1号により3年）を適用すべきであるとの立場である[20]。また，被保険者等が保険医療機関，介護サービス事業者・施設等に支払う一部負担金に関する消滅時効についても，診療行為に起因する債権であることに変わりはなく，公法上の債権とは考えにくいことから，診療報酬と同様に民法の規定が適用されると解される[21]。

（19）　改正民法（166条）では，権利を行使することができることを知った時から5年間，権利を行使することができる時から10年間の何れか早い方で債権は時効消滅する。また，権利を行使できるときから20年経過した場合も，債権は時効消滅する。

（20）　最二小判平成17年11月21日民集59巻9号2611頁は，「公立病院において行われる診療は，私立病院において行われる診療と本質的な差異はなく，その診療に関する法律関係は本質上私法関係というべきであるから，公立病院の診療に関する消滅時効期間は，地方自治法236条1項所定の5年ではなく，民法170条1号により3年と解すべきである。」と判示している。

（21）　西村健一郎『社会保障法』（有斐閣，2003年）75頁：岡山地判昭和45年3月18日判時613号42頁（国立療養所が徴収する生活保護（医療扶助）の一部負担金に関する事案であるが，国立であっても一部負担金は公法上の債権債務関係ではなく，民法の債権に関する消滅時効の規定の適用を認めるべきと判示している。）

◇ 第4節 ◇ 権利の制限・消滅

図7-7 年金時効特例法の適用例

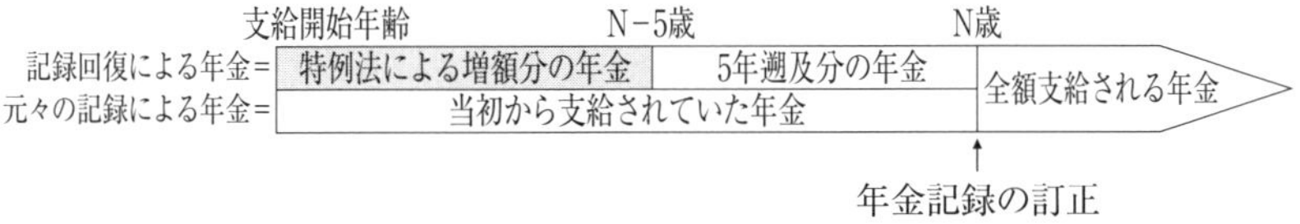

```
              支給開始年齢        N-5歳            N歳
記録回復による年金＝┌─────────┬─────────┬─────────┐
              │特例法による増額分の年金│5年遡及分の年金│         ┐
元々の記録による年金＝│    当初から支給されていた年金    │全額支給される年金 ├─→
              └─────────────────────┴─────────┘
                                    ↑
                                年金記録の訂正
```

（2）消滅時効の適用

　時効については，債務者はあらかじめでなければ，**時効の利益**を放棄できるのが原則である（民法146条）。しかし，公法上の債権である国又は地方公共団体の金銭債権については，その利益の放棄が禁止されている（会計法31条，自治法236条2項）。

　公法上の債権の特殊性は，時効の援用にも表れる。時効の権利は，一般に援用を必要とする（民法145条）が，公法上の金銭債権の場合には，別段の規定がないときは，時効の援用は不要である（会計法31条，自治法236条2項，地税法18条）。このため，政府又は地方公共団体が保険者の場合には，公法上の債権として会計法，地方自治法又は地方税法が適用され，保険給付の受給権（基本権及び支分権）及び保険料については，援用を要せず時効が完成すると解される。これに対して，保険者が公法人の場合には，民法の規定が適用され，時効完成のためには援用が必要であるほか，時効の利益も放棄が可能であると解される。

　年金の時効については，**基本権**と**支分権**とを分けて考える必要がある。すなわち，従前から行政解釈では，基本権は5年の時効に服するものの，時効の利益の放棄が可能であるとして，行政措置により時効の適用を宥恕してきた。これに対して，個々の金銭の支払いに関する支分権は，「金銭の給付を目的とする」「国に対する権利」に該当するとして，会計法30条が適用されてきた。その結果，同法31条の規定に基づき，支分権は権利の絶対的消滅に服するものとされてきた。このため，時効の利益の放棄が可能な基本権について，遡及裁定により当初から権利（基本権）が発生するよう措置したとしても，支分権は5年しか遡及することができなかった[22]。

────────────────

[22]　消滅時効には遡及効がある（民法144条）ことから，基本権が時効消滅するならば，遡及の結果として支分権も発生しないはずである。逆に時効を放棄した場合には，遡及裁定により基本権が発生し，支分権も遡及裁定時点から時効が進行するとも考えられる。

163

◆ 第 7 章 ◆ 社会保険給付総論

　そこで，年金記録問題を契機とする**年金時効特例法**（厚生年金保険の保険給
付及び国民年金の給付に係る時効の特例等に関する法律，2007 年施行）では，これ
を改め，支分権についても年金各法の時効規定が適用されることになった。具
体的には，基本権と解されてきた「年金給付」（国年 102 条）又は「保険給付」
（厚年 92 条）を「受ける権利」に支分権が含まれることが明確になるよう，括
弧書きで「当該権利に基づき支払い期月ごとに又は一時金として支払うものと
される給付」（国年の場合）又は「当該権利に基づき支払い期月ごとに又は一時
金として支払うものとされる保険給付」（厚年の場合）の支給を受ける権利」が
追加されることになった[23]。なお，年金受給権者が死亡している場合，時効
消滅分の年金は，その遺族（配偶者，子，父母，孫，祖父母，兄弟姉妹）に支給
される。

　保険料については，2 年という**短期消滅時効**が設けられている。期間比例の
年金の場合には，2 年の時効は，納付期限から 2 年を経過すると保険料の徴収
権が消滅することだけではなく，保険料を納められず，その分だけ年金が縮減
することを意味する。

　例えば，厚年であれば，保険料債権が時効により消滅したときには，当該期
間に基づく保険給付は行われないことになっている（厚年法 75 条）。また，保
険料債権が時効消滅した期間については，基礎年金の保険料納付済期間にも算
入されないことになっている（国年法附則 7-22 条等）。ただし，資格取得届出
又は資格取得確認請求があった場合には，それ以降の期間については，当該期
間分の保険料が時効により消滅しても給付の基礎となり（厚年法 75 条但書），

　　1996 年 11 月 29 日の社会保険審査会の裁決は，「5 年前の時期までの支分権につき年金
　　を支払わないとしたのは，特別の法律の規程に基づかない行政措置であ」り，このよう
　　な措置は，基本権に時効を適用するのはあまりに酷であるが，「さればといって，長期
　　間が経過した支分権についてまで無条件に支払を認めるのは適当でない」ことから，こ
　　のような行政措置は妥当との判断を示している（加茂紀久男『裁決例による社会保険
　　法』（民事法研究会，2007 年）70-71 頁）。最三小判平成 29 年 10 月 17 日判時 2360 号 3
　　頁は，「支分権の消滅時効は，当該障害年金に係る裁定を受ける前であっても，厚生年
　　金保険法三六条所定の支払期が到来した時から進行する」と判示している。

（23）　民法改正に伴い，「当該権利に基づき支払月ごとに支払うものとされる……給付
　　の支給を受ける権利は，当該日の属する月の翌月以降に到来する当該年金給付の支給に
　　係る……本文に規定する支払期月の翌月の初日から 5 年を経過したときは，時効によっ
　　て，消滅する。」に改正された（2020 年 4 月施行）。

◇ 第 4 節 ◇ 権利の制限・消滅

保険料納付済期間にも算入される（国年法附則 7-2 条等）。これは，資格取得届
出又は資格取得確認請求により保険者において被保険者資格を認知した場合に
は，保険者も保険料徴収に努めるべきであることから，時効により保険料債権
が消滅しても，保険給付を受ける権利は消滅しないことを規定したものであ
る[24]。

　これに対して，国年（第 1 号被保険者）の場合には，被保険者本人が各種届
出義務及び保険料納付義務を負っており，厚年法の資格確認の請求に相当する
規定はない。この結果，被保険者自らが保険料を納付する国年では，消滅時効
の問題が直截に現れやすい。その点では，免除や学生納付特例による 10 年遡
及による追納制度は，時効との関係でも必要性があることになる。

　ところが，厚年についても，年金記録問題との関係で保険料の時効の問題が
顕在化することになった。これは，厚年の保険料の場合，給与からの天引によ
り事業主が納付義務等を負うにもかかわらず，実際の保険料納付や資格届が適
切になされず，結局のところ保険料徴収権が時効消滅し，その分の年金が支給
されないという事態である。このため，2007 年の**厚生年金特例法**（厚生年金保
険の保険給付及び保険料の納付の特例等に関する法律）の中で，厚年保険料の給
与天引があったことが年金記録第三者委員会で認定された場合には，年金記録
が訂正され年金額に反映されるよう措置されることになった。

　このほか，時効の中断・停止については，以下のとおりである。

① 保険料その他徴収金の納入告知・督促は裁判上の請求等（民法 147 条，
　149 条）とみなされ時効中断（時効の更新）の効力を有する（厚年法 92 条，
　国年法 102 条，健保法 193 条，国保法 110 条，介保法 200 条）

② 社会保険給付に関する審査請求・再審査請求は裁判上の請求等とみなさ
　れ時効中断（時効の完成猶予及び更新）の効力を有する（厚年法 90 条，国年
　法 101 条，健保法 189 条，国保法 91 条，介護法 183 条）。

　なお，保険給付に関する裁定請求については，規定はないが，民法（147 条
1 号）の中断（時効の完成猶予）事由となると解すべきであろう。年金給付の全
額が支給停止されている間は，時効の進行は停止する（厚年法 92 条，国年法
102 条）。

---

(24)　有泉亨・中野徹雄『厚生年金保険法（全訂社会保障関係法 1）』（日本評論社，1982
　　年）221 頁

◆ 第7章 ◆ 社会保険給付総論

3 併給調整等 ● ●

（1）併給調整の意義

　社会保障は，社会的リスク（社会保険であれば保険事故）に着目し，対象者の要保障性（社会保険であれば所得喪失又は支出増加）に応じて給付がなされるのが基本である。ところが，同一の社会的リスクが異なる給付の支給要件に該当したり，異なる社会的リスクが同一の給付の支給要件に該当することがある。このような場合に，要保障性が倍加することで複数の給付を同時に支給する必要性があるとはいえない。

　このため，年金等の社会保険給付において，同一制度又は複数の制度から複数の受給権が発生する場合に，過剰給付を防止するため，一方の給付の全部又は一部を支給停止すること等により給付間の調整が行われることがある。さらに，社会保険給付同士だけでなく，社会保険とその他の給付との間での調整も存在する。**併給調整**といわれるこれらの調整に関する限りは，社会保険の負担と給付の牽連性よりも，生存権保障の観点からの必要性ともいうべきニーズ原則が優越することになる。

　従って，併給が常に禁じられるというわけではなく，制度上併給が認められていることがある。例えば，被用者等に係る年金は，基礎年金に厚年が上乗せされる二階建てであることから，同一の保険事故（老齢・障害・遺族）に対して，国年法と厚年法の両方から給付がなされる[25]。また，労災保険法の場合には，複数の災害（保険事故）に関する併給調整規定がないことから，複数の業務災害等の給付が行われることがあり得る。

（2）併給調整の方法

　併給調整の方法としては，①一の給付のみを支給し，それ以外の給付を全額支給しない方法と②複数の給付を支給するが，一方の給付を減額する方法等がある。

---

[25]　年金については，「1人1年金」の原則から，複数の年金を受給できる場合には，一の年金を選択しなければならない。ただし，老齢基礎年金と老齢厚生年金のように，支給事由が同じ基礎年金と報酬比例の年金の併給は可能である。老齢給付（老齢基礎年金，老齢厚生年金）と障害給付（障害基礎年金，障害厚生年金）のように支給事由を異にする年金の受給権を取得した場合には，何れかの給付を選択する必要がある。ただし，遺族厚生年金と老齢基礎年金の組合せも例外的に認められている。

◇ 第 4 節 ◇ 権利の制限・消滅

例えば，健保については，以下の併給調整の方法が存在する。

① 出産手当金が支給される間は傷病手当金は支給されない。

② 同一事由により障害厚生年金等を受けられる場合には，傷病手当金を支給しない（障害厚生年金等の額が傷病手当金より低い場合には，差額を支給する）。

③ 労災保険等の保険給付が行われる場合には，健康保険の給付は行わない。

労災保険については，一般に医療保険（特別法である労災保険に対する一般法）の現物給付との関係で調整の問題は生じないと考えられるが，現金給付である年金との関係では，次のような調整が存在する。

① 労基法の障害補償，労災保険の障害補償給付等（一時金）の受給権を有する場合には，障害手当金を不支給（厚年法 56 条）

② 労基法の障害・遺族補償，労災保険の障害・遺族補償給付等（一時金）の受給権を有する場合には，障害・遺族厚生年金を 6 年間支給停止（厚年法54 条，64 条）

③ 労災保険の障害・遺族補償給付等（年金）の受給権を有する場合には，労災保険の年金を減額調整（厚年の 6 年間の支給停止はない）

介護保険については，労災保険の療養補償給付等の給付との関係では，当該給付の限度で介護給付は行われず，また，労災保険の介護補償給付等との関係では，当該給付から支出される介護に要する費用の限度で介護給付は行われないことになっている（介保法 20 条）。これに対して，医療保険との関係では，訪問看護等のように給付が重複し，介護保険から必要なサービスが受けられる場合には，介護保険が優先することになっている。同様に，障害者総合支援法の自立支援給付との関係でも，介護保険が優先するのが基本である。

社会保険以外の給付との併給調整としては，児童扶養手当と国年，厚年，労災等の年金との調整がある。この場合には，年金の額が児童扶養手当の額より低い場合には差額分を受給できる[26]。

---

(26) 児童扶養手当については，2014 年の改正まで年金との併給が禁止されていた。かつて，障害福祉年金と児童扶養手当の併給禁止の合憲性が争われた事案として，堀木訴訟がある。最高裁（最大判昭和 57 年 7 月 7 日民集 36 巻 7 号 1235 頁）は，児童扶養手当の性格を「母子福祉年金を補完する制度として」位置付け，「一般に，社会保障制度上，同一人に同一の性格を有する二以上の公的年金が支給されることとなるべき，いわゆる複数事故において，そのそれぞれの事故それ自体としては支給原因である稼得能力の喪

167

◆ 第 7 章 ◆ 社会保険給付総論

（3）併給調整以外の調整

　併給調整と類似するが異なるものとして，**一般法**と**特別法**の適用関係がある。例えば，健保法上，共済組合の組合員も被保険者に該当するが，健保からの給付は行わず，代行法人としての共済組合が給付を行うこととなっている（200条）。この場合は，規定上は併給調整であるが，実質的には適用除外に近い運用となっている[27]。

　また，原子爆弾被爆者に対する援護に関する法律，感染症の予防及び感染症の患者に対する医療に関する法律，生活保護法（医療扶助）等の公費負担医療も，併給調整の視点で捉えることができる。医療保険と公費負担医療の適用関係には，公費優先と保険優先がある。例えば，感染症の場合には，一類・二類・指定感染症については保険優先，新感染症については原則全額公費となっている。生活保護については，健保法等の適用を受ける受給者がおり，その場合には保険優先となる。これら保険優先の場合には，公費負担医療からは，保険給付の対象とならない医療費の一部負担金を対象に給付が行われることになり，保険財源が入ることで公費負担医療の部分は，結果的に縮減される。

　このほか，所得制限による給付の減額等，権利の制限に関する規定がある[28]。この場合の対象が高所得層であることからすれば，ニーズ原則が優越

　　失又は低下をもたらすものであっても，事故が二以上重なったからといって稼得能力の喪失又は低下の程度が必ずしも事故の数に比例して増加するとはいえないことは明らかである。このような場合について，社会保障給付の全般的公平を図るため公的年金相互間における併給調整を行うかどうかは，…立法府の裁量の範囲に属する事柄と見るべきである。」とした上で，「本件併給調整条項の適用により，上告人のように障害福祉年金を受けることができる地位にある者とそのような地位にない者との間に児童扶養手当の受給に関して差別を生ずることになるとしても，…右差別がなんら合理的理由のない不当なものであるとはいえないとした原審の判断は，正当として是認することができる。」と判示した。

(27)　共済組合が代行法人と考えられる理由としては，厚労大臣に共済組合に対する指導監督権限が付与され（健保法201条），共済組合には報告義務がある（国共法118条等）こととのほか，被用者のうち国保組合の組合員となる者に関する適用除外の承認権者に共済組合が位置付けられていることである。

(28)　老齢年金の受給制限が争われた事案として松本訴訟がある。大阪高判昭和51年12月17日行集27巻11・12号1836頁は，「夫婦老令者に対し多少調整を加えることは妥当な措置であり，却って夫婦老令者と単身老令者とを実質的な平等の下におく結果ともなるものと考えられる。したがって，いわゆる夫婦受給制限措置は，給付する年金額に

◇ 第 4 節 ◇ 権利の制限・消滅

しており，社会保険立法であっても無拠出制の給付に典型的に見られる[29]。

4 過誤払調整等 ● ● ● ●

（1）意 義

社会保険立法では，給付の支払過程で過払い又は過誤払いが生じることから，**内払調整又は過誤払調整**が規定されることがある。このうち内払調整が同一受給権者に対する過払いの事後調整であるのに対して，過払調整は異なる受給権者との間で行われる過誤払いの事後調整である。

年金を例に採ると，内払調整は，年金の受給権（基本権又は支分権）が発生していないにもかかわらず，年金の支払いが行われた場合に，支払われた年金を新たに支払うべき年金の内払いとみなす調整の方法である（国年法 21 条，厚年法 39 条）。このような場合には，既に受給した年金を一旦返還し，新たに別の年金を支払うことは，受給権者及び保険者の双方にとって煩雑であることから，利便性を考え内払いとするものである。これに対して，過誤払調整とは，過誤払いが発生した場合に，返還すべき者が別の年金を受給しているときは，当該年金を返還金に充当する調整方法である（国年法 21-2 条，厚年法 39-2 条）。

医療保険の場合にも，事務の簡素化の観点から，同様の調整が必要であることには変わりない。このため，例えば健保法（103 条 2 項，32-6 条 2 項）では，出産手当金を支給すべき日に既に傷病手当金の支給が行われた場合には，当該傷病手当金は出産手当金の内払いとみなされる。労災保険においても，同一受給権者において異なる給付（例えば障害補償年金等と傷病補償年金等，障害補償年金等と障害補償一時金等）の間で失権と支給が繰り返されることがある。あるいは，受給権者の死亡により，新たに遺族に対する給付が支給されることがあ

おいて，夫婦老令者を単身老令者と差別して取扱うものであるが，これをもって不合理な取扱とすることはできないものであり，むしろ事柄の性質に即応した合理的な差別的取扱というべきである。」と判示した。

[29] 無拠出制の老齢福祉年金の夫婦受給制限が憲法 14 条 1 項の平等権規定に反するとの訴えに対して，東京地判昭和 43 年 7 月 15 日行集 19 巻 7 号 1196 頁（牧野訴訟）は，「老齢者が夫婦であるという社会的身分により経済関係における施策のうえで，差別的取扱いをするものであるといいうる。したがって，かかる差別的取扱いが事柄の性質に即応して合理的理由があることが認められない限り，右の夫婦受給制限の規定は上記憲法の各項に違反し，無効であるといわなければならない。」と判示した。これを受けて，厚生省は 1969 年の法改正で制限規定を撤廃した。

◆ 第 7 章 ◆　社会保険給付総論

る（例えば障害補償年金等の受給権者の死亡による遺族への遺族補償年金等の支給）。
このため，年金たる給付を有する労災保険においても，内払調整及び過誤払調
整に関する規定が設けられている（労災法 12-2 条，12-2-2 条）。

（2）考 え 方

　内払調整及び過誤払調整により，過誤払分の支給決定を取り消さずとも，相
殺又は充当と類似の効果が発生する。その点で，これら調整方法の根底には，
違法又は不当な行政行為の取消の考え方がある。この行政行為の取消とは，法
規違反又は公益違反（行政目的の侵害）の是正を目的として，瑕疵ある行政行
為は，法規違反（違法）・公益違反（不当）の別を問わず，原則として，これを
取り消すことができるとするものである[30]。この場合の取消には，明示の法
の根拠を必要としないと解される。

　なお，過誤払調整が問題となった裁判例（東京高判平成 16 年 9 月 7 日判時
1905 号 68 頁）では，厚年の障害年金の支給裁定に誤りを理由に行われた裁定
の職権取消等について，過払い分を控除した年金を支給することができると判
示している。裁判所は，判決の中で理由として，「一般に，行政処分は適法か
つ妥当なものでなければならないから，いったんされた行政処分も，後にそれ
が違法又は不当なものであることが明らかになった場合には，法律による行政
の原理又は法治主義の要請に基づき，行政行為の適法性や合目的性を回復する
ため，法律上特別の根拠なくして，処分した行政庁が自ら職権によりこれを取
り消すことができる」ことを挙げている。その上で，過誤払いを放置すること
は，「不当，不公平な結果を招来し，公益に著しく反するものといわなければ
ならない」として，公益上の必要を重視する姿勢を示している。

　このように過誤払調整を行政行為の取消と捉えた場合には，明文の根拠規定
は必要でないが，社会保険立法によっては，行政行為の取消の根拠及び効果に
関する規定を設けることで，その取扱いを明確化したと理解できる[31]。これ

---

(30)　田中二郎『新版行政法（上）［全訂 2 版］』（弘文堂，1974 年）151 頁。なお，宇賀
　　克也『行政法〔第 2 版〕』（有斐閣，2018 年）171 頁は，「行政行為に瑕疵があるとは，
　　通常，行政行為が違法であることを意味する（ただし，不当な場合も含めて瑕疵がある
　　とする用法もある）」と述べている。

(31)　瑕疵ある行政行為とはいえ，取消が無制限に認められるかが問題となる。一般的に
　　は，瑕疵ある行政行為であっても，取り消すためには，公益上の理由がなければならな

170

に関して，以下の点を付言しておく。

① 行政行為の取消には，一般に遡及効があるが，年金各法でも，特段遡及
効を制限する規定はないことから，返還金は過誤払いのあった支給済の全
額に及ぶと解される。

② 行政行為が取り消された場合，既に支給された年金は不当利得を構成し，
本来，一括払による返還請求の対象となるが，法は内払調整という形で一
種の分割払を認めている。

● ● ● 第5節　社会保険争訟等 ● ● ●

1 不服申立て及び訴訟 ● ● ●

違法・不当な処分その他公権力の行使に当たる行為については，行政不服審
査法により，国民の権利利益の救済を目的とした**不服申立制度**が設けられてい
る（行審法1条）。不服申立ての方法としては，審査請求，再調査の請求及び再
審査請求がある。

行政不服審査法は，簡易迅速かつ公正な手続きの下で広く不服申立ての途を
開くよう，他の法律に特別の定めがない限り適用される一般法である。ところ
が，社会保険においては，専門の不服審査機関による特別の不服申立制度が設
けられることが多い（図7-8）。これは，社会保険の場合には，審査件数が多
く専門性が高いことから，簡易迅速な権利救済の観点からも，特別の制度の必
要性が高いことによる。例えば，以下のような制度である。

① 社会保険審査官及び社会保険審査会法（以下「社会保険審査会法」という。）
に基づく**社会保険審査官及び社会保険審査会**

② 労働保険審査官及び労働保険審査会法（以下「労働保険審査会法」という。）
に基づく**労働保険審査会及び労働保険審査会**

③ 国保法に基づき都道府県に設置される**国民健康保険審査会**

④ 介護保険法に基づき都道府県に設置される**介護保険審査会**

⑤ 高齢者医療確保法に基づき都道府県に設置される**後期高齢者医療審査会**

いことに加え，取消が既得の権利又は利益を侵害する場合には，侵害を正当化するだけ
の公益上の必要がある場合に限り，しかも，その必要な限度で取消しができると解され
る（田中二郎・前掲注(29)151頁）。

◆ 第7章 ◆ 社会保険給付総論

図7-8 社会保険関係の不服申立制度

	被用者保険等 *	国民健康保険	介護保険	労働保険
申立事項	①被保険者等の資格，標準報酬，保険給付 ②保険料，特別保険料等の徴収金の賦課・徴収の処分，保険料等の督促・滞納処分，国年の脱退一時金に関する処分	保険給付に関する処分（被保険者証の交付請求・返還に関する処分を含む），保険料等の徴収金（拠出金を除く）に関する処分	保険給付に関する処分（被保険者証の交付請求，要介護認定等に関する処分を含む），保険料等の徴収金（財政安定化基金拠出金，納付金等を除く）に関する処分	①保険給付に関する決定，被保険者資格の得喪に関する処分，失業等給付に関する処分，不正受給に係る返還命令・納付命令 ②労働保険料等の徴収金に関する処分
不服申立類型	①について 審査請求 ＋再審査請求 ②について 審査請求	審査請求	審査請求	①について 審査請求 ＋再審査請求 ②について 審査請求
審査機関 **	社会保険審査官 社会保険審査会	国民健康保険審査会	介護保険審査会	①について 労働保険審査官 *** 労働保険審査会 ②について 厚生労働大臣
審査の手続過程	①について 処分 文書↓3か月 ・口頭↓以内 （審査請求） ↓ 社会保険審査官 文書↓2か月 ・口頭↓以内 （再審査請求） ↓ 社会保険審査会 ②について 処分 文書↓3か月 ・口頭↓以内 （審査請求） ↓ 社会保険審査会	処分 文書↓3か月 ・口頭↓以内 （審査請求） ↓ 国民健康保険審査会	処分 文書↓3か月 ・口頭↓以内 （審査請求） ↓ 介護保険審査会	①について 処分 文書↓3か月 ・口頭↓以内 （審査請求） ↓ 労働者災害補償保険審査官｜雇用保険審査官 ↓ 文書↓2か月 ↓以内 （再審査請求） ↓ 労働保険審査会 ②について 行政不服審査法

* 被用者保険等とは，健康保険法，厚生年金保険法，船員保険法，石炭鉱業年金基金法及び国民年金法。国家公務員共済組合法，地方公務員等共済組合法，私立学校教職員共済法及び農林業団体共済組合法に係る不服申立てについては，基本的に共済各法による。

** 社会保険審査官，労働者災害補償保険審査官及び雇用保険審査官は独任制，社会保険審査会，労働保険審査会等は合議制。

*** 労働保険審査官については，業務上の傷病・死亡の認定，療養の方法，補償金額の決定等に異議のある者の審査・仲裁申立てに対する行政庁（労基署長）の判断に不服がある場合の審査・仲裁申立ての業務も担うことになっている（労基法86条）。ただし，この審査・仲裁は勧告的性格に止まるが，時効中断の効力は有する。

◇ 第5節 ◇ 社会保険争訟等

これら社会保険立法は，行政不服審査法との関係で特別法の関係に立つ。特徴
としては，社会保険の処分については，審査請求に対する採決を経た後でなけ
れば，行政事件訴訟法の取消訴訟を提起できない**審査請求前置**であることであ
る[32]。中でも社会保険審査会法及び労働保険審査会法は，それぞれ社会保険
審査官と社会保険審査会，労災保険審査官又は雇用保険審査官と労働保険審査
会の二段階を設けている。ただし，裁判所への出訴については，二重前置（審
査請求・再審査請求の2段階制）ではなく，審査請求の決定を経れば出訴可能と
なっている。

　行政庁の処分その他公権力の行使に当たる行為については，行政事件訴訟法
に基づく**抗告訴訟**である取消訴訟，無効等確認の訴え，不作為の違法確認，義
務付けの訴え，差止めの訴えのほか，**仮の義務付け**及び**仮の差止め**が用意され
ている。また，同法には，当事者訴訟等も設けられている。

　社会保険の法律関係には，様々な当事者が関与するため，訴訟の形態も多様
である。とりわけ，保険者が国，市町村，公法人（訴訟の関係で法律の規定によ
り行政庁とみなされる）であることから，抗告訴訟，特に取消訴訟が典型的な
訴訟となる。

2　第三者行為求償及び給付免責　●　●　●

　社会保険各法は，加害者である第三者の不法行為によって生じた保険事故
（給付事由の発生）に対する損害賠償請求権（求償権）の**代位取得**及び**保険給付
の免責**について規定している（健保法57条，国保法64条，国年法22条，厚年法
40条，介保法21条，労災法12-4条等）。この第三者行為求償及び給付免責によ
り，保険給付と損害賠償請求を巡る保険者，受給権者（労働者，被保険者，被
扶養者等）及び第三者の間の権利義務関係の均衡が実現することになる[33]。ま

---

(32)　審査請求前置主義は，多くの社会保障立法で廃止されているが，社会保険関係以外
　　に生活保護法等にも残されている。

(33)　敷衍すると，そもそも給付事由が加害者等の第三者の行為に起因する事故等により
　　生じた場合，受給権者は，第三者に損害賠償を請求できるはずである。一方，保険給付
　　は，社会保険としての特質から，一定の受給要件を満たせばその原因の如何に関わらず
　　行われるのが原則である。しかし，この場合に保険者が保険給付を行い，別途，①受給
　　権者が第三者から損害賠償請求を受ければ，損害の二重補填が，また，②受給権者が第
　　三者から損害賠償請求を受けなければ，第三者に不当利得が発生するのと同様の状態が
　　生ずる。このような不合理を是正するため，社会保険立法は，保険者が被保険者に代位

◆ 第7章 ◆ 社会保険給付総論

た，損害の二重填補を防ぐという点では，民法（422条）の損害賠償による代位と共通の代理法理に依拠する。

　要件として，保険者による第三者行為求償の場合であれば，①給付事由が第三者の行為（民法上の不法行為）によって生じたこと，②その給付事由に対して既に保険給付を行ったこと，③受給権者の第三者に対する損害賠償請求権が現に存在していること（消滅していないこと）が必要である。従って，受給権者が保険給付の受給前に損害賠償を受けたり，示談等により損害賠償を免除した場合には，その填補額及び免除額の範囲で損害賠償請求権の代位取得は生じない[34]。

　また，保険給付の免責の場合には，①受給権者が保険給付の前に損害賠償を受け，②保険給付と同一の事由による損害賠償であることが要件となり，その限りで保険者は保険給付の支給義務を免除される。従って，損害賠償が慰謝料や物的損害に対する賠償のように保険給付と性質が異なる場合には，保険給付の免責は生じない[35]。

　なお，求償権の代位取得は，保険給付が行われる都度，通知等の必要なく法律上当然に行われる[36]。このため，保険給付が行われた後，第三者が損害賠

　　して加害者等の第三者に対する損害賠償請求権を法律上当然に取得する損害賠償請求権の代位取得制度を設けている。また，被保険者が第三者から損害賠償を受けた後に，更に保険給付を行えば，やはり損害の二重填補状態が発生する。このように被保険者が損害賠償を受けた場合には，保険者が更に保険給付を行う必要がないことから，保険者保険者に対して保険給付の免責規定を設けている。

(34)　最三小判昭和38年6月4日民集17巻5号716頁。被災労働者が第三者に対して有する損害賠償請求権の全部又は一部を放棄した場合，その限度において保険給付をする義務を免れるべきことは，規定をまつまでもない当然のことであると判示する。

(35)　最二小判昭和62年7月10日民集41巻5号1202頁は，「保険給付と損害賠償とが『同一の事由』の関係にあるとは，保険給付の趣旨目的と民事上の損害賠償のそれとが一致すること，すなわち，保険給付の対象となる損害と民事上の損害賠償の対象となる損害とが同性質であり，保険給付と損害賠償とが相互補完性を有する関係にある場合をいうものと解すべきであって，単に同一の事故から生じた損害であることをいうものではない」と判示する。その上で，労災保険及び厚年との関係で同一の事由の関係にあることを肯定することができるのは，財産的損害のうちの消極損害（逸失利益）のみであって，財産的損害のうちの積極損害（入院雑費，付添看護費）及び精神的損害（慰藉料）は，同性質であるとはいえないと判断している。

(36)　このような解釈については，前掲注(14)439-449頁

◇ 第5節 ◇ 社会保険争訟等

償を支払ったとしても，既に損害賠償請求権は保険者に移転していることから，当該第三者は保険者に対抗し得ないと解する。仮に被害者が損害賠償を受けたとしても，それは不当利得として，第三者に返還する必要がある。また，保険給付が行われた後，被保険者が示談により第三者の損害賠償義務を免除したとしても，保険者による損害賠償請求権の代位取得に影響を及ぼし得ない。つまり，被害者による示談は無効であると解される［労災保険については，第10章第2節4参照］。

◆第8章◆　医療保険法

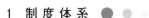

第8章

医療保険法

●●　第1節　医療保障制度の概観　●●

1　制度体系

　我が国の医療保険は，傷病に関する「療養の給付」等による現物給付を国民全体に保障することを制度の基本としている。その点では，所得保障としての医療費の保障としての性格が薄まり，医療自体の保障に近付いている[1]。実際，健保法（2条）は，基本的理念として「国民が受ける医療の質の向上」を謳っており，医療費に止まらない射程を有している。

　世界の医療保障制度は，大きく①**社会保険方式**，②**公営医療方式**，③**民間保険方式**に分けることができる。このうち，イギリスの国民保健サービス（NHS）に代表される公営医療方式においては，医療の保障と医療費の保障は不可分一体化するが，社会保険方式であっても，医療給付を担保するための組織・仕組み（我が国の場合であれば，保険医療機関等）が必然であり，その制度の有り様で国民保健サービス方式と接近することになる。

　制度審の社会保障の制度体系を医療の側面からみると，社会保険（防貧）としての医療保険及び労災保険のほかに公的扶助としての医療扶助（救貧）及び公衆衛生（医療提供体制，医薬品・医療機器，公費負担医療）も医療保障に関わる。本書は，社会保障を社会的リスクから捉えることを重視する。その点では，

---

(1)　岡光序治『社会保障行政入門』（有斐閣，1994年）69頁は，「我が国の場合，医療保険の給付が…『現物給付』の形態で行われているため，あたかも『医療』そのものを医療保険が保障していると錯覚しがちであるが，医療保険で保障しようとするものは，治療に要する費用であり，『医療』そのものではないと述べている。

176

◇第1節◇ 医療保障制度の概観

図8-1 医療保険と医療提供体制の関係

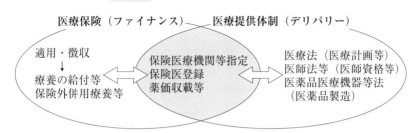

　傷病というリスクに対する保障を医療保障と捉えるなら，医療保障法における医療提供体制（デリバリー）と並ぶ柱として医療保険（ファイナンス）を位置付けることができる。このように医療保険と医療提供体制を一体的・総合的に捉えていくアプローチは，保険あってサービスなしという事態を生まないためにも必要である。

　さらに，医療保険以外の方式も含め医療保障として捉えるのは，国際条約の流れでもある。ILO が**フィラデルフィア宣言**（1944年）で戦後社会保障の機能的概念を打ち出しているが，その中では社会保障に関連の義務として「広範な医療給付」を掲げている（Ⅲ f・g・h）。これに続く「**医療保障勧告（第69号）**」（1944年）は，医療保障の方式を社会保険に限定するのではなく，公的扶助及び公営医療も社会保険に並ぶ方式として位置付けている。同年には「**所得保障勧告（第67号）**」も出されており，社会保障が大きく所得保障と医療給付が分けられることになった。

　また，医療保障との関係では，**健康権**も重要である。国際条約上健康権が規定されることがある（A 規約12条等）が，その場合の医療保障は，広範な射程を有する健康権実現のための法制度の一端を担う[2]。我が国でも，高齢者医療制度に関連して，若年期からの特定健康診査・保健指導等が重視されるが，医療保険の体系に予防及び健康増進を取り込むことは，健康権に沿った対応ともいえる。また，医療提供体制に関する医療法（1-2条）も，治療のみならず疾病の予防及びリハビリテーション，国民自らの健康の保持増進等を規定して

---

[2] 健康権に関しては，棟居（椎野）徳子「国際人権法における健康権（the right to health）保障の現状と課題」日本社会保障法学会編『社会保障法第21号』（法律文化社，2006年）166頁

◆ 第8章 ◆ 医療保険法

いる。その点で，医療においては，医療保険にとどまらないホーリスティックな視点が重要となる。

2　我が国の医療保障の特徴　●　●　●

医療保険からみた場合，我が国の医療保障は，以下のような特徴を有する。

① 国民皆保険

社会保険中心主義の帰結でもあるが，我が国は，1961年に健保等に未加入の国民への国保の適用義務の拡大により，原則として全ての国民が医療保険に加入することになっている。つまり，国保が医療保険のセーフティネットとなることで，国民皆保険体制が実現したことになる。

② 現物給付方式

医療保険の給付方式としては，事後的に医療費を償還する償還払方式（療養費の支給等）もあるが，我が国は，こうした現金給付ではなく，療養の給付等による現物給付を原則としている。これにより，立替払いにより医療へのアクセスが阻害されることなく，受診が可能となる。

③ 自由開業医制

医師には，医師法（19条）により，正当な事由なしに診療治療を拒否することを禁ずる**応召義務**等の法令上の義務が課せられている。他方，専門職としてのプロフェッショナルフリーダムを前提として，どこでも開業し，どの診療科でも標榜できるのが原則である。また，医療保険の加入者との関係では，患者にもフリーアクセス（いつでも，どこでも，だれでも）が保障されることになる。

④ 出来高払制

診療報酬の支払い方法は立法政策に依存するが，我が国では，医療行為の積上げにより報酬を設定する出来高払制が基本となってきた。現在，病院におけるDPC（診断群分類）点数表など診療報酬の包括払い化が進んでいるが，開業医の医療に関しては，出来高払いが基本といえる。

⑤ 制度分立

1922年の健保法制定を嚆矢する医療保険の歴史の中で，国保，共済組合，船員保険，後期高齢者医療といった形で制度が分立して発展してきている。しかも，同一制度の中でも，保険者が分立していることがあり，保険者の数も多く，規模も区々であることが，我が国の特徴である。

⑥ 国庫補助等

178

◇ 第2節 ◇ 医療保険の概要

医療保険に関する限り，政府が保険者となる政府管掌保険はないが，保険者への国庫補助等が存在している。これは，事業主負担を欠く地域保険における事業主拠出の代替，制度間の財政力の格差の是正など，制度に即した目的を有する。いずれにせよ，制度の分立が国庫補助等の必要性の背景には存在する。

第2節　医療保険の概要

1　制度体系

（1）職域保険及び地域保険

医療保険制度は，その沿革もあって制度が分立している。大別するならば，**職域保険**と**地域保険**に分かれる。職域保険は，職域連帯に依拠しながら，職域又は同業同種を単位での保険集団を形成する。これに対して，地域保険は，地域連帯に根差し，行政単位等による同一地域内の住所を以て保険集団を形成する。

職域保険においては，一般の被用者を対象とする健保制度が最も大きく，全国健康保険協会管掌と事業者が単独又は共同で設立した健保組合によって運営される組合管掌に分かれる。健保の適用対象のうちで健保組合の組合員でない場合には，全国健康保険協会の被保険者となる。ただし，特別の職域を単位に設立された制度である①船員保険（船員法1条に規定する船員として船舶所有者に使用される者等），②国家公務員共済組合（国家公務員），③地方公務員共済組合（地方公務員），④私立学校教職員共済組合（私立学校教職員）の加入者は，健保から給付がなされないことになっている[3]。

また，自営業者の中には，医師，歯科医師，弁護士，理容師・美容師といった同業同種で保険集団を形成する国保組合がある。制度上は国保法に位置付けられ，地域単位で設立されているが，同業同種を重視するなら職域連帯に根差した制度と捉えられる。

職域保険と並ぶ地域保険としては，市町村及び都道府県を共同保険者とする国保がある。また，後期高齢者を対象とする後期高齢者医療制度も，都道府県

---

(3)　船員保険については，職業上疾病・年金部門が労災保険に，失業部門が雇用保険に統合されており，業務外疾病は全国健康保険協会が運営している。

179

◆第8章◆　医療保険法

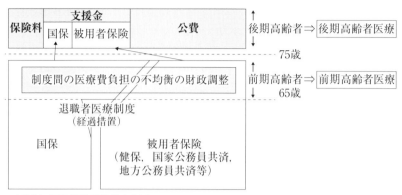

図8-2　国民皆保険の構造

（出典）厚生労働省資料を修正

単位の広域連合が保険者となっており，地域保険といえる。これらの制度を加入者の年齢で区分するなら，高齢者医療制度とそれ以外に分かれる。高齢者医療制度のうち前期高齢者（原則65〜75歳）を対象とする前期高齢者医療制度は，制度間の財政調整である。これに対して，後期高齢者（原則75歳〜）を対象とする後期高齢者医療制度は，後期高齢者を被保険者として都道府県単位の広域連合が保険者となる独立した制度である。この点を加味すると，後期高齢者医療制度とそれ以外の保険制度に分かれることになる。

（2）健保法の位置付け

医療保険各法の中でも，健保法は医療保険の母法とも言うべき位置付けである。これは，単に歴史的経緯のみならず，以下のように法律の構造面にも現れている。

① 健康保険制度の基本的理念として，「これが医療保険制度の基本をなすものである」と規定（2条）
② 診療報酬は健保法に一元化
③ 国保及び船保の被保険者が健保被保険者から除外されている（3条）のに対して，共済の組合員は被保険者から除外するのではなく，単に保険給付を行わないという規定振り（200条）。
④ 保険医療機関の指定を健保法に一元化

なお，国保の場合には，独自の報告徴収・指導監督権限がある（45-2条）が，

◇ 第2節 ◇ 医療保険の概要

指定取消は指定権者である厚労大臣に通知することになる。これに対して，国家公務員共済組合等の共済各法は，全面的に健保法が報告徴収・指導監督権限も含め権限を留保している。

2 保険給付の体系 ●　●　●

（1）保険給付の概観

　医療保険各法が規定する給付は，大きく**現物給付**と**現金給付**に分かれる。現物給付には，傷病に対する療養の給付がある。また，現金給付としては，療養費，家族療養費，入院時食事療養費，入院時生活療養費，保険外併用療養費，訪問看護療養費，高額療養費，高額介護合算療養費，特別療養費，傷病手当金，出産手当金，移送費，埋葬料等がある。現金給付の場合には，費用の全額を加入者が支払い，事後的に償還を受けることになる（図8-3）。ただし，家族療

図8-3　現物給付及び償還払のイメージ

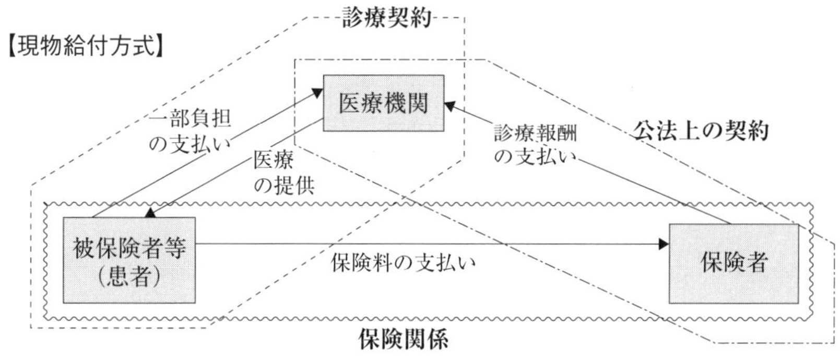

【現物給付方式】

診療契約

医療機関

一部負担の支払い

医療の提供

診療報酬の支払い

公法上の契約

被保険者等（患者）

保険料の支払い

保険者

保険関係

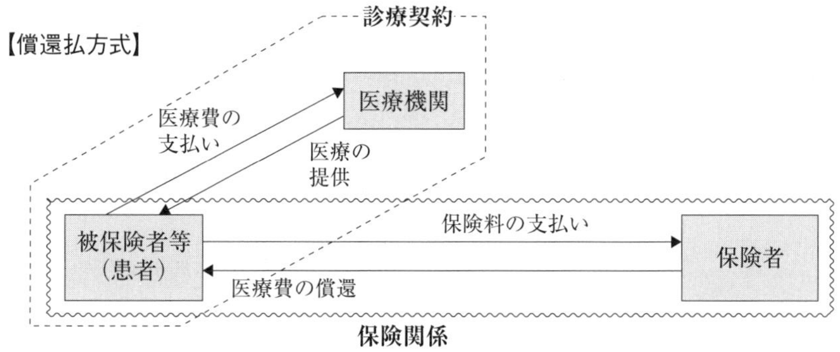

【償還払方式】

診療契約

医療機関

医療費の支払い

医療の提供

被保険者等（患者）

保険料の支払い

医療費の償還

保険者

保険関係

養費，入院時食事療養費，入院時生活療養費，保険外併用療養費，訪問看護療養費等のように，現金給付の現物給付化により，実質的に現物給付と同じになる場合がある［第7章第1節1参照］。

（2）保険給付の種類

　被用者保険を例にとると，保険給付には，**法定給付**と法定外の**付加給付**がある。ただし，付加給付は健保組合及び共済組合には存在するが，全国健康保険協会にはない。

　法定給付の中心は，医療に関する給付である。特に被保険者の傷病の治療を目的とする**療養の給付**が重要である。被扶養者の傷病の治療は，現金給付の現物給付化である**家族療養費の支給**により行われる。これらの場合，加入者は，指定保険医療機関等で受診した際に一部負担金等を支払えば，残りの医療費は，一般には審査・支払機関の審査手続き等を経て，保険者から医療機関に支払われることになる。

　このほか関連する給付としては，入院時の食事費用に係る**入院時食事療養費**，高齢者の療養病床の食費・光熱水費に係る**入院時生活療養費**，保険外診療である選定療養，評価療養及び患者申出療養に係る**保険外併用療養費**，看護師等による訪問看護に係る**訪問看護療養費**がある。なお，これら療養費については，

図8-4　被用者保険の保険給付

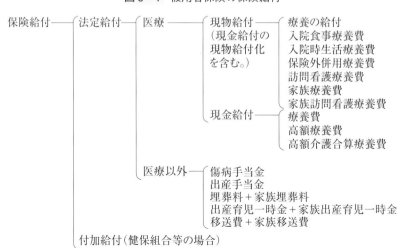

◇ 第2節 ◇ 医療保険の概要

家族療養費に含まれる入院時食事療養費，入院時生活療養費及び保険外併用療養費を除き，被扶養者にも同様の給付がある。また，これら療養費の場合には，現金給付の現物給付化ができることになっている。

さらに医療関連の給付としては，療養の給付に係る一部負担金等が高額になる場合に負担軽減を図るための**高額療養費**，介護保険の利用者負担額と合わせた負担額が著しく高額になる場合の負担軽減のための**高額介護合算療養費**がある。高額療養費及び高額介護合算療養費については，世帯単位で算定されることから，被扶養者独自の給付はない。

医療以外の給付には，傷病又は出産による休業補償としての**傷病手当金及び出産手当金**と実費補償的な給付としての移送費，出産の分娩費用に対する出産育児一時金，死亡に関する埋葬料がある。このうち，傷病手当金及び出産手当金は，被保険者のみが対象であるが，それ以外は，被扶養者にも同様の給付がある。なお，**出産育児一時金**が対象とする分娩は，医療行為であるが，傷病でないことから，療養の給付等とは別の給付として支給されている。

国保の場合には，療養の給付，入院時食事療養費，入院時生活療養費，保険外併用療養費，療養費，訪問看護療養費，移送費，高額療養費及び高額介護合算療養費は，被用者保険と同様である。国保独自の給付として**特別療養費**がある。これは，被保険者資格証明書が交付されている被保険者を対象として，現物給付による療養の給付に代えて療養費の支給による償還払いを適用する制度である。

被用者保険に存在する傷病手当金及び出産手当金は，国保の場合には任意給付となっているが，実施実績はない。また，埋葬料（埋葬費）及び出産育児一時金は，特別な理由がある場合以外は実施する必要のある給付である（療養の給付等の絶対的必要給付に対して，相対的必要給付）。ただし，療養の給付等が法定の給付であるのに対して，埋葬料等は条例により実施することになっている。

後期高齢者医療の場合には，療養の給付，入院時食事療養費，入院時生活療養費，保険外併用療養費，療養費，訪問看護療養費，特別療養費，移送費，高額療養費及び高額介護合算療養費が保険給付として法定されており，それ以外は条例による。その限りでは，国保に近い給付内容である。

（3）医療給付の給付水準等

給付水準については，将来にわたり7割を維持することが法律上規定されて

◆ 第8章 ◆ 医療保険法

いる（2002年改正法附則2条1項）。従って，**定率負担**による**一部負担金**の上限
は3割と解される。実際の制度では，以下で述べるように各種療養費の標準負
担額，保険外併用療養によって発生する負担等が存在する一方，高額療養費等
による負担の権限がなされる。従って，医療費に対する実際の負担又は給付の
水準である実効負担率又は実効給付率をみていく必要がある。

定率の一部負担金の水準は年齢により異なっている（図8-5）。義務教育就
学前の児童が2割，それから70歳未満までの者が3割，70歳以上75歳未満
の者が2割（一定以上の所得者は3割），75歳以上は1割（一定以上の所得者は3
割）が原則である。

入院時食事療養費については，食事療養の平均的な費用として厚労大臣の定
める基準に従い算定した額から告示で定める標準負担額を控除した額が給付さ
れる（図8-6）。逆に言えば，標準負担額が患者の支払額となる。

図8-5　一部負担金の水準

75歳〜	9割（現役並み所得者は7割）
	8割（現役並み所得者は7割）
70〜74歳	
小学校入学〜69歳	7割
〜小学校入学前	8割

（注）70〜74歳の高齢者の場合には，2014年4月1日までに70歳と
なった者は，1割負担となっている。

図8-6　入院時食事療養費の構造

入院時食事療養費支給額＝基準額（食事療養費）−　標準負担額　　⇒患者の支払額

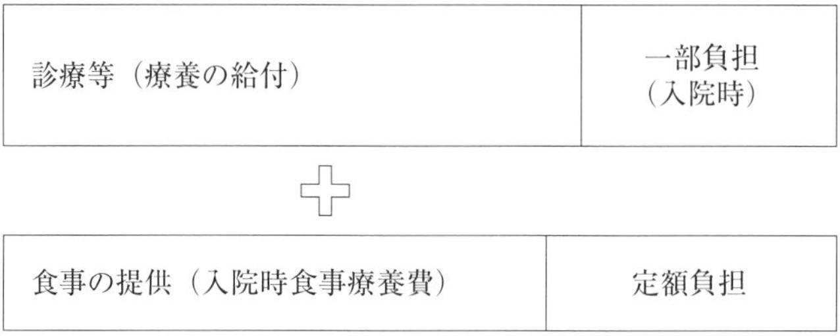

診療等（療養の給付）	一部負担 （入院時）

＋

食事の提供（入院時食事療養費）	定額負担

184

◇ 第2節 ◇ 医療保険の概要

図8-7　入院時生活療養費の構造

入院時生活療養費＝基準額（生活療養費）－ 標準負担額 ⇒患者の支払額

　入院時生活療養費は，療養病床に入院する65歳以上の者が対象となっており，介護保険との均衡からホテルコスト相当の生活療養標準負担額を負担する仕組みである。ただし，入院医療の必要性の高い患者の場合には，入院時食事療養費と同額の負担となっている（図8-7）。

　訪問看護療養費（被用者保険の被扶養者の場合には，家族訪問看護療養費）は，居宅において継続して療養を受ける状態にある者が，主治医の指示に基づき，訪問看護事業者から訪問看護サービスを受けた場合に支給される。この場合の一部負担金は，外来医療と同じである。

　以上のように入院時食事療養費及び入院時生活療養費の負担を別とすれば，医療給付に係る一部負担は定率であることから，医療費が高額になればなるほど負担が重くなる。高額の医療費負担の家計への影響を緩和するため，患者の一部負担額が一定額以上になった場合には，それを超える額を医療保険から事後的に償還する「高額療養費制度」が全ての制度において設けられている。高額療養費の基準となる自己負担限度額は，年齢，所得等に応じて設定されている。さらに，多数該当により，1年間に何回も医療を受ける場合には，4回目以降の高額療養費の支給について自己負担減度額を引き下げる配慮がされている。このほか，同一世帯で同一月に複数の人が医療を受けた場合には，自己負担額を世帯単位に合算して高額療養費を支給する世帯合算がある。

　実質負担の軽減としては，高額介護合算療養費がある。これは，医療保険と介護保険の自己負担が著しく高額となる場合に両者の自己負担を合算した額について，自己負担限度額を設定するものである。限度額は，年齢・所得区分に応じた額に設定される。その上で，療養費は，医療保険と介護保険の自己負担額の比率に応じて，それぞれの制度が①高額介護合算療養費，②高額医療合算療養費として負担する。

（4）医療保険の給付範囲

　療養の給付は，傷病の治療を目的とする。このための給付の範囲として，診察，薬剤又は治療材料の支給，処置・手術その他の治療，居宅における療養上

◆ 第 8 章 ◆ 医療保険法

の管理及びその療養に伴う世話その他の看護，病院又は診療所への入院及びその療養に伴う世話その他の看護が法定されている（健保法63条等）。また，訪問看護については，主治医の指示書により，看護師等が患者の居宅を訪問して行う療養上の世話又は必要な診療の補助として法定されている（健保法88条等）。

　これら医療保険の給付の中身は，診療報酬により具体的に画される部分が多いが，保険料，公費等を財源とすることから，以下のような限界が存在する。

　① 高度先端・研究開発等の医療に要する費用

　新しい医療技術については，有効性・安全性が確認され，一般的に普及したと認められるのを待って，医療保険に取り込むのが基本的考え方である。このため，最先端の先進医療，医薬品・医療機器・再生医療等製品の治験に係る診療，保険収載前の医薬品・医療機器・再生医療等製品の使用などの場合には，通常の医療に相当する費用のみを医療保険から支給し，それ以外の医療に要する費用は保険対象外とする**評価療養**が設けられている。さらに，評価療養制度の対象外であっても，患者からの申出により厚労大臣が認めた高度の医療技術を用いた療養についても，通常の医療に相当する費用のみを医療保険から支給する**患者申出療養**が設けられている。

　② **特別なサービス，快適な環境（アメニティ）等に係る費用**

　国民の保険料等を財源とする公的医療保険には，必ずしもなじまない給付がある。例えば，個室等の差額ベッド，金属床総義歯，金合金等の歯科材料，200床以上の病院の初診又は一定期間後の再診，病院での予約診療，規定回数以上の医療行為，診療時間外の診療などである。これらの場合には，**選定療養**として通常のサービスに相当する費用のみを医療保険から支給し，差額は患者の自己負担となる。

　③ **予防・健診・健康増進等の費用**

　傷病という保険事故に着目する医療保険制度においては，傷病の治療とはいえない疾病予防，健診，健康づくり等の費用は給付対象とならない。ただし，高齢者医療の関係では，40歳以上を対象とした生活習慣病予防のための**特定健診及び特定保健指導**を保険者が実施することになっている（高確法20条，24条等）。健診・保健指導は，傷病の治療自体ではないが，若年期からの予防対策は，高齢期の医療費の抑制につながることから，医療保険制度に位置付ける合理性がある。

◇ 第2節 ◇ 医療保険の概要

（5）混合診療の禁止[4]

評価療養，選定療養及び患者申出療養を合わせた保険外併用療養（健保法86条）の場合には，保険診療と保険外診療との組合せが一定の要件で認められ，保険診療部分に関しては，保険外併用療養費が支給される。なお，評価療養及び患者申出療養は，保険導入のための評価のための制度という位置付けであるのに対して，選定療養は保険導入を前提としない制度である。

保険外併用療養費の根底にあるのは，**混合診療の禁止**である。この場合の混合診療とは，一連の診療行為の中に保険診療と保険外診療である自由診療を混在させることである。例えば，診療報酬点数表及び薬価基準に収載されていない診療，薬剤投与等を患者に行った場合には，当該患者に係る医療全体が保険請求の対象から外れることになる。従って，当該患者に対する全ての医療が保険適用外になり，全額を患者が自費で負担するしかなくなる。

混合診療が禁止される理由としては，①混合診療が国民皆保険制度の下で国民全てに必要な医療を現物給付で保障するという考え方に反するほか，②混合診療を認めると，患者が医療機関から不当な支払いを請求されたり，有効性・安全性が確立していない医療を施療されたりするなどの不利益が発生する可能性があることが挙げられる。

混合診療の禁止の結果，保険診療の範囲は，実際上，診療報酬の内容によって限界付けられることになる。混合診療の禁止に該当する場合としては，①診療報酬点数表に規定された医療サービスについて，これを超える分を通常の自己負担に上乗せして請求したり，②保険診療と保険外診療を併せて行い，保険が診療の費用を患者から徴収することが考えられる。この点からすれば，混合診療禁止の理由には，実質的な患者の負担増を避け，所得にかかわらず平等な医療を保障することも指摘できる。

混合診療の禁止の法解釈上の拠り所としては，以下の点が挙げられる。

① 混合診療の禁止を通じて国民に必要な医療を保障していくことは，健保制度の基本的理念である「医療保険の運営の効率化，給付の内容及び費用の負担の適正化並びに国民が受ける医療の質の向上」（健保法2条）と整合的であること

---

(4) 混合診療に関する議論の詳細は，島崎謙治『日本の医療 —— 制度と政策』（東京大学出版会，2011年）238-254頁

◆第8章◆　医療保険法

図8-7　混合診療のイメージ

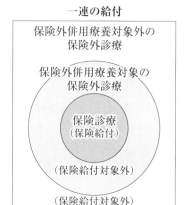

② 保険外併用療養を設けたことは，混合診療の禁止を前提として，その例外を認めるための措置であること
③ **療担規則**は，一部負担金を超える金額の受領，特殊な療法，新療法等の実施，薬価収載医薬品以外の施用・処方を禁止していること（5条，18条，19条）

　この点，最高裁（最三小判平成 23 年 10 月 23 日民集 66 巻 7 号 2923 頁）は，保険外併用療養が混合診療の禁止を前提とした制度であること，制度の趣旨及び目的や法体系全体の整合性等を理由にして，保険外併用療養の要件を満たさない場合の保険給付を認めなかった[5]。

◇ 第 2 節 ◇ 医療保険の概要

　混合診療の禁止は，主として療養の給付を念頭に置いているが，介護保険が
療養費方式を採用することで**混合介護**を認めていることから，医療保険でも療
養費の場合が問題となり得る。この点，健保法の規定によれば，家族療養費は
「療養に要した費用について」支給するとなっており（110条1項），保険外併
用療養の場合には，評価療養，患者申出療養又は選定療養の費用の額の算定例
によることになっている（同3項）。従って，条文の構造上は，混合診療の禁
止を前提としていることになる。これに対して，療養費については，保険者が
やむを得ないものと認めることが条件となっており，また，療養の給付等に代
えて支給される（健保法87条1項）ことから，混合診療禁止の原則を潜脱する
意図・目的で海外の医療機関等又は国内の保険医療機関でない医療機関等で受
診した場合には，療養費の補完的役割（療養の給付との選択を認める趣旨ではな
い）に照らして給付しないことが解釈として可能かという問題が残る。

3　保険医療組織　● ● ●

（1）基 本 構 造

　保険医療は，基本的に被保険者，保険者及び医療機関等の三当事者を巡る法
律関係である。ただし，診療報酬の請求の関係では，社会保険診療報酬支払基
金（以下「支払基金」という。）又は国民健康保険団体連合会（以下「国保連」と
いう。）が**審査・支払機関**として介在する。

　医療給付は，保険者が自ら医療機関又は薬局（以下「医療機関等」という。）

---

(5)　最高裁は，「保険医療機関等の届出や提供される医療の内容などの評価療養の要件に
該当するものとして行われた場合にのみ，上記の各禁止を例外的に解除し，基本的に被
保険者の受ける療養全体のうちの保険診療相当部分について実質的に療養の給付と同内
容の保険給付を金銭で支給することを想定して，法86条所定の保険外併用療養費に係
る制度が創設されたものと解されるのであって，このような制度の趣旨及び目的や法体
系全体の整合性等の観点からすれば，法は，先進医療に係る混合診療のうち先進医療が
評価療養の要件に該当しないため保険外併用療養費の支給要件を満たさないものに関し
ては，被保険者の受けた療養全体のうちの保険診療相当部分についても保険給付を一切
行わないものとする混合診療保険給付外の原則を採ることを前提として，保険外併用療
養費の支給要件や算定方法等に関する法86条等の規定を定めたものというべきであり，
規定の文言上その趣旨が必ずしも明瞭に示されているとはいい難い面はあるものの，同
条等について上記の原則の趣旨に沿った解釈を導くことができるものということができ
る。」と判示している。

189

◆第8章◆　医療保険法

を設置し，直接給付を行うことも可能である。実際，健保組合の病院，国民健康保険診療施設（国保直診）等が設置されているが，全体からみると例外的である。このため，一般には厚労大臣が指定した保険医療機関及び保険薬局（以下「**保険医療機関等**」という。）で医療及び調剤を受ける（健保法63条3項）。すなわち，医療機関等の申請に基づき厚労大臣が指定する（同65条）ことにより，医療機関等は保険医療機関等として加入者に対し療養の給付を行う義務が発生する。この結果，診療報酬が保険者から審査・支払機関を通じて保険医療機関等に支払われる一方，被保険者は保険医療機関等の窓口で一部負担だけ払えばいいことになる。

　ところが，医療機関等のみならず実際に療養を担当する医師及び薬剤師も保険医及び保険薬剤師（以下「**保険医等**」という。）として厚労大臣の登録を受ける必要がある（同64条，71条）[6]。保険医療組織の骨格となる保険医療機関等の指定及び保険医等の登録を二重指定制度と総称する。なお，1人の医師が単独で診療所を開設している場合には，保険医等の登録により，保険医療機関等の指定があったものとみなす「みなし指定」がある（同69条）。

　このように保健医療機関等と保険医等の**二重指定制度**が導入された背景には，医師等には専門職として診療等の独立がある。すなわち，医師等は自ら診療行為等を決定できることから，保険医療機関等の**機関指定制**のみでは，医師等に社会保険医療の診療方針等を遵守させようとすれば，医療機関等の開設者を通じた間接的・抽象的・要望的な規制に止まることになる。このため，保険診療の診療方針等を遵守することを医師等が承諾した旨の意思表示を包含した行為として保険医等の登録が別途必要になる。仮に不正診療等が行われた場合に，開設者等が十分指導監督を行っていた場合には，保険医等の登録のみを取消し，機関指定の取消をしないことも可能である。

　保険医等及び保険医療機関等は，療担規則等に従って療養の給付を行う義務が発生する（同70条，72条等）。このほか，保険診療等については，療養の給付の範囲・受給方法（同63条），診療又は調剤に従事しうる者（同64条），厚労大臣の指導（同73条），診療報酬（同76条），質問及び検査（同78条），指定の辞退等（同79条），指定の取消（同80条），登録の取消（同81条）等が健保

---

(6)　登録とは，一定の法律事実又は法律関係を行政庁等に備える特定の帳簿に記載する創設的な行政行為である。具体的には，保険医名簿又は保険薬剤師名簿に登録され，これにより，保険診療・調剤に従事し得る地位が付与される。

◇ 第 2 節 ◇ 医療保険の概要

法に規定されている。

（2）指定制度の法的性格

　保険医療機関等の指定制度は，**公法上の双務契約**と解される。このことは，医療保険が自由開業医制を前提にしており，指定も医療機関の申請に基づき実施されることや，保険医療機関等には指定の辞退も認められていることとも整合的である。判決例には，療担規則等に従った療養の給付を行う債務を負担する保険医療機関等と診療報酬を支払う債務を負担する保険者との間に委託契約が成立すると判示するものがある（大阪地判昭和 56 年 3 月 23 日判タ 436 号 74 頁）。なお，契約としての指定は，療担規則等が約款として機能していることから，附合契約と解される。

　この場合，被保険者等と医療機関等との関係が問題となるが，両者の間には，一般には準委任と解される診療契約が存在している。従って，公法上の双務契約である指定と診療契約とは重畳的な関係である。ただし，診療契約の内容は，指定により発生する療担規則等の公法上の義務によって実際上画されることになる。

　元来，保険医療機関等の指定は，保険関係の当事者である保険者と医療機関等が被保険者のために結ぶべき契約とも考えられる。しかし，我が国の制度では，保険者事務とも考えられる指定権限を厚労大臣に付与している。これは，制度が分立し，多くの医療機関等が存在する中で，保険者と医療機関等が個々に契約を結ぶのは現実的でなく，診療報酬，療担規則等が法定化されており，個別に契約を締結する必要性も低いことなどから，国が保険者に代わって契約を締結しているといえる。

　保険医療機関等に対しては監査・指導が実施され，不正請求の返還請求のほか，悪質性の高い不正については，契約の解除としての指定・登録の取消が行われる。

（3）医療計画等との関係

　病院等の開設に当たっては，医療法に基づく開設許可申請等の手続きが必要となる。その際，許可権者である都道府県知事には，**医療計画**の病床過剰地域の病院等の場合には病床数の削減を勧告する権限が付与されている（医療法 30-11 条）。さらに，2018 年の改正により，地域医療構想実現のため，構想区

◆ 第8章 ◆ 医療保険法

域内の既存病床数が将来の必要量に達している場合にも，減床勧告等の権限が都道府県知事に付与された。とはいえ，都道府県知事の権限は勧告権に止まっており，開設者が減床勧告に従わなければ，開設許可自体は出されることになる。

これに対して，病院等が保険医療を実施するためには，別途保険医療機関の指定を受けることが必要となる。この点，健保法は**指定拒否制度**を設けている。仮に過剰病床の減床勧告に従わなかった保険医療機関の指定が申請された場合，厚労大臣は当該新規病床の全部又は一部の指定を拒否できることになっている（65条4項）[7]。

医療提供体制に係る医療法と医療保険に係る健保法では，法体系を異にするが，病床と医療費との相関から，過剰病床の指定の拒否には合理性がある。また，健保法（2条）が「医療保険の運営の効率化，給付の内容及び費用の負担の適正化」等を制度の基本的に理念に掲げていることとも，整合的である。つまり，国民皆保険体制の下で，病院等としては，保険医療機関となる以外に病院経営は成り立たないのが現実であるとしても，その負担は，被保険者の保険料等に帰着することから，制度としては，給付と負担の両面を考慮すべきである。

さらに，指定拒否は厚労大臣の権限であって，義務ではない。しかも，手続き上，地方医療協議会の議を経ることが義務付けられており（健保法67条），三者構成である地方医療協議会の構成員には，医師等の医療代表が入る（社会保険医療協議会法3条）ことから，医療提供側の意向もそこに反映され得ることになる。

（4）健保以外の保険医療組織
健保以外の被用者保険は，保険医療機関等で診療を受けた場合に療養の給付

---

(7) 医療法の勧告が，相当程度の確度で健保法の指定拒否処分につながる可能性があることから，過剰病床に係る勧告の処分性が問題となった事案がある。この点，最高裁（最二小判平成17年7月15日民集59巻6号1661頁）は，「勧告の保険医療機関の指定に及ぼす効果及び病院経営における保険医療機関の指定の持つ意義を併せ考えると，この勧告は，行政事件訴訟法3条2項にいう『行政庁の処分その他公権力の行使に当たる行為』に当たると解するのが相当である。後に保険医療機関の指定拒否処分の効力を抗告訴訟によって争うことができるとしても，そのことは上記の結論を左右するものではない。」と判示している。

を行う旨を規定している（船保法28等）。国保の場合には，以前は，独自の「療養取扱機関」，「国民健康保険医」が存在したが，1994年改正により健保の「保険医療機関」，「保険医」等が診療を担当することになった。後期高齢者医療も，独自の保険医療組織を設けず，健保法の保険医療組織が保険医療を担うことになっている。

これに対する健保法でも，保険医療機関等は，船保法，国保法等の療養の給付等を担当することを規定している（健保法70条2項）。この結果，健保法の保険医療機関等は広く医療保険のための共通の保険医療組織となっている。

4　診療報酬制度

（1）診療報酬の概要

医療保険の保険者と加入者（患者）からみた療養の給付とは，医療保険が保障すべき給付範囲であり，それ以外が加入者の一部負担金（自己負担）ということになる。しかし，これを医療機関等の側から見れば，療養の給付とは，患者の自己負担と並ぶ医療機関等の収入の原資であり，医療サービス従事者の収入，医薬品，医療材料，光熱費等に充てられる。この医療機関等がその行った医療サービスの対価として医療保険から受け取る報酬が**診療報酬**である。

診療報酬の骨格を成すのが**診療報酬点数**，**薬価**及び**特定保険医療材料**及びその価格である（図8-8）。診療報酬点数が医療行為の技術やサービスを評価して点数化したものであるのに対して，薬価基準は物としての医薬品の価格の評価である。また，特定保険医療材料は，医療材料の材料価格である。

このうち，診療報酬点数は，個々の医療技術やサービスを分類するに当たって，大きく**医科診療報酬**，**歯科診療報酬**及び**調剤報酬**に分かれる。日本の診療報酬点数は，非常に細かく細分化されているが，大枠としては，以下のとおりである。

① 初診料，再診料，及び入院料で構成される基本診療料

図8-8　診療報酬等の体系

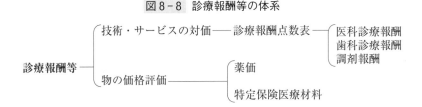

◆ 第8章 ◆ 医療保険法

②医学管理等，在宅医療，検査，画像診断，投薬，注射，リハビリテーション，精神科専門療法，処置，手術，麻酔，放射線治療及び病理診断で構成される特掲診療料

③入院時食事療養費

一方，薬価基準は，医療保険が給付対象とする薬剤のリストであるとともに，その価格表である。同じく物である保険医療材料の場合には，患者ではなく臨床現場で使用されることから，技術料への加算又は技術料への包括として評価されることがある。しかし，技術料と比較して価格が高い場合や市場規模が大きい場合には，特定保険医療材料及びその価格として，技術料とは別途評価されることになる。

診療報酬点数，薬価及び特定保険医療材料（以下「診療報酬等」という。）は，国により公定されており，物価・人件費の動向，医療環境の変化等を勘案して定期的に改定される。また，点数化されていない医療行為を行ったり，薬価基準又は特定保険医療材料に収載されていない薬剤又は医療材料を使用しても，医療保険の給付対象とはならない。この意味で，診療報酬等は，医療サービスの価格表又は医療保険の精算基準という性格とともに，保険による医療サービスの範囲を決定する実質的な基準としての性格を併せ持つといえる。

（2）診療報酬等の意義

診療報酬等とは，保険医療機関等がその提供した保険医療サービス又は物に対する対価として保険者から受け取る報酬である。点数表による診療報酬は，点数×単価（10円）で算定されるが，単価の方は固定されていることから，点数の多寡が報酬の水準を決めることになる。つまり，診療報酬等は，医療サービスの具体的内容・範囲を決定するという性格とサービスの価格表としての性格（保険金支払いの精算金基準としての性格）を併せ持つことになる。薬価及び特定保険医療材料及びその価格の場合にも，品目表としての性格と価格表としての性格を有することになる[8]。さらに，診療報酬等は，実際上保険医療の内容を画する効果を有しており，その点で医療に関する政策誘導手段ともなっている。

---

(8) 薬価について言えば，薬価基準に収載された医薬品以外の使用が禁止され（療担規則19条，保険薬局等療養担当規則9条），薬剤料として請求できる額は薬価基準に準拠することになる（薬価告示））。

◇ 第2節 ◇ 医療保険の概要

　診療報酬等は，厚労大臣が中央社会保険医療協議会（以下「中医協」という。）の議論を踏まえて厚労大臣告示により決定する。改定については，通常は2年に1回，医療経済実態調査，薬価調査，医療材料価格調査等も含めたデータに基づき医療経営の実態を把握した上で，物価・賃金の動向，医業を取り巻く諸状況を総合的に勘案し改定される。改定に当たっては，その基本方針は社会保障審議会（医療保険部会，医療部会）が決めるほか，改定率自体は政府が決定する。このため，中医協の役割は，具体的な点数に関する議論ということになる。

（3）診療報酬等の請求

　各医療機関等は，患者に対して提供した保険医療サービス等の金額を診療報酬点数表等に基づき算定し，そこから患者から徴収する一部負担を除いた金額を保険請求額として診療報酬等の審査・支払機関に請求する。この場合の請求は，毎月初めに前月分を患者毎にまとめて行う。その際には，診療報酬等の請求書とともに，診療報酬点数表等に基づき診療内容を記載した診療報酬明細書（レセプト）を提出することになっている。

　我が国の診療報酬請求等の特徴の一つは，各医療機関等が個別の保険者に診療報酬等の請求を行うのではなく，被用者保険の場合であれば支払基金に，国保の場合であれば国保連に請求する点である。

　審査・支払機関は，審査結果に基づき査定を行う。このため，以下の場合には医療機関等は患者との関係で過払いが発生する可能性がある。

　①　審査支払機関による診療報酬の審査の過程で減額査定が行われ，保険医療機関等に減額支払いが行われた場合

　②　厚労大臣による監査・個別指導の結果，保険医療機関等の不適切な請求（不正請求等）が確認され，保険医療機関等に対して過払金の返還の指導が行われた場合

　仮に診療報酬の過払いがあった場合には，患者との関係でも保険医療機関等に不当利得（民法703条）が生じている可能性があり，医療費通知等により患者が過払いを認識した患者は，過払金の返還を求める余地がある。

195

◆第9章◆　年金保険法

第9章

年金保険法

第1節　年金制度の概観

1　年金の意義

　公的年金（以下単に「年金」という場合がある。）は，社会的リスクである老齢，障害又は死亡による収入の途絶に対して，現金給付によって，これを救済する**所得保障である**[1]。その果たす機能としては，**①貯蓄機能，②所得再分配機能，③リスク分散機能**がある。

　所得保障としては，年金（防貧）以外にも生活保護等の公的扶助（救貧）がある。また，年金の中には，無拠出制年金が存在し，所得制限が伴うものも多い。所得制限付きの年金であっても，生活保護のようなミーンズテストを伴わない等の点で違いがある。ただし，保険料拠出を欠く点では，生活保護と同じ社会扶助に分類される。

　現在，私的年金は存在するものの，老後生活の保障の中心となっているのは，終身年金でスライドによる改定もある公的年金である。経済社会の変動にもかかわらず，このような終身年金及びスライドを可能ならしめているのは，財源としての過去の積立金のみならず，現在の保険料及び国庫負担による公費が投入されていることが大きい。その点では，年金は，老後生活の保障を世代間連帯により実現する仕組みである。とりわけ，完全賦課方式の場合には，世代間連帯の色彩が強くなる。

---

(1)　年金（pension）は，ラテン語の pendere（支払う），pensio が語源である。我が国では，「年」金とは言うが，国年も厚年も一定期月（偶数月）に支給される。民法（689条等）に「終身定期金」が規定されているが，年金各法はその特別法ともいえる。

196

◇ 第 1 節 ◇ 年金制度の概観

図 9-1 公的年金と私的年金との比較

	公的年金	私的年金
目的	老後の所得保障の柱（社会保障）	より豊かな老後生活（個人の自助努力）
加入	強制加入	任意加入
給付	スライドあり（物価，国民生活の向上に応じて改定し，実質価値を維持）	スライドなし（公的年金のような年金額の実質価値の維持は困難）
支給期間	終身年金	有期年金が中心
年金の原資	本人及び後世代の支払った保険料，運用収入，国庫負担（基礎年金の 1/2）	本人の支払った保険料，その他の運用収入

（出典）厚生省年金局『21 世紀の年金を「選択」する』（1998 年）13 頁を一部修正

　歴史的には，17 世紀フランスの宰相マザラン（Mazarin）にトンチ（L. Tonti）が提案したトンチン年金（Tontine）年金が知られている。現代の年金との関係では，公務員（官吏，軍人等）の恩給制度が先行する。また，社会保険による年金の制度化を可能にした背景としては，保険の技術と統計学の発達が重要である[2]。その意味では，年金制度は，20 世紀の社会的な発明ともいえる[3]。

2　制度の体系 ●　●　●

　我が国の年金制度は，企業年金も含めると，以下のように三階建ての制度設計となっている。このうち 1 階及び 2 階部分は，一定要件の下で国民全体を対

---

[2]　エヴァルド（F. Ewald）は，『福祉国家』（F. Ewald, *L'état providence*, Edition Grasset, 1986）の中で，福祉国家の起源・形成が法律における過失責任主義を乗り越える無過失責任原理（1989 年の労働者災害補償法）とそれを支える社会保険にあることを指摘している。そして，社会保険は，大数の法則に根差した保険の技術とリスクの計算を可能にする統計学の発達によって可能となったことも指摘する。これは，いわばリスクの統計学的予測可能性に裏付けられた保険社会の登場が福祉国家の基礎であるとの指摘である。

[3]　穂積陳重『隠居論』（日本経済評論社，1914 年（復刻版 1978 年））622 頁は，養老基金制度を 20 世紀の未曾有の新制度と評価する。法制定には，自然科学的な意味での発見はないが，社会的な発明としては，年金以外に付加価値税がある。

197

◆ 第9章 ◆ 年金保険法

図9-2 公的年金の体系

| 2階建て年金 | = | 全国民共通の基礎年金 | + | 被用者年金独自の報酬比例年金 |

老齢基礎年金
障害基礎年金
遺族基礎年金

老齢厚生年金
障害厚生年金
遺族厚生年金

象として政府管掌で運営される公的年金である。

【1階】基礎年金…全国民共通

【2階】被用者年金（厚生年金）…基礎年金の上乗せとしての報酬比例年金

【3階】企業年金…確定給付年金，確定拠出年金等

また，社会保険中心主義の下での年金制度には，以下のような特徴がある。

① 老齢年金を中核とする長期保険

長期保険であることは，被保険者から見れば資格期間等の要件，保険者から見れば長期の財政方式等に反映される。また，社会から見れば，寿命の伸び及び少子化，核家族化等を反映した，私的扶養から公的扶養への代替ということになる。

② 国民皆年金

「農民にも恩給を」をキャッチ・フレーズに1961年に実現した国民皆年金は，その後の社会保険中心主義による社会保障体制の礎となっている。

③ 強制加入による拠出制年金

社会保険においては，一定の資格の得喪に関する事実に該当すれば当然に資格を取得する強制加入が原則である[4]。また，自助の要素もある拠出制年金を原則としており，無拠出制年金は例外的・限定的である。

④ 基礎年金による年金一元化

公的年金は，2階建てとなっている。この場合の厚年は，基本的に基礎年金の上乗せの給付を行う制度と位置付けられる（図9-2）。この場合の基礎年金

---

(4) 京都地判平成1年6月23日判タ710号140頁は，「国民年金制度は，老齢，障害，又は死亡によって国民生活の安定が損なわれることを国民の共同連帯によって防止し，もって健全な国民生活の維持及び向上に寄与することを目的とし，この目的を達成するために拠出制の社会保険による強制加入の公的年金制度を採用した」と判示している。強制加入とする理由としては，逆選択の防止（モラルハザードの防止），国家のパターナリズム（温情主義），長生き及び経済変動のリスク（将来の予測困難性）がある。

◇ 第1節 ◇ 年金制度の概観

図9-3　2階建て年金の基本的な形

老齢厚生年金	障害厚生年金	遺族厚生年金
老齢基礎年金	障害基礎年金	遺族基礎年金

［65歳以降の配偶者の老齢厚生年金及び遺族厚生年金の支給方法］

加給年金		経過的寡婦加算		加給年金 寡婦加算2/3	
老齢厚生年金	or	遺族厚生年金	or	老厚 1/2	遺厚* 2/3**
老齢基礎年金		老齢基礎年金		老齢基礎年金	

＊老厚は老齢厚生年金，遺厚は遺族厚生年金である。老厚の加給年金は全額，遺厚の寡婦加算は本体と同様の2/3を支給（2007年4月1日前の受給権者）
＊＊2007年4月1日以降の受給権者については，配偶者の遺族厚生年金の方が老齢厚生年金より高い場合には，当該老齢厚生年金を全額支給し，遺族厚生年金の方はそれとの差額を支給する方法が導入されている。

図9-4　併給の組合せ

国年 ＼ 厚年	老齢厚生年金	障害厚生年金	遺族厚生年金
老齢基礎年金	○	×	○
障害基礎年金	○	○	○
遺族基礎年金	×	×	○

（出典）厚生労働省資料を参考に作成

の財源は，各年金制度からの拠出金によって賄われる。

⑤一人一年金

　2階建て年金については，上下一体で一人一年金を支給するのが基本的考え方である（図9-3）。その際，1階部分（基礎年金）と2階部分（厚年）は，基本的に同一支給事由のものに限り併給を認めるのが原則となる。この同一支給事由による給付以外の場合には，一年金選択が原則となる。ただし，老齢基礎年金と遺族厚生年金の組合せをはじめとして，例外的に併給が認められる場合がある（図9-4）[5]。例えば，老齢厚生年金と遺族厚生年金については，何れ

(5)　従前，障害給付＋老齢給付の組み合わせは不可とされてきた。このため，障害基礎年金の受給者が就労し，老齢基礎年金及び老齢厚生年金の受給権を取得した場合，老齢基礎年金が障害基礎年金より低額であったとしても，障害基礎年金＋老齢厚生年金・遺

◆第9章◆　年金保険法

かを選択することのほか，遺族厚生年金の2/3と老齢厚生年金の1/2とを併給する選択等も可能となっている［本章第4節3参照］。

3　企業年金等 ●　●

企業年金は，公的年金の補足のための制度であり，両者は補完関係にある。我が国においては，高度成長期における退職債務の負担繰延，政府が行うよりも有利な年金給付の実現のため，大企業を中心に登場・発展してきた経緯がある[6]。

現在，企業年金は，経過的な制度も含めると，以下のとおりである。また，公的年金が基礎年金に限定され上乗せ給付がない自営業者等の第1号被保険者を対象として，老齢基礎年金の上乗せともいうべき**国民年金基金**が存在する。

① **厚生年金基金**（調整年金）

② **確定給付年金**

③ **確定拠出年金**

④ その他（自家年金等）

企業年金には，確定給付型年金のほかに確定拠出型年金がある。確定拠出のメリット・デメリットは，以下のとおりであり，確定給付の場合には，この逆となる[7]。

族厚生年金の組合せは選択できなかった。しかし，これは障害者の就労促進や障害者の生活基盤安定を阻害することから，2004年改正により，障害基礎年金＋老齢厚生年金・遺族厚生年金の併給が可能となった（2006年4月～）。

(6)　企業年金には，社会保障の論理と企業の論理が交錯する。例えば，年金が老後の生活保障の面で社会保障の一角を成すのは当然として，企業から見れば，長期の勤務に対する功労報償，生活保障等の退職一時金の代替的な要素がある。これが年金に報酬比例，期間比例的な要素がある理由の一つであり，企業年金が生まれた背景である。それだけに，長期にわたり優秀な労働力を確保するという日本的な雇用形態が変化するとき，これまで公的年金及び企業年金を支えてきた企業側の論理が通用しなくなることを意味する。

(7)　かつては，加入者の平均年齢が低かったことから，少ない掛金で高い給付を実現できたことから，確定給付型年金の創設のインセンティブが企業にはあった。しかし，加入者の年齢の変動まで織り込んで掛金を設計しなければ，少子高齢化による加入者の平均年齢が上昇することで支給までの期間が短くなり，年金原資の運用期間も短縮され，掛金を引き上げざるを得なくなる。さらに，運用利回りが低下することで，二重の困難に直面し，確定給付型年金のメリットが減少することになる。

◇ 第1節 ◇ 年金制度の概観

（メリット）

・給付が運用実績に応じて変動するため，企業の追加負担が必要。

・転職の場合の，資金の移転が容易。

（デメリット）

・給付が確定しないため，老後の生活設計が不安定。

4 受給権の構造 ● ● ●

年金の権利は，**基本権**と**支分権**に分けることができる。このうち基本権は，年金の支給要件に該当する間存続するのに対して，支分権は年金の支給の都度消滅していくことに違いがある。

> 基本権…受給権の裁定により確認される根本の権利（債権）
> 支分権…具体的な月々の年金債権

年金の受給権（基本権）は，受給権者の申請に基づき，厚労大臣が行う裁定により確定する。条文上，受給権者とは「権利を有する者」となっている（国年法16条，厚年法33条）。その意味で，この裁定は，権利の存在を前提とした上での**確認**行為であると解される[8]。

生存権保障の観点からは，年金の価値が維持され，生活水準の向上にも対応できることが重要である。給付の価値を維持するための手法としては，政策判断により改定が行われる**政策改定**のほか，物価，賃金等の指標の変動に応じて自動的に改定が行われる**自動スライド**がある。公的年金の特徴の一つは，物価又は賃金の変動に応じた**物価スライド**と**賃金スライド**が存在することである。ただし，年金の中でも，一時金等は政策改定により見直される。

スライドは，積立方式である民間保険では困難であり，それが公的年金の特徴及びメリットとなる。仮に積立方式でスライドを実施しようとすれば，将来の賃金上昇，物価上昇を予測する必要があるが，長期にわたる経済指標を予測することは，現実には難しいからである。

現在のスライド方式は，特例措置等の存在を別とすれば，以下の考え方に立っている。

---

(8) 最三小判平成7年11月7日民集49巻9号2829頁は，「画一公平な処理により無用の紛争を防止し，給付の法的確実性を担保するため，その権利の発生要件の存否や金額等につき同長官が公権的に確認するのが相当であるとの見地から，基本権たる受給権について，同長官による裁定を受けて初めて年金の支給が可能になる」と判示する。

◆ 第9章 ◆ 年金保険法

図9-5 マクロ経済スライドの仕組み

① 新規裁定者＝1人当たり手取り賃金の伸び率－スライド調整率*
② 既裁定者＝物価の伸び率－スライド調整率*

＊スライド調整率
　　＝公的年金全体の被保険者数の減少率＋平均余命伸率を勘案した一定率

・スライド方式 ┤ 完全自動物価スライド…年平均の全国消費者物価指数が
　　　　　　　　　　　　　　　　変動したときに，その比率を基
　　　　　　　　　　　　　　　　準として翌年の4月に年金額を
　　　　　　　　　　　　　　　　改定
　　　　　　　　 可処分所得スライド…現役世代の手取り賃金の伸びに応
　　　　　　　　　　　　　　　　じて過去の賃金を改定

　このうちの完全自動物価スライドには，年金の価値を維持する機能が，また，可処分所得スライドには，現役世代の生活水準の向上を年金に反映する機能が存在している。実際のスライドは，年金の改定率の改定により行われる。新規裁定の際の改定率には，物価スライドのみならず賃金スライドが適用される。これに対して，既裁定年金の年々の改定は，物価スライドにより行われる。

　さらに，2004年改正により，給付水準の自動調整の仕組みとして，**マクロ経済スライド**が導入された。これは，支える力（被保険者数）の減少を反映する（実績準拠法）とともに，年金受給期間（平均余命）の伸びによる給付の増大を反映する（将来見通し平均化法）ための仕組みである。具体的には，年金額の改定は，新規裁定者については可処分所得スライド，既裁定者については物価スライドを実施することに加えて，スライド調整率の分だけスライド率が減じられることになった（図9-5）。ただし，既裁定年金のスライド調整に当たっては，スライド後の年金改定率をマイナスとしないよう，名目年金額が下限となっている（名目年金額下限型）。

　マクロ経済スライドが導入された理由には，**保険料水準固定方式**により，保険料が固定されたことがある。このため，保険財政安定のために，保険料を引き上げる選択肢がなくなり，マクロ経済スライドが給付面での調整機能を担うことになった。従って，マクロ経済スライドは，年金財政が安定するまでの調整期間に限って適用されることになっている。

◇第2節◇ 老齢年金

5 公的年金の給付水準 ●　●　●

　給付水準については，ILO102号条約が妻を有する30年加入の男性労働者の**所得代替率**（従前所得に対する年金の割合）を40%以上とするよう義務付けている。それを超えて如何なる水準を保障するかは，立法府の合理的裁量に委ねられることになる。我が国の場合，生存権が年金のみによって保障されるわけではなく，国民生活，経済社会等の状況を踏まえ，かつ，生活保護等の制度も含めて総合的に考える必要がある。

　この点で重要となるのは，年金水準に関する歯止めである。2004年改正により，保険料水準固定方式の下でも，被用者の標準的な年金額の所得代替率で50%を確保することになっている[9]。国年の場合にも，標準的な年金額の所得代替率が50%以下にならないように調整することになっている。

　仮に財政検証時に給付水準が50%を下回ることが見込まれる場合には，マクロ経済スライドの終了等の措置，給付及び負担の在り方について検討を行い所要の措置を講ずることが規定されている（2004年改正法附則2条）。

●　● 第2節　老齢年金 ●　●

1 給付の概観 ●　●

　長期保険である老齢年金においては，保険事故の発生に加え，被保険者，保険料納付等の期間が受給要件となり，水準にも影響してくる。すなわち，老齢になった場合に，①公的年金制度に一定の期間（保険料納付済期間・免除期間が原則として10年以上）加入していること，②一定の年齢（老齢基礎年金の場合には原則65歳）になっていることを条件として，老齢年金は支給される。現在の平均的なライフコースを念頭に置くと，40年加入し，65歳から20年前後受給するイメージの制度である。

　このように保険給付を受けるために必要な被保険者期間を「**資格期間**」といい，被保険者になった月から被保険者でなくなった月の前月までを，月単位で

---

　(9)　所得代替率とは，一般に当該世帯の現役時代の平均的な手取賃金に対する新規裁定時に受け取る年金額の割合である。なお，50%下限の場合には，モデル年金（片働き世帯）を前提としており，男子被保険者の平均的な標準報酬による手取賃金額に対する夫婦2人分の満額の老齢基礎年金及び夫の老齢厚生年金（40年加入）の割合で計算される。

203

◆ 第 9 章 ◆　年金保険法

計算する。老齢厚生年金は，厚年の被保険者期間を有することを条件に老齢基礎年金に上乗せされるのが原則であることから，厚年との関係でも国年が重要となる。国年の資格期間の計算方法は，以下のとおりである。

　　　資格期間＝保険料納付済期間＋保険料免除期間＋合算対象期間（カラ期間）

　このうち**合算対象期間**はカラ期間とも呼ばれるように，資格期間には算入されるが，年金額に反映されない特例的な期間である。例えば，海外在住者で国年に任意加入しなかった期間，国年未加入であった厚年被保険者の配偶者（1961 年 4 月〜1986 年 3 月は，任意加入であったことによる）である。

2　国民年金 ● ●

（1）支給要件

　老齢基礎年金は，本則上，保険料納付済期間又は保険料免除期間（以下「**保険料納付済期間等**」という。）を有する者（資格期間が 10 年に満たない者を除く。）が 65 歳に到達することにより支給される。つまり，65 歳の年齢要件のほか，保険料納付済期間等に合算期間を加えた資格期間が 10 年以上あることが支給要件となる（国年法 26 条）。

　当該期間について，2017 年 8 月前は，低年金を防止し，老後生活に必要な年金水準を確保する観点から 25 年であったが，無年金者防止の観点から，2012 年の「公的年金制度の財政基盤及び最低保障機能の強化等のための国民年金法等の一部を改正する法律」（以下「年金機能強化法」という。）等により見直され，現在 10 年となっている。なお，合算対象期間（適用除外者が任意加入しなかった期間等）もこの 10 年要件に合算されるが，年金額には反映されない（国年法附則 9 条）。また，1986 年 4 月 1 日前の旧国年・厚年等の被保険者期間は，新法の国年の被保険者期間とみなされる（1986 年改正法附則 8 条）[10]。

（2）支給額

　老齢基礎年金額は，780,900 円に改定率を乗じた金額である（国年法 28 条）[11]。ただし，これは 40 年（20〜60 歳）加入の場合に支給される「満額の

---

(10)　このほか，旧厚年と共済に二重加入していた期間は，一方のみを保険料納付済期間とみなすことや，旧厚年の第 3 種被保険者の期間は，老齢基礎年金の算定上は実期間のみで計算する（実期間の上乗せを行わない）といった特例がある。

204

◇第2節◇ 老齢年金

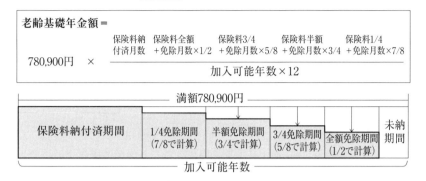

図9-6 老齢基礎年金の金額

老齢基礎年金の年金額」であって，加入年数が足りない場合には，**フルペンション減額方式**により減額される（資格期間は受給に必要な期間ということであって，満額の年金が支給されることを意味しない。）。この計算式は，多段階免除により免除された保険料部分は年金額に反映されないが，1/2の国庫負担相当部分は年金額に反映されることを意味する（図9-6）。

なお，基礎年金制度実施が1986年4月1日であったため，国年が実施された1961年4月1日以降の期間のうち，①厚年の被保険者期間であって20歳〜60歳の期間，②基礎年金制度導入前の国年の保険料納付済期間・免除期間も老齢基礎年金の計算対象となる[12]。

（3）付加年金

旧国年時代の1969年改正により導入された**付加年金**は，定額年金である老齢基礎年金の上乗せとしての役割を有する（国年法43条）。このため，付加年金は老齢基礎年金と合わせて支給され，老齢基礎年金の繰下げ，全額支給停止，失権等の場合には，付加年金も連動することになる（同46〜48条）。年金額は，

---

(11) 実際の年金額は，毎年スライド及びマクロ経済スライドにより改定されることから，本書では，以下その基となる本則上の金額を使用する。
(12) 国年創設時には，保険料免除期間，保険料免除期間＋保険料納付済期間が30年を超えた場合には，70歳から老齢福祉年金を支給していた。その後，1962年改正で，保険料免除期間について国庫負担相当分を拠出制年金の仕組みの中で支給する制度に転換し，この補完的老齢福祉年金は廃止された。

定額の付加保険料（400円/月）に対して，以下のとおり計算される。

　　付加年金額＝200円×付加保険料納付済期間（月数）

　なお，国年被保険者であっても，第3号被保険者は，付加保険料を納付することはできない。ただし，1986年4月1日前の被用者年金の被扶養配偶者としての国年の任意加入期間中に納付した付加保険料分は，付加年金として支給される（1985年改正法附則8条1項）。

（4）振替加算

　1926年4月2日〜1966年4月1日の間に生まれた老齢基礎年金の受給権者であって，その者の65歳到達時点において，その者の配偶者の老齢厚生年金等の加給年金の対象となっている場合に，その者の生年月日に応じた額を老齢基礎年金に加算するのが**振替加算**である（1985年改正法附則14条）（図9-7）。

　制度の趣旨は，1986年4月1日前に20歳以上であった被用者の妻等は国年に任意加入していない場合があることから，1986年4月1日以降の第3号被保険者の期間が短く老齢基礎年金の額が低くなるため，配偶者加給年金を考慮した一定額を支給する点にある。

　このため，加算対象となる老齢基礎年金の受給権者が老齢厚生年金等の受給権者の場合には，振替加算の対象外である。また，老齢基礎年金の受給権者であることを前提とするため，1926年4月1日以前に生まれた配偶者（妻等）には，65歳以降も振替加算ではなく加給年金が支給される。仮に夫（妻）が1926年4月1日以前に生まれの場合には，妻（夫）が1926年4月2日以後の

図9-7　加給年金及び振替加算のイメージ

（出典）日本年金機構ホームページ（http://www.nenkin.go.jp/service/jukyu/rou-reinenkin/kakyu-hurikae/20150401.html）を参考に修正

◇第2節◇　老齢年金

生まれで老齢基礎年金が支給されるときでも，振替加算ではなく夫（妻）の加
給年金となる。

　振替加算の対象となった老齢基礎年金の受給権者が障害基礎年金，障害厚生
年金等を受給できる間は，当該加算相当額が支給停止される（1985年改正法附
則16条）。なお，障害厚生年金についても，配偶者の老齢基礎年金に振替加算
がある。

　加算額は，以下のとおりである（19985年改正法附則14条1項）。計算に当た
り，改定率に加え，生年月日に応じて逓減する加算率（1.000～0.067）が乗ぜ
られる。これは，配偶者の第3号被保険者の加入可能な期間を考慮した率であ
る。

　　　　加算額＝　224,700円　×　改定率　×　加算率

　振替加算に関連して，合算対象期間のみの者に係る老齢基礎年金がある。こ
れは，合算対象期間等のみで受給資格期間を満たしている者（保険料納付済期
間・保険料免除期間・学生納付特例制度の保険料免除期間がない者）であって，
1926年4月1日～1966年4月1日の間に生まれた者については，振替加算相
当額の老齢基礎年金を支給するものである（1985年改正法附則15条）。制度の
趣旨は，合算対象期間のみの者の老齢基礎年金額は0であるが，加給年金の対
象となっていた配偶者には，特例的に振替加算相当の老齢基礎年金を支給する
点にある。

3　厚生年金 ●●●

（1）支給要件

　老齢厚生年金は，保険料納付済期間と保険料免除期間を合算した期間が10
年以上であって，65歳以上である場合に支給される（厚年法42条）。つまり，
2階建て年金の2階部分である厚年の支給開始年齢は，国年と同じ65歳が原
則となっている。

　ただし，国年と異なり適用年齢の上限が70歳であることから，65歳以降に
加入期間を満たした場合にも受給権が発生する場合がある。また，本則上は
65歳から支給開始であるが，もともと男子60歳，女子55歳が支給開始年齢
であったことから，附則により，65歳未満であっても厚年独自の給付として
特別支給の老齢厚生年金がある。

　また，支給開始年齢については，制度発足時から65歳であった国年と異な

207

◆第9章◆ 年金保険法

図9-8 厚年の支給開始年齢の引上げ

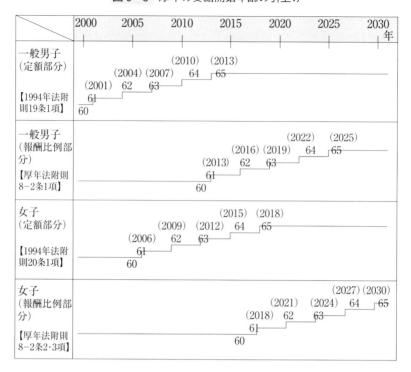

り，厚年の場合には，もともと55歳であった。このため，累次の改革により支給開始年齢が65歳になるよう引上が実施されており，現在も引上途上にある（図9-8）。具体的には，老齢厚生年金の定額部分について，男性が2001年度から2013年度まで，女性が2006年度から2018年度まで，何れも3年に1歳ずつ引き上げられてきた。また，報酬比例部分については，男性が2013年度から2025年度まで，女性が2018年度から2030年度まで，それぞれ3年に1歳ずつ引き上げられることになっている。つまり，女性が男性より5年遅れで引上げられることになる。

　資格期間は，本則上は保険料納付済期間及び保険料免除期間のみである（厚年法42条）が，国年と同じように，1986年4月1日前の旧国年の任意未加入期間，海外居住期間等が合算対象期間となる（図9-9）[13]。1985年改正前の

---

(13) 1986年4月1日前の旧国年・厚年等の被保険者期間は，新法の厚年の被保険者期間

◇第2節◇ 老齢年金

図9-9 資格期間の計算

旧法のような厚年のみの資格期間（15〜20年）はなくなっており，老齢基礎年金の資格期間を満たした場合に，その上乗せとして支給される。従って，老齢基礎年金の受給権を取得していれば，厚年の加入期間が1月（60〜64歳の厚年の独自給付の場合には，1年）でもその分の老齢厚生年金が支給される。逆に，老齢基礎年金の受給資格期間を満たさなければ，厚年の給付はなされない。

（2）支給額

老齢厚生年金の金額は，平均標準報酬に給付乗率及び被保険者期間を乗ずる報酬比例・期間比例が基本的考え方である。すなわち，フルペンションの場合には，被保険者期間中の平均標準報酬の一定割合が支給されることになる。

しかし，平均標準報酬については，2003年4月以降，総報酬制の導入により，標準報酬月額ではなく総報酬に対応した標準報酬額に変わっている。このため，制度改革の前後で計算方法が異なる。両方の期間にまたがる場合には，標準報酬月額と標準報酬額に対応する期間ごとに計算する。この厚年の給付額の計算の基礎となる平均標準報酬については，過去の報酬をその後の手取賃金上昇等に応じて再評価が行われる。

給付乗率には，従前所得保障の考え方がある。仮に給付乗率7.5で40年間加入すれば，従前所得の3割が保障される計算になる。実際の乗率には，年齢により被保険者期間の上限が異なることから，被保険者期間の短い高年齢者ほど乗率が高くなるよう，7.5から1までの幅があった。それに加え，5％の適正化による引下げ及び総報酬制の導入により，現在は，要件によって異なる乗率が適用される（図9-10）[14]。

とみなされる（1985年改正法附則8条，48条2項）。その場合には，旧厚年と共済に二重加入していた期間は，一方のみを保険料納付済期間と見なされる。また，旧厚年の第3種被保険者の期間は，老齢基礎年金の算定上は実期間のみで計算される。

(14) 1994年改正による5％適正化は，将来，平均的な加入期間が延びることに伴う年金

◆第9章◆　年金保険法

図9-10　老齢厚生年金の金額

・次の計算式のⅠ，Ⅱのうち高い方の額が支給される（丈比べ方式による従前額の保障）。
・図のうちのⅢは，2000年改正の際に，2000年度～2002年度の物価特例水準（マイナスの物価スライドを行わず本来水準より高い水準）を適用したため，5％の給付は適正化後の本来水準より高い水準の年金が支給されることになった。その一方で，本来水準に追いつくまで物価スライド及び賃金スライドも適用しないこととされた。現在，物価特例水準は終了しており（2014年度），Ⅰ及びⅡのみが適用される。

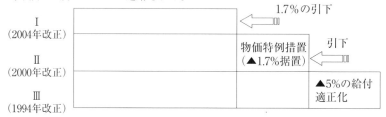

[計算式]
Ⅰ．2004年改正の水準

年金額＝①(総報酬制導入前の被保険者期間分)＋②(総報酬制導入後の被保険者期間分)

$$① ＝ 平均標準報酬月額 \times \frac{7.125～9.5}{1000} \times 被保険者月数（～2003年3月）$$

$$② ＝ 平均標準報酬額 \times \frac{5.481～7.308}{1000} \times 被保険者月数（2003年4月～）$$

＊この場合の平均標準報酬は，2004年改正を反映させた再評価率を適用。

Ⅱ．2000年改正の水準

年金額＝｛①(総報酬制導入前の被保険者期間分)＋②(総報酬制導入後の被保険者期間分)｝×従前額改定率

$$① ＝ 平均標準報酬月額 \times \frac{7.5～10}{1000} \times 被保険者月数（～2003年3月）$$

$$② ＝ 平均標準報酬額 \times \frac{5.769～7.692}{1000} \times 被保険者月数（2003年4月～）$$

＊この場合の平均標準報酬は，1994改正の再評価率を適用することにより，従前額保障。また，従前額改定率＝前年度の従前額改定率×物価変動率×スライド調整率となっており，1994年度～現在の物価スライドの累積率が適用。

（3）特別支給の老齢厚生年金等

特別支給の老齢厚生年金は，厚年の被保険者期間を1年以上有する者が，老

給付の水準の上昇を抑制するという考え方によるものである。

◇ 第 2 節 ◇ 老 齢 年 金

図 9-11 特別支給の老齢厚生年金の年齢引上げ（男性の場合）

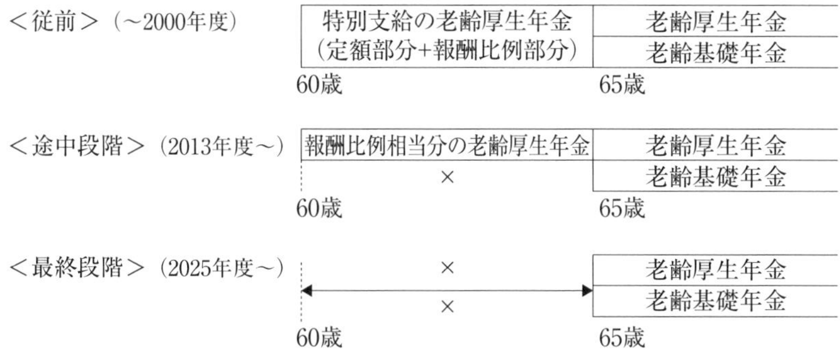

＜従前＞（～2000年度）

特別支給の老齢厚生年金 （定額部分＋報酬比例部分）	老齢厚生年金
	老齢基礎年金

60歳　　　　　　　　　　　　　　　65歳

＜途中段階＞（2013年度～）

報酬比例相当分の老齢厚生年金	老齢厚生年金
×	老齢基礎年金

60歳　　　　　　　　　　　　　　　65歳

＜最終段階＞（2025年度～）

× ×　→	老齢厚生年金
	老齢基礎年金

60歳　　　　　　　　　　　　　　　65歳

齢基礎年金の受給資格期間を満たすことを条件に，65 歳までの一定期間（開始年齢は生年月日により異なる）支給される。65 歳以上と同様に老齢厚生年金ではあるが，年齢によっては報酬比例部分とともに定額部分も支給される点が特徴である。ただし，3 年ごとに 1 歳の支給開始年齢の引上げが定額部分から開始され（男子：2001～2013 年度，女子：2006～2018 年度），それが終わった段階で報酬比例部分の引上げ（男子：2013～2025 年度，女子：2018～2030 年度）に移ることにより，支給対象者が減少していくことになる（図 9-11）。

　このほかにも，60 歳代前半の厚年支給に関連して，以下のような特例がある。

① 障害者の特例

　老齢厚生年金の受給権者が障害状態（1～3 級）にある場合には，請求に基づき，報酬比例部分のほか定額部分（配偶者がいれば加給年金も加算）が支給される（法附則 9-2 条）。これは，60 歳以降働くことが困難な障害者のための措置であり，障害年金が支給される場合には，障害年金との選択となる。なお，年金機能強化法により，請求時からではなく，障害の状態になった時点に遡及して支給される（法附則 9-2 条 5 項）。なお，障害者の特例の場合にも，支給開始年齢の引上げが行われることから，報酬比例部分支給の経過措置対象であることが前提となる。

② 長期加入者の特例

　厚年の被保険者期間が 44 年以上であるとき（例えば，中卒者が 60 歳まで勤務）は，60 歳から報酬比例部分のほか定額部分（配偶者がいれば加給年金も加

◆第9章◆ 年金保険法

算)が支給される(法附則9-3条)。なお,長期加入者の特例の場合にも,支給開始年齢の引上げが行われることから,報酬比例部分支給の経過措置対象であることが前提となる。

③坑内員・船員の特例

坑内員・船員の被保険者期間が15年以上あるときは,60歳から定額部分(配偶者がいれば,加給年金も加算)と報酬比例部分が支給される(法附則9-4条)。ただし,抗内員・船員も支給開始年齢の引上げにより,1958年4月2日から1966年4月1日までの間に生まれた者は,特別支給の老齢厚生年金(報酬比例部分・定額部分)の受給開始年齢が段階的に61歳から64歳となる。

(4) 在職老齢年金

在職老齢年金は,就労しながら年金を受給する場合の年金の一部又は全部の停止により減額された年金である(図9-12)。これには,65歳を挟んで類似するが異なる二つの仕組みが存在する。すなわち,60歳代前の在職老齢年金が厳しい減額であるのに対して,60歳代後半以降の在職老齢年金は緩やかな減額となっている。これは,基礎年金の支給開始年齢との関係で,60歳代前半

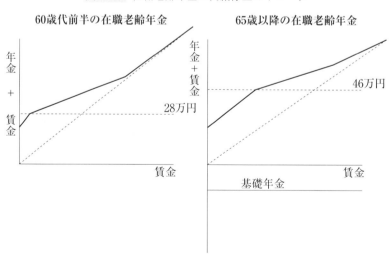

図9-12 在職老齢年金の支給停止のイメージ

(出典)第25回社会保障審議会年金部会(平成26年10月1日)資料等を参考に作成

◇第 2 節◇ 老 齢 年 金

が名前のとおり特別な給付であることから，比較的低所得の受給権者に限り支給するのに対して，60 歳代後半以降は年金受給世代であることから，比較的高所得の受給権者に限り支給停止とするものである。もともと厚年は退職を支給要件とする退職年金に起源があり，在職支給停止が原則であった。その点では，現在基礎年金と合わせた 2 階建ての老齢年金になり，制度の性格も変化してきているが，在職老齢年金には，退職年金の名残があることになる。

制度の具体的仕組みは，以下のとおりである。

1）60 代前半の在職老齢年金

在職者が受ける 60 歳代前半の老齢厚生年金は，年金額と賃金に応じて支給停止される[15]。

　a．総報酬月額相当額と基本月額との合計額が 28 万円以下の場合は，支給停止なし（全額支給）。

　b．合計額が 28 万円を超えると，総報酬月額相当額が 46 万円までの場合は，合計額 28 万円を超える分の総報酬月額相当額 2 に対して，年金の月額 1 が支給停止。

　c．総報酬月額相当額が 46 万円を超える場合は，更に超える分だけ年金の月額が支給停止。

　　＊総報酬月額相当額：標準報酬月額＋標準賞与額総額× 1/12

　　　基本月額：老齢厚生年金額× 1/12

　　　28 万円：支給停止調整開始額

　　　46 万円：支給停止調整変更額

2）65 歳以上の在職老齢年金（基礎年金は全額支給）[16]

---

(15)　減額は，以下の 5 類型になる。

① 基本月額と総報酬月額相当額の合計が 28 万円以下の場合には，支給停止額＝ 0

② 基本月額と総報酬月額相当額の合計額が 28 万円を超え，基本月額が 28 万円以下で総報酬月額相当額が 46 万円以下の場合には，支給停止額＝（総報酬月額相当額＋基本月額－ 28 万円）× 1/2 × 12

③ 基本月額が 28 万円以下で総報酬月額相当額が 46 万円超の場合には，支給停止額＝（46 万円＋基本月額－ 28 万円）× 1/2 × 12 ＋（総報酬月額相当額－ 46 万円）× 12

④ 基本月額が 28 万円超で総報酬月額相当額が 46 万円以下の場合には，支給停止額＝総報酬月額相当額× 1/2 × 12

⑤ 基本月額が 28 万円超で総報酬月額相当額が 46 万円超の場合には，支給停止額＝ 46 万円× 1/2 × 12 ＋（総報酬月額相当額－ 46 万円）× 12

◆ 第 9 章 ◆ 年金保険法

65 歳以上の老齢厚生年金（報酬比例部分）の受給者が在職している場合に，賃金（標準報酬月額）に応じて老齢厚生年金の全部又は一部が支給停止される。

① 基礎年金は支給停止せず，全額支給

② 総報酬月額相当額＋老齢厚生年金 ≦ 46 万円の場合には，満額の老齢厚生年金を支給

③ 総報酬月額相当額＋老齢厚生年金 ＞ 46 万円の場合には，総報酬月額相当額の増加 2 に対して年金額 2 を停止

（5）加 給 年 金

老齢厚生年金（被保険者期間が原則 20 年以上）の受給権者に配偶者（原則 65 歳未満）又は子（18 歳到達年度末まで，障害児の場合は 20 歳未満）がある場合に支給されるのが**加給年金**である（厚年法 44 条）[17]。ここには，生計維持関係にある者の生活保障も含めて給付を行うという被用者年金の特徴が現れている。従って，婚姻要件，年齢要件等のほかに生計維持要件の消失も失権事由となっている。

年金額は，224,700 円に改定率を乗じた金額が基本となる。子の場合には，3 人目以降 1 人 74,900 円に改定率を乗じた金額となる。なお，老齢厚生年金受給者の生年月日に応じて，最高で 165,800 円に改定率を乗じた金額が配偶者の特別加算として加給年金額に加算される（1985 年改正法附則 60 条 2 項）。配偶者のみ特別加算があるのは，自ら老齢厚生年金を受給する 65 歳以上の配偶者との均衡を考慮した措置である。

2 離婚時年金分割 ● ● ●

（1）離婚時の年金の取扱い

離婚時の財産分与において，将来受給する年金を扶養的財産分与の中で勘案

---

(16) 2004 年改正により，2007 年 4 月から，それまでは 70 歳未満のみであった支給停止が 70 歳以上の受給者にも拡大された。ただし，70 歳以上の場合には，保険料徴収の対象とはなっていない。

(17) 加給年金の対象となるためには，厚年の被保険者期間 20 年以上が原則であるが，中高齢者の期間短縮の特例に該当する場合は適用対象となる（1985 年法附則 61 条 1 項）。これに対して，配偶者が老齢厚生年金（被保険者期間 20 年以上及び中高齢の 15 年の特例該当），障害厚生年金，国年の障害基礎年金等の支給を受けられるときには，配偶者加給年金は支給停止となる。

◇ 第 2 節 ◇ 老 齢 年 金

することはできるとしても，一身専属的である年金の受給権自体を共有財産として清算的財産分与の対象とすることはできないと解される[18]。また，仮に離婚時に配偶者同士で年金を勘案した財産分与を実現しようとした場合には，裁判所の判断によって結論が変わってくることになる。

その一方，第 3 号被保険者制度の観点からは，厚年の被保険者全体で第 3 号被保険者の基礎年金に必要な保険料を負担しているが，第 3 号被保険者固有の受給権は基礎年金に止まっていた。このため，離婚時において，第 3 号被保険者は，その配偶者の老齢厚生年金に対して何らの権利も有しないことになる。

このように年金と離婚制度が交錯する中で発生する課題に対応したのが，2004 年の制度改正で導入された**離婚時年金分割**制度である。これにより，年金制度の側から離婚時の財産分与問題の解決が促進されることになる。

（2）制度の概要

離婚時年金分割は，厚年の報酬比例部分の**合意分割**と第 3 号被保険者の**3 号分割**に分かれる。何れの場合も，年金分割は厚年を対象とする制度であり，国年の老齢基礎年金等の基礎年金は関係しない。また，立法技術的には，年金自体を分割するのではなく，その前提となる標準報酬を改定することにより，結果的に受給時の年金が分割される（図 9-13）。

① 合 意 分 割

基本的な仕組みは，以下のとおりである（厚年法 78-2 条等）。

・離婚当事者の婚姻期間中の厚年の保険料納付記録を離婚時に限り当事者間で分割

・分割割合は 50% が上限

・分割割合は離婚当事者間の協議による合意に基づき，分割の請求を行うのが原則だが，合意がまとまらない場合は，当事者の一方の請求により裁判所が分割割合を決定

・分割後は，分割された分も含めた納付記録を基に自分自身の厚年として受給

---

[18] 判決例の中には，年金を財産分与の対象としたものもある。例えば，仙台地判平成 13 年 3 月 22 日判時 1829 号 119 頁は，原告の老齢厚生年金も被告の退職共済年金も婚姻の継続中原告と被告が協力して生活してきたことによって残された財産的権利と解するべきであり，離婚における清算と対象と認められるとする。

◆ 第9章 ◆ 年金保険法

図9-13 年金分割のイメージ

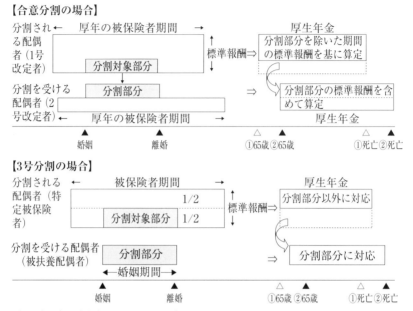

(出典) 厚生労働省ホームページ (http://www.mhlw.go.jp/topics/bukyoku/nenkin/nenkin/kousei-bunkatu/01.html) を一部変更

・請求期限は，原則，離婚等をした日の翌日から起算して2年以内

　重要なのは，上述のように年金分割というものの，法律上は標準報酬改定の特例（厚年法78-2条以下）という点である。婚姻期間中の厚年記録（標準報酬月額・標準賞与額）がある場合に，当事者の合意又は裁判所の審判により決められた按分割合に応じて標準報酬を分割することになる。この結果，改定された標準報酬が年金額に反映されることになり，年金を分割したのと同じになる。また，裁判所が按分割合を決めるに当たっては，「保険料納付に対する当事者の寄与の程度その他一切の事情を考慮して」決めることになる（厚年法78-2条2項）[19]。

---

(19) 実際には，財産分与の考え方に倣い，特段の事情がなければ按分割合を1/2とする判決例がある。例えば，東京家審平成25年10月1日判時2218号69頁は，「年金分割は，被用者年金が夫婦双方の老後等のための所得保障としての社会保障的機能を有する制度であるから，対象期間中の保険料納付に対する寄与の程度は，特別の事情がない限

◇第3節◇ 障害年金

② 3 号 分 割

第3号被保険者を有する第2号被保険者が負担した保険料は，夫婦が共同で負担したとの認識に立ち（厚年法78-13条）実施されるのが，第3号被保険者期間に係る厚年の3号分割である。基本的な仕組みは，以下のとおりである。

・離婚等の場合に，第3号被保険者からの請求により，婚姻期間中の第2号被保険者の保険料納付記録を1/2に分割
・第2号被保険者の同意及び当事者間の同意は不要
・分割の対象となるのは，施行日以後の第3号被保険者期間に限定
・分割後は，決定後の標準報酬を基礎に年金額を改定・決定
・離婚時に厚年の合意分割を請求する際に，第3号分割の期間が含まれる場合には，同請求と合わせて第3号分割の請求があったものとのみなし規定
・請求期限は，原則，離婚等をした日の翌日から起算して2年以内

3号分割の場合にも，法律上は年金自体の分割ではなく，第3号被保険者期間中の厚年記録（標準報酬月額・標準賞与額）を分割した上で，年金額を分割後の記録に基づき計算するものである（厚年法78-14条以下）。

● ● ● 第 3 節　障 害 年 金 ● ● ●

1　給付の概観 ● ● ●

障害年金は，加入中の傷病等が原因で障害の状態になった場合に，当該障害に起因する稼得能力の減退に着目して支給される。従って，障害の状態が支給要件として重要である。

障害の状態については，日常生活の制限の程度による場合と労働能力の制限の程度による場合がある。現行制度は，基本的に日常生活の観点から，1・2級の障害の程度が区分されているが，厚年固有の程度である3級の場合は，労

り，互いに同等とみて，年金分割についての請求すべき按分割合を〇・五と定めるのが相当であるところ，その趣旨は，夫婦の一方が被扶養配偶者である場合についての厚生年金保険法七八条の一三（いわゆる三号分割）に現れているのであって，そうでない場合であっても，基本的には変わるものではないと解すべきである」と判示している。このことは，婚姻期間中の年金に対する夫婦の寄与は同等という考え方に立っていると思われる。また，3号分割に関する被用者と被扶養者の共同負担認識にも合致する。

217

◆第9章◆　年金保険法

図9-14　障害の程度の区分

	1級	2級	3級
厚年	身体の機能の障害又は長期にわたる安静を必要とする病状が，日常生活の用を弁ずることを不能ならしめる程度のもの	身体の機能の障害又は長期にわたる安静を必要とする病状が，日常生活が著しい制限を受けるか又は日常生活に著しい制限を加えることを必要とする程度のもの	身体の機能又は精神・神経系統に労働が著しく制限を受けるか，又は労働に著しい制限を加えることを必要とする程度の障害を残すもの又は有するもの
国年			

働能力の制限の程度に依拠している（図9-14）。これは，国民共通の基礎年金導入（1985年改正）前の厚年が被用者の労働能力に着目していたことに由来するが，1・2級の場合には，改正により国年の日常生活の制限に統一された経緯がある。

　このほかの支給要件としては，被保険者等が傷病により障害となった場合であって，障害発生までの被保険者（加入）期間中に原則として被保険者（加入）期間の1/3以上の保険料未納がないこと等が必要である。

　以上，拠出制の障害年金の要件は，基本的に①被保険者要件，②障害要件，③保険料納付要件から成り立っていることになる。

2　国民年金 ● ●

（1）支 給 要 件

　障害基礎年金の支給要件の第一は，「**初診日**」において，①被保険者又は②国内居住の60〜65歳の被保険者であった者の何れかであって，障害認定日において障害等級に該当することである（図9-15）[20]。この場合の初診日とは，「疾病にかかり，又は負傷し，かつ，その疾病又は負傷及びこれらに起因する疾病（以下「傷病」という。）について初めて医師又は歯科医師の診療を受けた日」（30条）と定義されている。この点で，障害年金は「発傷病日」ではなく「**初診日主義**」を採用していることになる[21]。また，障害認定日とは，①初診

---

(20)　国年の被保険者は原則20歳以上であるが，厚年の場合には，20歳未満でも適用されることから，20歳未満の厚年被保険者（第2号被保険者）として国年の被保険者になることがある。

◇第3節◇ 障害年金

図9-15 障害基礎年金の支給の流れ

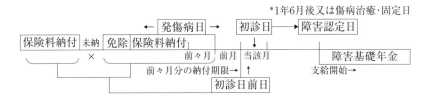

日から1年6月経過した日又は②それより前の傷病治癒日（症状固定日を含む。）である。被用者の場合には，障害認定より前の最長1年6月の間は傷病手当金が支給される。

　第二の要件は，保険料納付要件である。具体的には，初診日の属する月の前々月までに被保険者期間がある場合には，初診日の前日において，次の何れかの保険料納付要件を満たす必要がある。
　① 保険料納付済期間・保険料免除期間が被保険者期間の2/3以上あること
　　（保険料滞納期間が1/3超でないこと）＝2/3要件
　② 初診日が2026年4月1日前の場合には，初診日までの1年間に保険料の
　　滞納がないこと（1985年改正法附則20条）＝直近1年要件

（2）事後重症等

　障害年金においては，障害の程度が変化すること等を念頭に置いて，以下の制度が存在している。
　① **事 後 重 症**（国年法30-2条）
　障害認定日に障害等級に該当しなかった者が，その後65歳到達日の前日までに障害が悪化し障害等級に該当するようになった場合に，障害基礎年金を支給するものである。支給に当たっては，本人の請求が必要となる。
　② **基 準 傷 病**（国年法30-3条）等
　障害認定日に障害等級に該当しなかった障害者が，それ以降65歳到達日の前日までの間に，新たに別の傷病（基準傷病）による障害（後発障害）と障害等級に該当しなかった先発障害とを併合して初めて障害等級に該当した場合に，

---
(21) 初診日主義の趣旨は，初診日以後に保険料を納付し，受給要件を満たそうとする逆選択を防止である。

◆ 第9章 ◆ 年金保険法

障害基礎年金を支給するものである。この場合には，基準傷病の障害認定日が障害基礎年金の障害認定日となる。また，支給開始月は，請求月の翌月である。

（3）20歳前障害者に対する障害基礎年金

20歳前に初診日がある障害者については，①障害認定日以後に20歳に達したときは20歳から，また，②20歳後に障害認定日があるときは障害認定日から，それぞれ障害基礎年金が支給される（国年法30-4条）。さらに，20歳到達時点（障害認定日が20歳以後の場合は障害認定日）において，障害等級に該当しなかった者が，それ以降65歳到達日の前日までに障害が悪化し障害等級に該当するようになった場合にも，本人の請求により障害基礎年金が支給される。

初診日要件に関連して，20歳前の発症から病識の認識による受診までの期間が長期化する場合（例えば統合失調症）に，20歳前の発症日を初診日として障害基礎年金を支給できるかが問題となる。この点，国年法（30-4条1項）が初診日において20歳未満であることを明確に規定しており，年金裁定の画一的・公平な事務処理の必要性からも，発症日を初診日とすることはできないと解される[22]。

なお，1989年改正まで学生は国年の任意加入対象であったことから，未加入の間に障害の状態になったとしても，障害基礎年金の受給が認められなかった。このため，20歳前障害者との均衡（憲法14条違反の合理的理由のない差別）等を理由に無拠出制の障害基礎年金の適用を求める学生無年金訴訟が各地で起きた。これに対して，最高裁（最二小判平成19年9月28日民集61巻6号2345頁）は，①学生を強制加入とせず，保険料免除規定を伴わない任意加入としたこと，②任意加入しなかった学生に対して無拠出制の障害年金の対象とする立法措置を講じなかったことは，違憲（憲法14・25条）ではないと判示している。

---

(22) 最二小判平成20年10月10日判タ1285号57頁は，初診日要件に関して次のように判示する。「『その初診日において20歳未満であった者』とは，その疾病又はその負傷及びこれらに起因する疾病について初めて医師等の診療を受けた日において20歳未満であった者をいうものであることは，その文理上明らかである。…これは，国民年金事業を管掌する政府において個々の傷病につき発症日を的確に認定するに足りる資料を有しないことにかんがみ，医学的見地から裁定機関の認定判断の客観性を担保するとともに，その認定判断が画一的かつ公平なものとなるよう，当該傷病につき医師等の診療を受けた日をもって障害基礎年金の支給に係る規定の適用範囲を画することとしたものであると解される。」

◇第3節◇ 障害年金

　しかしながら，学生無年金等の問題が国年の発展過程で生じた特別な事情に鑑み，議員立法（特定障害者に対する特別障害給付金の支給に関する法律）が制定されている。これにより，障害基礎年金等を受給できない特別な事情にある障害者に対して，全額国庫負担による**特別障害給付金**（1級，2級）が支給される（2005年4月～）[23]。対象者は，① 1991年3月31日以前に学生であった者，② 1986年3月31日以前に被用者の被扶養配偶者であった者であって，任意加入していなかった期間中に初診日のある傷病により障害の状態にあるものの，障害基礎年金等を受給していないものである。

（4）支　給　額

　障害基礎年金の金額は，2級が満額の老齢基礎年金と同額であり，1級はその1.25倍となっている。これに加え，障害基礎年金には18歳未満の子に係る加算がある（国年法33-2条）。子の加算は，年金の支給時点において生計維持関係にある子のみならず，その後，子を有することになっても加算の対象となる。また，子の加算は，受給権発生時に18歳になった年度末まで（障害の状態にある子の年齢要件は，20歳未満）の子がいるときに支給される。なお，障

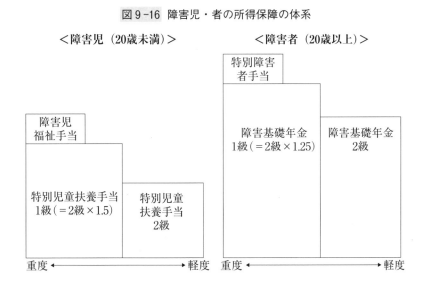

図9-16　障害児・者の所得保障の体系

―――――――――――
(23)　給付の名称は，年金とは区別して「給付金」となっている。

基礎年金には，障害厚生年金の配偶者加給年金に相当する年金はない。

　　障害基礎年金：1級　　780,900円×改定率×1.25
　　　　　　　　　2級　　780,900円×改定率
　　子の加算額：1人目・2人目　各224,700円×改定率
　　　　　　　　3人目から　　　　各74,900円×改定率

　20歳前障害に係る障害基礎年金については，無拠出制であることから2段階の所得制限がある。つまり，前年所得の多寡に応じて，①全額支給，②1/2支給停止，③全額支給停止である。

　障害基礎年金を所得保障体系からみると，障害児に対する特別児童扶養手当及び障害児福祉手当と障害基礎年金及び特別障害者手当が対応することになる（図9-16）。

（5）併合認定

　基準傷病のほか，先発の傷病による障害基礎年金の受給権者が後発の傷病によっても障害基礎年の受給権が発生する場合には，**併合認定**（加重認定）が行われる（国年法31条）（図9-17）。この場合には，先発及び後発の障害の何れも受給権が発生し得ることから，前後の障害を併合した障害基礎年金を支給することにより，一種の併給調整が行われることになる。また，1人1年金の原則による1年金選択の考え方からすれば，その例外ともいえる。なお，障害基礎年金が支給停止されている場合，又は新たに取得した障害基礎年金の受給権が支給停止される場合には，支給停止されている間は併合認定せず，支給停止されない方の障害基礎年金が支給される（同32条）。

図9-17　併合認定のイメージ

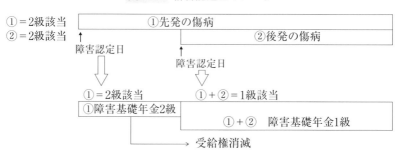

◇ 第 3 節 ◇ 障 害 年 金

（6）年金額の改定

　障害等級が変わった場合には，職権又は請求により年金額が改定される（国年法34条）。また，障害年金の受給権者が，65歳到達までの間に，障害等級に該当しない程度の別の障害（その他障害）が発生し，前後の障害を併合した場合に障害等級が上がるときは，年金額の改定を請求することが可能である（同34条4項）。

（7）失権事由

　以下の場合に，年金が失権する（国年法35条）。なお，障害等級に該当しなくなっても，65歳到達までは失権とはせず，支給停止である。
① 死亡
② 障害等級に該当しない者の65歳到達（ただし，障害等級に該当しなくなって3年を経過していない場合を除く）
③ 障害等級に該当しなくなった時点から65歳到達までのが3年未満の場合には，3年経過

（8）支給停止

　労働基準法の障害補償を受けられるときは，6年間障害基礎年金の支給が停止される（国年法36条）。また，20歳前障害者の場合の障害基礎年金については，①恩給，労災等の年金給付を受けられるとき，②監獄に拘禁されているとき，③日本国内に住所がないときは支給が停止される（同36-2条）。

　20歳前障害者の場合の障害基礎年金には，本人の所得制限による支給停止（全額又は1/2）がある（同36-3条）。ただし，災害による財産的損害が発生した場合には，所得制限が猶予される（同36-4条）。

3　厚生年金 ●●●

（1）支給要件

　障害厚生年金の支給要件は，以下のとおりである（厚年法47条）。
① 初診日に被保険者であること[24]

---

(24)　1985年改正より前の旧法（旧厚年法47条1項）では，発傷病日（「被保険者であった間に疾病にかかり，又は負傷した者」）に被保険者であることとされていたが，基礎年金の導入の際に国民年金の初診日主義に統一された。

◆ 第9章 ◆ 年金保険法

②障害認定日（初診日から1年6月経過した日，それまでに治癒・症状固定の場合
には，その日）に障害等級に該当すること

③保険料納付要件（障害基礎年金と同じ直近1年要件又は2/3納付要件）を満た
すこと

このうち保険料納付に関する直近1年要件は，65歳以上の場合には適用対
象外である（1985年改正法附則64条）ことから，2/3納付要件を充足する必要
がある。また，障害厚生年金については，65歳より前に障害等級に該当しな
くなった者（支給停止中の者）が65歳に到達した場合に原則として失権する等
の規定があることに注意する必要がある（厚年法53条2項）。

（2）事後重症等

障害厚生年金の場合にも，障害基礎年金と同様に事後重症及び基準傷病の場
合に年金が支給される。

① 事後重症（厚年法47-2条）

障害認定日に障害等級に該当しなかった者が，その後65歳到達日の前日ま
でに障害が悪化し障害等級に該当するようになった場合に，障害厚生年金を支
給するものである。支給に当たっては，本人の請求が必要となる。

② 基準傷病（厚年法48-3条）

障害認定日に障害等級に該当しなかった障害者が，それ以降65歳到達日の
前日までの間に，新たに別の傷病（基準傷病）による障害（後発障害）と障害
等級に該当しなかった先発障害とを併合して初めて障害等級に該当した場合に，
障害厚生年金を支給するものである。その場合には，基準傷病の障害認定日が
障害厚生年金の障害認定日となる。また，支給開始月は，請求月の翌月である。

（3）併合認定

障害厚生年金にも，**併合認定**がある。例えば，障害厚生年金（1・2級に継続
して該当する場合，1・2級に該当した後に障害が改善し3級となった場合）の受給
権者が，別の障害により障害厚生年金（1・2級）の受給権を取得した場合には，
前後の障害を併合した障害厚生年金を支給する（厚年法48条）。また，障害厚
生年金（1・2級に該当する場合，1・2級に該当した後に障害が改善し3級となった
場合）の受給権者が，別の傷病（その他障害）により軽度の障害の状態（1・2
級に該当しない程度）にある場合に，前後の障害を併合した障害厚生年金が支

◇ 第 3 節 ◇ 障 害 年 金

給される（同 52 条 4 項）。

（4）支 給 額

　障害厚生年金の額は，以下のとおり老齢厚生年金の額の例により算定される
（厚年法 50 条）。

　1 級：報酬比例の年金額 × 1.25 ＋ 配偶者加給年金額

　2 級：報酬比例の年金額 ＋ 配偶者加給年金額

　3 級：報酬比例の年金額

　障害厚生年金は，報酬比例・期間比例の年金だが，被保険者期間の月数が
300 月（25 年）未満の場合には，300 月として計算される。また，障害基礎年
金を受けることができない場合であって，1・2 級の障害厚生年金の額が 2 級
の障害基礎年金額の 3/4 に満たないときは，障害基礎年金の 3/4 相当額が障害
厚生年金の最低保障額となる。これに該当するのは，3 級の障害厚生年金の受
給権者や 65 歳以上の厚年の被保険者である。

　障害厚生年金には，**配偶者加給年金**がある（同 50-2 条）。これは，1・2 級の
障害厚生年金に限り，65 歳未満の配偶者に対して，224,700 円に改定率を乗じ
た額を加算するものである[25]。なお，老齢厚生年金の配偶者に対して 65 歳到
達まで行われる特別加算はない。

（5）年金額の改定

　障害年金の受給者の障害の程度が変わった場合には，等級の改定を職権又は
申請で行う（厚年法 52 条）。ただし，65 歳以後は障害基礎年金の対象外である
ことから，障害厚生年金のみが支給されることのないよう，3 級から 2 級・1
級への改定は，65 歳以降は原則として行わない（上下一体）。なお，例外は，
もともと 1・2 級であった障害厚生年金が 3 級に改定されていた場合であって，
この場合には支給停止されていた障害基礎年金の停止が解除されるため，65
歳以降であっても 3 級から 1・2 級への改定は可能である（同 57 条 7 項）。

---

(25)　1985 年改正前は子の加給年金があったが，改正により障害基礎年金の子の加算が設
　　けられたことに伴い廃止された。

(6) 失 権 事 由

次の場合に、失権する（厚年法53条）。

① 死亡
② 障害等級に該当しない者の65歳到達（ただし、障害等級に該当しなくなって3年を経過していない場合を除く）
③ 障害等級に該当しなくなった時点から65歳到達までの期間が3年未満の場合には、3年経過

(7) 支 給 停 止

障害等級に該当しなくなっても、65歳到達までは失権とはせず、支給停止の扱いである（厚年法54条）。このため、支給停止中のその他障害の併合認定のように、新たなその他障害が発生に伴う併合認定の結果、1・2級に該当することにより支給停止が解除されることがある。また、労働基準法の障害補償を受けられるときは、6年間障害厚生年金の支給が停止される（同36条）。

(8) 障害手当金

障害手当金は、被保険者が初診日から5年以内に傷病が治癒（症状固定を含む。）し、障害年金の等級に該当しない程度の障害が残った場合に支給される一時金である（厚年法55条）（図9-18）。この場合にも、障害基礎年金と同様の保険料納付要件がある。

障害手当金は、①厚年の受給権者（障害等級1～3級に該当しなくなってから3年経過した者を除く。）、②国年等の年金の受給権者、③労働基準法の障害補償、労災保険の障害補償給付等の受給権者には支給されない。

手当額は、報酬比例年金額の200/100である。計算に当たって被保険者月数

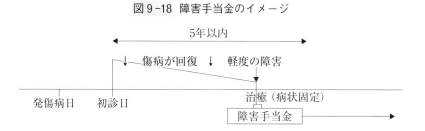

図9-18　障害手当金のイメージ

が 300 月未満の場合には，300 として計算される。また，最低保障額は，障害
厚生年金（3 級）×2 倍となっている。

第 4 節　遺族年金

1　給付の概観

（1）給付の意義

遺族年金は，被保険者（加入者）又は受給権者が死亡した場合に，その者に
生計維持されていた遺族に支給される。遺族年金の場合には，被保険者等では
ない遺族が保障の対象としての受給権者となることから，負担と給付の牽連性
が切断されている点に特徴がある。ただし，これには遺産相続的性格はなく，
遺族の生活保障等を目的として支給される遺族固有の給付である[26]。

（2）遺族の範囲

遺族の範囲は，遺族基礎年金の方が遺族厚生年金より狭い（図 9-19）[27]。こ
れは，遺族基礎年金が死亡者が生計維持者であったことに着目した生活保障で
あるのに対して，遺族厚生年金の方は，従前所得保障の色彩が強いことが影響
している[28]。

国年及び厚年の遺族年金の場合には，受給権者先順位者が失権しても，次順
位者への転給はない。この点は，次順位者への転給が存在する恩給，労災保険
等とは異なる。

---

[26]　国年の遺族基礎年金は，1985 年改正前の旧国年法の母子年金を継承するが，母子年
　　金のような受給権者本人の保険料拠出を要件としない。なお，1986 年 4 月 1 日時点で受
　　給権が発生している旧国年の母子年金及び準母子年金は，新法の遺族基礎年金に裁定替
　　えされている（1985 年改正法附則 28 条）。

[27]　もともと旧国年法の母子年金と同様に母子状態又は遺児状態にあることを要件とし
　　ていたが，2012 年の年金機能強化法により父子家庭にも支給が拡大された。

[28]　遺族厚生年金の短期要件の場合には，25 年加入みなしで年金額が計算される点には，
　　生活保障の性格が表れている。ところが，長期要件となると，死亡した受給権者の期間
　　比例・報酬比例の年金が遺族厚生年金にも反映されることから，従前所得保障の性格が
　　強まる。

◆第9章◆　年金保険法

図9-19　厚生年金と国民年金の遺族の範囲

国民年金（遺族基礎年金）		順位	厚生年金（遺族厚生年金）	
配偶者 ＊再婚の場合には失権	子 ＊配偶者が受給中は支給停止 ＊父又は母と生計同一の場合に支給停止（→配偶者が再婚により失権しても，配偶者と生計同一であれば，支給停止 ＊結婚している場合は非支給	1	配偶者 ＊再婚の場合には失権 ＊妻は年齢制限なし。夫は妻死亡時に55歳以上の場合に60歳から支給開始。ただし，遺族基礎年金の受給権者である場合を除く。	子 ＊配偶者が受給中は支給停止 ＊父又は母と生計同一の場合にも支給（配偶者が再婚により失権し，父又は母と生計同一であっても支給） ＊結婚している場合は非支給
		2	父母 ＊子死亡時に55歳以上の場合に，60歳から支給	
		3	孫 ＊結婚している場合は非支給	
		4	祖父母 ＊孫死亡時に55歳以上の場合に，60歳から支給	

（3）生計維持要件

　生活保障としての遺族年金の場合には，受給権の発生時点において，遺族と死亡者との間に生計維持関係が要件になることがある。この**生計維持要件**のメルクマールは，以下のとおり，生計同一要件及び所得（収入）要件である。生計維持要件は，死亡時（受給権発生日）等の認定日を基準時としてワンポイント主義で判定される。

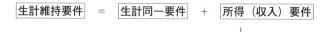

228

◇第4節◇ 遺族年金

（4）配偶者等

　民法が法律婚主義を採るのに対して，年金の場合には，**事実上の婚姻関係**（事実婚）にある者を配偶者，夫及び妻に含む（国年法5条，厚年法3条）[29]。ただし，以下の場合は，対象外である。

　①法律上の婚姻関係が成立しない事実婚関係（例えば，三親等内の親族）

　②法律上の婚姻関係が実体を全く失っていない場合の重婚的内縁関係

　さらに，事実婚の認定に当たっては，

　①当事者間に，社会通念上，夫婦の共同生活と認められる事実関係を成立させようとする合意があること（主観面）

　②当事者間に，社会通念上，夫婦の共同生活と認められる事実関係が存在すること（客観面）が要件として必要である（1980年5月16日庁保発15号）。

　これらの要件の中で特に問題となるのは，反倫理的と言える**重婚的内縁関係**である。実務上は，婚姻の成立が届出により法律上の効力を生ずるとされていることから，届出による婚姻関係を優先するとした上で，届出による婚姻関係がその実体を全く失ったものとなっているときに限り，内縁関係にある者を事実婚と認定している（2011年3月23日年発0323号通知）。判例としては，法律上の妻がその夫と事実上婚姻関係を解消することを合意した上，夫の死亡時まで長期間別居を繰り返し，事実上の離婚を前提とする養育料等の離婚給付を受け，婚姻関係も形骸化・その状態も固定化し，他方，夫は別の女性と事実上婚姻関係にあるという事案（農林共済）について，最一小判昭和58年4月14日民集37巻3号270頁は，法律上の妻が配偶者に当たらないと判示している[30]。

（5）保険料納付要件

　支給要件の一つが保険料納付要件である。遺族年金の場合も，被保険者（加

（29）　恩給法は，配偶者に事実婚関係を含むとの規定がない。最高裁は，法律上の規定がないことを理由に，恩給法72条1項にいう「配偶者」は，公務員と法律上の婚姻関係にある者に限られると解するのが相当と判示している（最二小判平成7年3月24日集民174号895頁）。

（30）　最一小判平成17年4月21日判時1895号50頁は，「婚姻関係は実体を失って修復の余地がないまでに形がい化していたものというべきであ」ると述べた上で，事実上の離婚関係を認めている。詳細は，第2章第2節2(3)参照。

229

◆ 第9章 ◆ 年金保険法

入者）期間中に原則として被保険者（加入者）期間の1/3以上の保険料未納が
ないこと（2/3要件），又は直近1年間に保険料の未納期間がないこと（直近1
年要件）が必要となる。

2 国民年金 ●　●

（1）支給要件

被保険者又は被保険者であった者が次に該当する場合に，遺族である子のある配偶者又は子に対して**遺族基礎年金**が支給される（国年法37条）[31]。
　① 被保険者の死亡
　② 国内居住の60～65歳の被保険者であった者の死亡
　③ 老齢基礎年金の受給権者の死亡
　④ 老齢基礎年金の受給資格を満たした受給前の者の死亡

（2）遺族の範囲

支給対象である遺族は，死亡者の死亡時点で生計維持関係にある以下の者である（国年法37-2条）。なお，胎児は，出生を停止条件として将来に向かって死亡時に生計維持関係にあるとみなされる。
　　① 配偶者…18歳の誕生日の属する年度までにある未婚の子（障害児の場合は20歳未満の未婚の子）と同一生計にある妻
　　② 子…18歳の誕生日の属する年度までにある未婚の子（障害児の場合は20歳未満の未婚の子）
　子に対する遺族基礎年金は，次の場合には支給停止となる（同41条2項）。
　　① 遺族基礎年金が配偶者に支給されるとき（配偶者が失権（再婚等）すると子への支給が開始）
　　② 生計を同じくする子の父又は母がいるとき（父又は母が死亡した場合には，子の母又は父には遺族基礎年金が支給）

（3）支給額

遺族基礎年金の基本額は，老齢基礎年金額となっている（国年法38条）。つ

---

(31)　老齢基礎年金の受給に必要な加入期間には，10年に短縮されたが，遺族基礎年金の関係では，短縮措置は適用されず，25年要件が課せられる。

◇第4節◇ 遺族年金

まり，死亡者の保険料納付済期間・免除期間の長短に関わらず，満額年金が支給される。

　また，子については，子の加算額が上乗せされる（同39条）。配偶者が受給権者の場合には，子も人数に応じた加算額が適用される。すなわち，2人目までは，224,700円に改定率を乗じた金額，3人目からは74,900円に改定率を乗じた金額である。これに対して，子が受給権者の場合には，1人目は加算対象とならず，2人目から加算が行われる。

（4）失　権

　遺族基礎年金は，次の場合に失権する。

① 配偶者・子共通の失権事由…死亡，婚姻，養子（直系血族・直系姻族との養子を除く）

② 配偶者固有の失権事由…全ての子が死亡，婚姻，配偶者以外の者の養子，離縁により死亡者の子でなくなること，配偶者と生計を同じくしなくなること，18歳の誕生日の属する年度の終了（障害児の場合には，それ以降20歳までの間に障害の状態でなくなること又は障害の状態のまま20歳到達）

③ 子固有の失権事由…離縁により死亡者の子でなくなること，18歳の誕生日の属する年度が終了（障害児の場合には，それ以降20歳までの間に障害の状態でなくなること又は障害の状態のまま20歳到達）

（5）支　給　停　止

　死亡者の死亡を事由とする労働基準法の遺族補償を受けられる場合には，支給停止となる（国年法41条1項）。また，配偶者が遺族基礎年金の受給権を有する間は，子に対する遺族基礎年金は支給停止となる（同41条2項）。

　このほか，遺族基礎年金の受給権者が1年以上所在不明の場合には，他の受給権者からの申請に基づき，所在不明者に対する給付は所在不明時点に遡及して支給停止となる（同41-2条，42条）。

3　厚　生　年　金　●　●　●

（1）支　給　要　件

　被保険者又は被保険者であった者が以下の要件に該当する場合に，遺族に対して**遺族厚生年金**が支給される（厚年法58条）。

231

◆ 第9章 ◆ 年金保険法

① 被保険者の死亡

② 被保険者である間に初診日がある傷病を原因とする初診日から5年以内の死亡[32]

③ 1級・2級の障害厚生年金の受給権者の死亡[33]

④ 老齢厚生年金の受給権者（保険料納付済期間等が25年以上に限る）等の死亡

このうち，①～③が短期要件として，一律に加入期間25年で年金額が計算されるのに対して，④は長期要件として，加入期間に応じて年金額が計算される。また，①及び②の場合には，保険料納付要件である2/3要件又は直近1年要件を満たす必要がある。

（2）遺族の範囲

支給対象となる遺族は，死亡者の死亡時点で生計維持関係にある以下の者である（厚年法59条）。

① 配偶者

妻…年齢に関係なく支給

夫…死亡時に55歳以上（60歳から支給。遺族基礎年金の受給権者の場合には，それより前から支給）

② 子…18歳の誕生日の属する年度までにある未婚の子（障害児の場合は20歳未満の未婚の子）

③ 父母…死亡時に55歳以上（60歳から支給）

④ 孫…18歳の誕生日の属する年度までにある未婚の孫（障害児の場合は20歳未満の未婚の孫）

⑤ 祖父母…死亡時に55歳以上（60歳から支給）

支給順位は，①配偶者・子，②父母，③孫，④祖父母である。ただし，後順位者は先順位者がいない場合に限り支給される（転給なし）。

子と配偶者は同順位であるが，配偶者と子では，配偶者が優先する（配偶者が遺族厚生年金を受けられる場合には，子への遺族厚生年金は支給停止）。また，配偶者が遺族基礎年金の受給権を取得しない場合（例えば，先妻の子と後妻とが生

---

(32) 死亡時点で国年被保険者であっても，初診日が厚年加入期間中であれば支給される。

(33) 3級は対象外だが，死亡が当該障害の傷病と相当因果関係にあれば支給される。

◇ 第 4 節 ◇ 遺 族 年 金

計同一でない場合）には，子への遺族基礎年金が支給される間は，配偶者への遺族厚生年金は支給停止（上下一体）となる（同 66 条）。

（3）支 給 額

年金額は，死亡者の報酬比例年金額の 3/4 である（厚年法 60 条）。受給者が 2 人以上の場合には，人数割で支給される。

年金額の算定上，加入期間については，短期要件該当と長期要件該当の場合で異なる。短期要件該当の場合（被保険者の死亡，被保険者である間に初診日がある傷病を原因とする初診日から 5 年以内の死亡，1 級・2 級の障害厚生年金の受給権者の死亡）であって，被保険者期間の月数が 300 月（25 年）未満のときは，300 月として計算される。これに対して，長期要件該当（老齢厚生年金の受給権者等の死亡）の場合には，300 月みなしはなく，実際の加入期間で計算される。

なお，老齢厚生年金の受給資格を満たしている被保険者が死亡した場合には，短期要件（加入期間は 300 月みなしだが，乗率は 7.5/1000）と長期要件（加入期間は実期間だが，乗率が生年月日によっては 7.5/1000 より高い）の両方に該当することから，額の高い方を選択することになる。仮に選択しなければ，短期要件で支給される（同 58 条 2 項）。

（4）配偶者に対する遺族厚生年金

2004 年改正前は，遺族である配偶者は，
① 死亡した配偶者の老齢厚生年金の 3/4
② 死亡した配偶者の老齢厚生年金の 1/2（＝配偶者の老齢厚生年金× 3/4 × 2/3）と本人の老齢厚生年金の 1/2 の併給

の何れか選択することになっていた。2004 年改正により，本人の老齢厚生年金を優先するとの考え方に立ち，
① 本人の老齢厚生年金を全額支給，又は
② 改正前の制度で支給される額と本人の老齢厚生年金を比較して，後者が少額の場合には，その差額を遺族厚生年金として支給することになった（図 9 -20）。

（5）中高齢寡婦加算

1985 年改正の際，厚年の報酬比例部分の水準が 1/2 から 3/4 に引き上げら

◆ 第9章 ◆ 年金保険法

図9-20 配偶者の遺族厚生年金の概念図

(例1) 配偶者の老齢厚生年金の3/4 ＜ 本人の老齢厚生年金

(例2) 本人の老齢厚生年金 ＜ 配偶者の老齢厚生年金の3/4

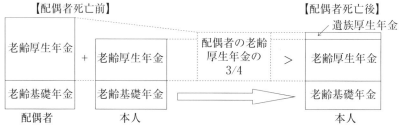

(出典) 厚生労働省「平成16年年金制度改正について（参考資料）」及び「平成25年度年金制度のポイント」を参考に作成

れる一方，子のある妻には定額部分の加算に代えて遺族基礎年金が支給されるようになった。この結果，遺族基礎年金の受給権のない子のいない妻の給付水準が低下することに鑑み，遺族厚生年金の受給権者である子のいない妻を対象とする**中高齢寡婦加算**が導入された（厚年法62条）。中高齢寡婦加算は，長期要件の遺族厚生年金の場合には，死亡者（亡夫）の被保険者期間20年以上であることが要件となっており，被保険者期間20年未満のものは加算対象外である（同62条）。

具体的な加算対象者は，以下の2類型となる。
① 夫が死亡した時に40歳以上であって子がいない妻
② 夫が死亡後に40歳に到達し，その時点で子がいる妻

このうち②の場合には，子が18歳到達年度末（障害の場合は20歳）まで遺族基礎年金が支給され，その後，子の年齢要件の関係で中高齢寡婦加算の対象となる。また，寡婦の加算対象年齢は，40～65歳である。

加算額は，遺族基礎年金額×3/4となる。

◇第4節◇ 遺族年金

図9-21 経過的寡婦加算の概念図

（出典）厚生労働省「平成16年年金制度改正について（参考資料）」等を参考に作成

（6）経過的寡婦加算

1956年4月1日以前に生まれた遺族厚生年金受給権者である妻（1986年4月1日に30歳以上）が65歳に到達した場合に，老齢基礎年金を受給するようになるが，1986年の時点で加入可能期間が30年であるため，老齢基礎年金の額が中高齢寡婦加算に満たないことがあり得る。このため，中高齢寡婦加算に代えて一定額を遺族厚生年金に加算して支給するのが**経過的寡婦加算**である（1985年法附則73条）（図9-21）[34]。

加算額は，中高齢寡婦加算額－老齢基礎年金×生年月日に応じた乗率（0～348/480）である。

（7）失 権

遺族厚生年金は，①死亡，②婚姻，③養子（直系血族・直系姻族との養子を除く），④死亡者との離縁によって失権する。

（8）支給停止

死亡者の死亡を事由とする労働基準法の遺族補償を受けられる場合には，支給停止となる（厚年法64条）。

4 寡婦年金（国年）●●●

（1）意 義

寡婦年金は，第1号被保険者である夫（保険料納付済期間・保険料免除期間が

---

[34] 65歳以降に遺族厚生年金（長期要件の場合には，被保険者期間20年以上に限る）の受給権が発生した1956年4月1日以前に生まれた妻についても，経過的寡婦加算が支給される。

235

◆ 第 9 章 ◆ 年金保険法

10 年以上）の保険料の掛け捨てを防止する観点から，夫が死亡した場合に，夫
と生計維持関係にあり，かつ，婚姻関係が 10 年以上ある妻に対して，60 歳か
ら支給される国年独自の給付である（国年法 49 条）。

（2）支 給 要 件

　以下の要件に該当する妻に対して，60 歳から支給される。ただし，夫が障
害基礎年金等の受給権者又は老齢基礎年金等の受給者の場合には，既に夫の保
険料は掛け捨て状態でないため，寡婦年金は支給されない。

① 第 1 号被保険者である夫の保険料納付済期間・保険料免除期間が 10 年以
上

② 夫の死亡当時における夫との生計維持関係

③ 夫との婚姻関係が 10 年以上

④ 妻の年齢が 65 歳未満

（3）支 給 額

　年金額は，夫の保険料納付済期間・保険料免除期間から算出された老齢基礎
年金相当額の 3/4 である。

（4）失権・支給停止

　妻について，① 65 歳到達，② 死亡，③ 婚姻，④ 養子（直系血族・直系姻族と
の養子を除く），⑤ 繰上による老齢基礎年金の受給開始の場合に失権する。また，
夫の死亡に対して，労働基準法の遺族補償がある時は，6 年間支給が停止され
る。

5　死亡一時金（国年）　●　●

（1）意　義

　死亡一時金は，掛け捨ての防止の観点から，保険料を納付した第 1 号被保険
者が何の年金も受けないまま死亡し，遺族も遺族基礎年金を受給できない場合
に支給される国年独自の給付である。

（2）支 給 要 件

　死亡日の属する月の前月までに国年の第 1 号被保険者（任意加入被保険者を

236

◇ 第4節 ◇ 遺 族 年 金

含む。）としての保険料納付済期間及び保険料免除期間（1/4, 1/2, 3/4免除の場合には，各3/4, 1/2, 1/4で月数を計算）が3年（36月）以上ある者が，老齢基礎年金・障害基礎年金（旧法年金を含む。）を受給しないまま死亡し，その遺族が遺族基礎年金（胎児の出生後の遺族基礎年金を含む。）を受給できないことである（国年法52-2条，附則5条9項，1985年改正法附則29条3項）。これに対して，死亡者が老齢基礎年金，障害基礎年金等の支給を受けたことがある場合には，保険料拠出が掛け捨てにならないため，死亡一時金は支給されない。

なお，子が遺族基礎年金の受給権を取得した（配偶者が遺族基礎年金の受給権を取得する場合を除く。）が，父又は母がいることにより支給停止となっている場合には，遺族基礎年金を受給できる場合として扱わず，死亡一時金が支給される（国年法52-2条）。

（3）遺族の範囲

支給対象者は，①配偶者，②子，③父母，④孫，⑤祖父母，⑥兄弟姉妹であって，死亡者と生計維持関係にある者となっている。この場合の支給順位は，①〜⑥の順番となる。従って，遺族年金と異なり，配偶者と子は同順位ではない。

（4）支 給 額

死亡一時金が葬祭費的性格も有することから，15年未満（加入可能期間の概ね1/3）の場合に，葬祭費の状況も勘案した12万円とし，保険料納付済期間・保険料半額免除期間に応じて設定された額となっている（図9-22）。また，付加保険料を3年以上納付した場合には，一律8,500円が加算される。なお，寡婦年金を受けられる場合には，死亡一時金と寡婦年金の何れかを選択することになる。

図9-22 死亡一時金の額

納付済期間等	3〜15年	15〜20年	20〜25年	25〜30年	30〜40年	40年〜
金額	12万円	14.5万円	17万円	22万円	27万円	32万円

◆ 第 9 章 ◆ 年金保険法

● ● 第 5 節　その他の年金 ● ● ●

1　特別一時金（国年）　● ●

（1）意　義

　1 人 1 年金の原則が適用されるようになった 1985 年改正前の旧国年制度の下では，制度が異なれば，障害年金と老齢年金を併給することが可能であった。このため，厚年の障害年金の受給者の中には，将来の老齢年金を受給するため国年に任意加入する事例が存在した。しかし，改正後は，厚年の障害年金と国年の老齢年金の併給は認められなくなった。このため，国年の任意加入者は，何れかの年金を選択することが必要となり，国年の任意加入期間の保険料を還付する趣旨から設けられたのが**特別一時金**である（1985 年改正法附則 94 条）。

（2）支給要件

　1986 年 4 月 1 日前に，①障害基礎年金（障害福祉年金の裁定替え），②国年（旧法）の障害年金，③厚年（旧法）の障害年金，④船保（旧法）の障害年金，⑤共済の障害年金の受給権者であって，老齢基礎年金又は国年（旧法）の老齢年金・通算老齢年金の受給資格期間を有することが必要である。

　ただし，以下の場合には，支給されない。

① 1986 年 4 月 1 日から請求日の間に上記障害年金の受給権が消滅

② 上記障害年金の受給権取得日から請求日の間に障害基礎年金（障害福祉年金からの裁定替えのものを除く），国年（旧法）の障害年金（障害福祉年金を除く）・母子年金（母子福祉年金を除く）・準母子年金（準母子福祉年金を除く）を受給した者

③ 請求日に老齢基礎年金等の受給資格期間を満たしていないこと

④ 請求日前に老齢基礎年金等を支給を請求したこと

（3）支給額

　任意加入に対応する 1961 年 4 月 1 日から 1986 年 3 月 31 日の間の国年の保険料額の総額を基準として，保険料納付済期間に応じて設定される。

◇ 第 5 節 ◇ その他の年金

2　脱退一時金（国年・厚年）　● ● ● ●

（1）意　義

脱退一時金は，短期滞在の外国人については，保険料納付が老齢給付に結び付かないことから，短期滞在外国人が帰国した場合に 3 年分を上限として支給される給付である（国年法附則 9-3-2 条，厚年法附則 29 条）。その点で，掛け捨て防止のための給付である。ただ本来は，二重加入等の問題は，年金通算に関する社会保障協定で解決すべき問題であることから，脱退一時金は附則上の措置となっている[35]。

（2）国　年

支給要件としては，国年の 1 号被保険者の被保険者期間（保険料納付済期間＋保険料 1/4 免除期間× 3/4 ＋保険料 12/免除期間× 1/2，保険料 3/4 免除期間× 1/4）が 6 月以上ある日本国籍（請求時）を有しない者であって，老齢基礎年金等の保険料納付要件を満たしていないものが脱退一時金を請求することである。ただし，以下の場合は，支給対象外である。

① 日本国内に住所を有するとき

② 障害基礎年金等の受給権を有したことがあるとき

③ 最後に被保険者資格を喪失した日から 2 年を経過しているとき[36]

④ 年金通算協定等により国年の老齢給付に相当する給付を受けられるとき

支給額は，保険料納付額の 1/2 相当額を基準として保険料納付済期間に応じて設定された額となっている（3 年分を限度）。一時金の支給算定対象期間は，被保険者でなかったものとみなされる。

---

(35)　社会保障協定は，保険料の二重負担，保険料の掛け捨ての問題を解決するための①適用法令の調整及び②加入期間の通算を内容とする。現在，社会保障協定の国内実施を担保するため，「社会保障協定の実施に伴う厚生年金保険法等の特例等に関する法律」（2008 年）が制定されている。これにより，以下のような扱いが可能となる。

① 二重加入の防止のための被保険者資格の特例（相手国の制度に加入する者は，日本の制度への加入を不要とする。）

② 年金加入期間の通算に関する特例（日本の年金受給期間に必要な加入期間に相手国の制度への加入期間を通算する措置，障害・遺族給付について相手国の保険期間中の事故も日本の保険期間中に発生したものとみなす措置）

(36)　資格喪失日に日本国内に住所を有していた者（60 歳到達者）にあっては，同日後初めて日本国内に住所を有しなくなった日である。

239

◆第 9 章◆　年金保険法

（3）厚　年

　支給要件は，被保険者期間が 6 月以上ある日本国籍を有しない者（国年の被保険者でない者に限る）であって，老齢厚生年金等の受給資格期間を満たしていないものが脱退一時金を請求することである。非該当事由は，国年と同じである。

　支給額は，保険料納付額の 1/2 相当額を基準として，標準報酬に一定率をかけて計算される額である。また，一時金の支給算定対象期間は，被保険者でなかったものとみなされる。

◇第1節◇ 労働保険の概観

第10章

労働保険法

第1節　労働保険の概観

1　労働保険の意義

労働保険とは，労災保険法による**労災保険**と雇用保険法による**雇用保険**の総称である（徴収法2条1項）。特徴としては，保険給付が両保険制度に分かれるのに対して，保険の適用・徴収の事務は，保険関係の成立を前提として，労働保険料徴収法により原則として不可分・一体的に実施されることである。ここに，実際上も労働保険の概念を措定する意義があることになる。

この場合の保険関係とは，保険事故（業務災害若しくは通勤災害又は失業）が発生した場合に，労働者又は被保険者が保険者（政府）に対して保険給付を請求する権利をもち，これに対応して保険加入者（事業主）は保険者に保険料を納付する義務を負うという権利義務関係の基礎となるところの継続的な法律関係である[1]。実務的には，適用事業の事業主が当該事業を開始したときに成立し，事業の廃止・終了とともに消滅する（同3条～5条）。

2　社会保険における労働保険

労働保険は，他の社会保険と異なり，対象を基本的に労働者に限定し，労働関係を前提とする法分野である。このうちの雇用保険には，雇用安定事業及び能力開発事業のように雇用政策達成のための事業が含まれ，失業等給付も雇用

---

(1)　労働省労働保険徴収課編著『新版・労働保険徴収法』（労務行政研究所，1992年）135頁

◆ 第 10 章 ◆ 労働保険法

図10- 1 労働保険の位置付け

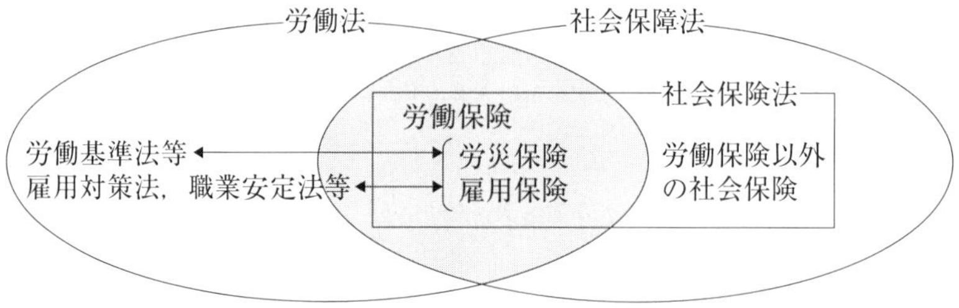

労働法　　　　　　社会保障法

労働保険
労働基準法等　←　労災保険　社会保険法
雇用対策法，職業安定法等　←　雇用保険　労働保険以外
の社会保険

政策と結びついた給付内容となっているが，被保険者概念，国庫負担，失業等
給付に係る保険料の労使折半原則のように，他の社会保険制度と共通した特徴
を有している。

　これに対して労災保険は，労働基準法による使用者の**災害補償責任**（75 条）
を背景とし，経緯的にも労働基準法と同じ 1947 年に制定されており，使用者
の**災害補償責任保険**としての性格を有する。また，保険関係も保険者である政
府と保険加入者である事業主との間で形成される。このため，他の社会保険の
ような被保険者概念が登場しないなどの特徴を有しており，雇用保険以上に労
働法との交錯部分が大きい分野である。ところが，1960 年以降の改正により，
適用拡大のほか，年金化，スライド制，最低保障機能の強化など給付面の改善
が進み，「労災保険のひとり歩き」現象とも言われるように，災害補償責任を
超え，他の社会保険に近い特徴が見られるようになった[2]。しかし，現在で
も，保険料の事業主負担原則，医療保険と比べても高い給付水準等に象徴され
るように，災害補償責任の責任保険としての性格を色濃く残している[3]。

　とはいえ，何れの制度も，労働者等の生活保障を目的に含むことは，間違い
ない。その限りでは，労働保険も，社会保障の一角をなすと同時に，労働法と
の交錯領域に位置する（図10- 1 ）。

────────────

(2)　西村健一郎『社会保障法』（有斐閣，2003 年）325-328 頁
(3)　これに対して，高藤昭「労災保険における社会保障原理——個別的使用者関係にお
　　ける原理との対比において」社会労働研究 17 巻 1=2 号（1971 年），同「労災保険の社会
　　保障化上の基本問題」社会労働研究 20 巻 1 号（1974 年）等は，補償原理としての責任
　　原理からの転換による社会保障化（社会保障説）を主張する。

◇ 第2節 ◇ 労 災 保 険

● ● ● 第2節 労 災 保 険 ● ● ●

1 意 義 ● ● ●

　労災保険は，労働者の業務上の事由又は通勤による労働者の傷病等に対して
迅速かつ公正な保護をするため，必要な保険給付を行い，あわせて被災労働者
の社会復帰の促進等の事業を行う制度である（労災法1条）。その点で社会保険
の一角をなすが，それと同時に，使用者の安全配慮義務に基づく災害補償につ
いての無過失賠償責任に関する責任保険としての性格を併有する。つまり，従
属労働の下での業務に内在・随伴する危険が現実化することで発生する傷病等
に対する事業主の無過失責任に考え方（**危険責任の法理**）が潜んでいる。この
ことは，労働基準法の災害補償責任のみならず，以下のように労災保険の各種
給付にも反映されることになる。

　第一に，労災保険の給付は，**業務災害**と**通勤災害**に大別されるが，通勤災害
は，業務とは密接に関連するものの，業務災害と異なり使用者の支配下で発生
するものではないことから，「補償」という要素のない別立ての給付となって
いる。さらに，**二次健康診断等給付**を加えて，労災保険は，以下の3種類の給
付となる。

① 業務災害に関する保険給付
・療養補償給付，休業補償給付，障害補償給付，遺族補償給付，葬祭料，
傷病補償年金，介護補償給付
② 通勤災害に関する保険給付
・療養給付，休業給付，障害給付，遺族給付，葬祭給付，傷病年金，介護
給付
③ 二次健康診断等給付
・二次健康診断，特定保健指導

　第二に，業務災害に関する保険給付の中でも，傷病補償年金及び介護補償年
金のように労働基準法に対応する事由がない場合を除き，各給付が労働基準法
の災害補償責任を担保するためのものであることを明確に規定している（労災
法12-8条2項）。

◆ 第 10 章 ◆　労働保険法

2　保 険 事 故　● ● ●

（1）業務災害の意義

　業務災害に関する給付とは，労働者の業務上の負傷，疾病，傷害又は死亡に関する保険給付である（労災法 7 条 1 項 1 号）ことから，業務災害の概念が重要となる。

　業務災害とは，労働者の業務上の負傷，疾病，障害又は死亡（傷病等）であり，業務が原因となった災害と理解できる[4]。この場合の「業務上」については，法文上の定義がなく，解釈の問題となる。また，後述の職業性疾病の場合には，業務→災害→傷病の形で災害を介して二重の因果関係から成り立っている災害性の傷病と異なり，時間的・場所的に明確な災害を特定できず，その条件関係も明確でない場合があるなど，多様な業務災害の発生機序等からの解釈問題を内包する。

　このように解釈問題を含む業務上・外の認定に当たっては，①**業務起因性**（業務と傷病等との間に一定の因果関係があること）と②**業務遂行性**（労働者が労働関係の下にあった場合に起きた災害であること）の 2 つの要件とその関係が重要となる。諸説あるが，業務災害となるためには，従属労働という点で事業主の支配下（支配従属関係）で発生することが前提となるが，それに加えて業務起因性との関係で，業務と傷病等との間に一定の因果関係が必要となるという整理が一つである[5]。この場合には，業務遂行性が認められなければ，業務

---

(4)　労災保険の目的規定（1 条）にある「業務上の事由」と労働基準法（75 条等）の補償責任に関する「業務上」との関係が問題となるが，業務災害に関する規定上は，労働基準法と同じ「業務上」となっている。このため，業務上の事由と業務上は同義と解される（厚生労働省労働基準局労災補償部労災管理課『五訂新版労働者災害補償保険法』（労務行政研究所，2001 年）156 頁；西村健一郎・前掲注(2)339 頁）。

(5)　医療過誤における損害賠償請求における相当因果関係を巡って，最二小判昭和 50 年 10 月 24 日判タ 328 号 132 頁，「訴訟上の因果関係の立証は，一点の疑義も許されない自然科学的証明ではなく，経験則に照らして全証拠を総合検討し，特定の事実が特定の結果発生を招来した関係を是認しうる高度の蓋然性を証明することであり，その判定は，通常人が疑を差し挟まない程度に真実性の確信を持ちうるものであることを必要とし，かつ，それで足りるものである。」と判示する。労災についても，最二小判昭和，51 年 11 月 12 日集民 119 号 189 頁，その後の最一小判平成 12 年 7 月 17 日判タ 1041 号 145 頁は，相当因果関係説に立っている。このほか業務起因性を巡っては，相当因果関係を要求しない学説として，労働者保護・生活保障の立場からの①業務関連性説（業務と傷病等との間の関連性で足りるとする説）及び②合理的関連性説（業務と傷病等との間に合

◇ 第 2 節 ◇ 労 災 保 険

起因性は認められないことになる[6]。業務遂行性は，業務起因性を判断するに当たって，少なくとも当該判断を定式化・容易化する上での有用性を有することになる[7]。

（2）業務災害の態様[8]

業務災害は，その発生が一般に時間的・場所的に明確な負傷の場合と，必ずしも時間的・場所的に明確な出来事が存在しない疾病（例えば，有害因子の長期間の蓄積に起因する疾病）の場合とに分けることができる。

1）業務上の負傷の場合

業務起因性の判断に重要な業務遂行性については，業務災害発生の機序等に即して，以下の3類型に整理することができる[9]。その場合の業務とは，労災保険法の適用事業に係る業務であり，労働者の従事する業務範囲との関係では，労働契約の本旨に照らした解釈が重要となる。また，業務遂行性は，関係概念である支配従属関係を前提とすることから，時間的・場所的な状態よりも

理的関連性で足りるとする説），団体法理に基づく損害分配の原理からの③相関的判断説（業務遂行性と業務起因性の一方が充足されていればよいとする説）がある（法務省訟務局労災訴訟実務研究会編『新・労災訴訟の実務解説』（商事法務研究会，1998年）151-152頁）。

(6) 労務行政研究所編『改訂4版労災保険業務災害及び通勤災害認定の理論と実際上巻』（労務行政，2018年）86頁は，業務遂行性が業務起因性の条件をなしており，業務起因性の第一次的な判断基準となるとしている。これに対して，西村健一郎・前掲注(2)344頁は，「業務上認定にあたっては，業務起因性の存否のみが問題になり，業務遂行性が独立の要件というわけではない。その意味でこれを業務遂行性と業務起因性の二要件主義と捉えるのは妥当ではない」と述べている。このほか，東京大学労働法研究会『注釈労働基準法下巻』（2003年，有斐閣）861-862頁（岩村正彦）は，業務遂行性と業務起因性の2つの要件を満たす必要があるという2要件説は放棄され，業務遂行性を業務起因性判断の一要素と位置付けることにより，議論に実際上決着がついていると述べている。

(7) 菅野和夫『労働法［第11版補正版］』（弘文堂，2017年）612頁

(8) 以下の業務遂行性の分類及び記述は，労務行政研究所編・前掲注(6)106-112頁，厚生労働省・都道府県労働局・労働基準監督署『労災保険給付の概要』（http://www.mhlw.go.jp/new-info/kobetu/roudou/gyousei/rousai/dl/040325-12.pdf）及び菅野和夫・前掲注(7)612-614頁に沿って整理しているが，一部修正している。

(9) 東京大学労働法研究会・前掲注(6)863頁は，場合分けの仕方としては，行政解釈のように3つとするのが適当であろうと述べている。

◆第10章◆　労働保険法

関係性が重要となる。
① 事業主の支配・管理下で業務に従事している場合
・所定労働時間内や残業時間内に事業場内において業務に従事している場合のほかに，その他同関係の本旨に照らして必要又は合理的と認められる行為を行っている場合が該当する。
② 事業主の支配・管理下にあるが業務に従事していない場合
・休憩時間や就業時間前後に事業場施設内にいる場合が該当する。典型的には，業務の延長線上にある更衣，機械器具等の準備・後始末である。また，用便・飲水は，作業の中断だが，業務付随行為であることから業務遂行性があると解される。
③ 事業主の支配下にあるが，管理下を離れて業務に従事している場合
・出張や社用での事業場施設外で業務に従事している場合が該当する。
これらの場合の業務起因性の取扱いは，以下のとおりとなる（図10-2）。
① 事業主の支配・管理下で業務に従事している場合
・事業場内での業務従事中の災害は，業務起因性が推定される。つまり，労働者の業務としての行為，事業場の施設・設備の管理状況等が原因となる場合には，特段の事情がない限り，一般的に業務災害に該当する。業務災害と認められない特段の事情として，以下の場合がある。
　ア．労働者が就業中に私用（私的行為）又は業務を逸脱するいたずら（恣意的行為）をしていて，それらが原因となって災害を被った場合

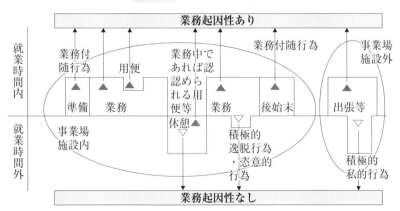

図10-2　業務起因性の類型

◇ 第2節 ◇ 労 災 保 険

　　　イ．労働者が故意に災害を発生させた場合

　　　ウ．労働者が個人的なうらみなどにより，第三者から暴行を受けて被災
　　　　した場合

　　　エ．地震，台風など天災地変によって被災した場合（ただし，事業場の
　　　　立地条件や作業条件・作業環境等により，天災地変に際して災害を被りや
　　　　すい業務の事情があるときは，業務災害となる）

②　事業主の支配・管理下にあるが業務に従事していない場合

　　・事業場施設内にいることで，事業主の支配・管理下にあると認められる
　　　としても，休憩時間又は就業前後は実際に業務をしていないことから，
　　　行為そのものは私的行為である。従って，私的行為によって発生した災
　　　害は業務起因性がなく，業務災害とは認められない。ただし，就業前後
　　　の準備・後始末は，業務付随行為であり，特別の事情がない限り，業務
　　　起因性が認められる。これに対して，休憩時間においては，就業時間中
　　　であれば業務起因性が認められる用便・飲水等の必要性・合理性がある
　　　場合に限って，業務起因性が認められる。

　　・勤務時間外の事業場施設・設備の利用又は当該施設内での行動中に災害
　　　が発生した場合であっても，それが事業場施設又はその管理（事業場の
　　　施設・設備又はその管理の不備・欠陥等）に起因するときは，業務起因性
　　　が認められる。

③　事業主の支配下にあるが，管理下を離れて業務に従事している場合

　　・事業主の管理下を離れてはいるが，労働契約に基づき事業主の命令を受
　　　けて業務に従事していることから事業主の支配下にあると解される。
　　　従って，業務起因性を特に否定すべき事情がない限り，一般的に業務起
　　　因性が認められる。ただし，積極的な私的行為を行うなど特段の事情が
　　　ある場合は，業務起因性が認められない。

　2）業務上の疾病（業務上疾病）の場合

　業務上疾病は，①事故による疾病（災害性疾病）と②事故によらず長期間の
有害作用の蓄積による疾病（職業性疾病）に分かれる[10]。

───────────

(10)　敷衍すると，業務上疾病とは，労働者が時間的・場所的に事業主の支配下にある状
　　態において発生した出来事によって発症した疾病（災害性疾病）だけでなく，事業主の
　　支配下にある状態において有害因子に長期間ばく露したことによって発症した疾病（職
　　業性疾病）を意味する。

247

◆ 第10章 ◆ 労働保険法

　業務上疾病の場合，業務務起因性について，業務と発症原因との間及び発症原因と疾病との間で二重に因果関係が存在することが原則のはずである。ところが，災害性疾病の場合はまだしも，職業性疾病場合には，時間的・場所的に区切られた明確な災害の概念を観念することが困難である。それ故，立証責任を負う労働者が疾病と業務との因果関係を証明することに困難を伴う。このため，労働基準法は，業務上疾病の範囲を厚労省令（労基則35条，別表1-2）で規定することとしている。この結果，労災保険の業務上疾病の範囲も，当該省令で画されることになり，実務上の処理が容易になるとともに，労働者による業務起因性の立証責任が軽減されることになる。

　この労働基準法施行規則の掲げる疾病については，具体的列挙規定，列挙疾病以外の疾病を厚労大臣が指定するための追加規定に加え，列挙疾病以外の疾病であっても業務起因性が明確な場合を取り込むための包括的救済規定が補足的に設けられている。全体としてみると，例示列挙による「**例示列挙主義**」が採用されていることになる。つまり，業務上疾病の範囲は，具体的に列挙された疾病に限定されるものではなく，列挙疾病以外の疾病であっても業務との因果関係が認められるもの（業務に起因することが明らかな疾病）は，包括的救済規定によって労災保険給付の対象となる[11]。

　疾病の場合も，業務起因性とともに，その前提となる業務遂行性が問題となる。すなわち，業務上疾病については，業務との間に相当因果関係が認められる場合に労災保険給付の対象となるが，業務起因性の前提として業務遂行性が必要である。この場合の業務遂行性は，事業主の支配・管理下にある状態において有害因子に曝露することを意味する（支配・管理下で発症することを意味しない）。それぞれの因果関係は単なる条件関係又は関与ではなく，業務が発症原因の形成に，また，発症原因が疾病形成にそれぞれ有力な役割を果たしたと医学的に認められることが必要となる（**相対的有力原因説**）[12]。

---

(11)　最三小判平成16年9月7日裁判所ホームページは，基礎疾患（ヘリコバクター・ピロリ菌感染）及び既往症（慢性十二指腸かいよう）を有する社員が過密なスケジュールの海外出張中に発症したせん孔性十二指腸かいようについて，業務の遂行と本件疾病の発症との間に相当因果関係の存在を肯定して，包括的救済規定の疾病に当たると判示した。

(12)　業務と素因等との競合が業務起因性との関係で問題となる。この点，相対的有力原因説によれば，業務が競合する原因のうち相対的に有力な原因として認められる場合には，業務上疾病として取り扱われる（厚生労働省労働基準局労災補償部労災管理課・前

◇ 第 2 節 ◇ 労 災 保 険

　有害因子への曝露から発症までの機序及び因果関係を特定することには，困難を伴う。このため，以下の 3 要件が満たされる場合には，原則として業務上疾病に必要な業務起因性が認められる[13]。

① 労働の場に有害因子の存在

　この場合の有害因子とは，業務に内在する有害な物理的因子，化学物質，身体に過度の負担のかかる作業態様，病原体等である。

② 有害因子への曝露条件

　健康障害を起こすのに足りる曝露条件（有害因子の濃度等，曝露期間，曝露形態）が重要となる。

③ 発症の経過及び病態

　発症の時期は，有害因子への曝露中又はその直後のみに限定されるものではなく，有害因子の性質，曝露条件等からみて医学的に妥当なものが対象となる。

　業務上疾病の中でも問題となるのは，過労死・自殺とも関係する過重負荷による脳・心臓疾患及び精神障害である[14]。このうち，脳・心臓疾患については，①発症直前から前日までの間において，発生状態を時間的及び場所的に明確にし得る異常な出来事に遭遇したこと，②発症に近接した時期（概ね 1 週間）

　掲注(5)183 頁）。この行政解釈に対して，業務の遂行と既存の疾患を増悪させ，これらが共働原因となつて死亡の結果を招くに至つたと判示する裁判例（東京高判昭和 51 年 9 月 30 日判タ 345 号 256 頁）もある（共働原因説）り，裁判所の判断は分かれる。

(13)　労務行政研究所編・前掲注(6)147-149 頁

(14)　最一小判平成 12 年 7 月 17 日判タ 1041 号 145 頁は，脳動脈瘤の自然経過を超えた増悪に関して，「上告人が右発症前に従事した業務による過重な精神的，身体的負荷が上告人の右基礎疾患をその自然の経過を超えて増悪させ，右発症に至ったものとみるのが相当であって，その間に相当因果関係の存在を肯定することができる」と判示している。これに対して，最三小判平成 8 年 3 月 5 日判タ 906 号 203 頁は，脳内出血が自然的経過を超えて開始するほどの精神的肉体的負荷は認められないとした原審の判断を是認しつつ，脳内出血に伴う自覚症状があったにもかかわらず公務に従事せざるを得なかったという点を捉え，公務に内在する危険の現実化を認定している。その際，裁判所は，「出血開始後の公務の遂行がその後の症状の自然的経過を超える増悪の原因となったことにより，又はその間の治療の機会が奪われたことにより死亡の原因となった重篤な血腫が形成されたという可能性を…否定し去ることは許され」ないと判示している。このように業務起因性の判断に当たっては，症状増悪の場合と治療機会の喪失の場合があることになる。

249

◆ 第 10 章 ◆　労働保険法

において，特に過重な業務（短期間の過重業務）に就労したこと，③発症前の長期間（概ね6月）にわたって，著しい疲労の蓄積をもたらす特に過重な業務（長期間の過重業務）に就労したことが実務上の認定基準になっている（2001年12月12日基発1063号）。また，精神障害については，①対象疾病を発病していること，②対象疾病の発病前おおむね6か月の間に，業務による強い心理的負荷が認められること，③業務以外の心理的負荷及び個体側要因により対象疾病を発病したとは認められないことが認定基準となっている（2011年12月26日基発1226第1号）。

これとも関連する自殺に関しては，労働者の行為が介在することから，当然に業務起因性を認めることは困難である。労災保険法（12-2-2条1項）も，故意による負傷・疾病・傷害・死亡等は給付を行わないことを規定している。しかし，自殺の中には過重な業務による心理的負荷による精神障害が原因となる場合がある。このため，行政解釈（1999年9月14日基発545号）も，「業務上の精神障害によって，正常の認識，行為選択能力が著しく阻害され，又は自殺行為を思いとどまる精神的な抑制力が著しく阻害されている状態で自殺が行われたと認められる場合には，結果の発生を意図した故意には該当しない」としている。

（3）通勤災害
　1）意　義
　通勤災害に関する保険給付にとって重要な概念である「**通勤災害**」とは，労働者が通勤により被った負傷，疾病，障害又は死亡を意味する（労災法7条1項2号）。

　通勤自体は，一般に使用者の支配下にないことから業務遂行性が欠如している。このため，通勤災害に業務起因性は認められないが，政策的に保険事故と位置づけ給付が行われている。業務起因性に引き寄せて言えば，通勤に通常伴う危険が具体化したことに着目した給付であり，通勤の場合には，通勤と災害の間に相当因果関係（**通勤起因性**）が必要となる。
　2）要　件
　「**通勤**」とは，労働者が，就業に関し，以下に掲げる移動を，合理的な経路及び方法により行うこと（業務の性質を有するものを除く）を意味する（同7条2項）。

◇ 第 2 節 ◇ 労 災 保 険

① 住居と就業の場所との間の往復

② 就業の場所から他の就業の場所への移動

③ 住居と就業の場所との間の往復に先行し，又は後続する住居間の移動
　（単身赴任）

　仮に移動の経路の逸脱又は移動の中断があった場合には，当該逸脱又は中断の間及びその後の移動は「通勤」に該当しない。ただし，逸脱又は中断が日常生活上必要な行為であって，厚労省令で定めるやむを得ない事由により行うための最小限度のものである場合は，逸脱又は中断の間を除き「通勤」の対象となる[15]。

3　給　付 ● ● ●

（1）概　要

　保険給付としては，業務災害に対する給付（「…補償給付」）と通勤災害に対する給付（「…給付」）に大別されるが，通勤災害の場合には，一部負担金あること（200 円以内を休業給付から控除する形で徴収）を別とすれば，同内容の給付である。

　保険給付の算定に当たっては，療養（補償）給付，介護（補償）給付，二次健康診断等を別とすると，その算定基礎として基本的に給付基礎日額が使用される（労災法 8 条）。この場合，給付基礎日額は，原則として給付事由発生日以前の直近 3 か月の平均賃金であり，スライド制により，毎月勤労統計の平均給与額の変動等に応じて，毎年自動的に変更される（同 8-3 条）。また，給付の中でも労災年金給付等については，年功序列賃金の影響の結果発生する被災時の年齢による不均衡を是正するため，その算定に係る給付基礎日額について年齢階層別の最低・最高限度額が設定されている。

　保険給付は，請求主義の考え方から，傷病補償年金を別とすれば，受給権者

---

(15)　例外として，労災保険法施行規則（8 条）が①日用品の購入その他これに準ずる行為，②職業訓練，学校（学校教育法 1 条）において行われる教育その他これらに準ずる教育訓練であって職業能力の開発向上に資するものを受ける行為，③選挙権の行使その他これに準ずる行為，④病院又は診療所において診察又は治療を受けることその他これに準ずる行為，⑤要介護状態にある配偶者，子，父母，孫，祖父母及び兄弟姉妹並びに配偶者の父母の介護（継続的に又は反復して行われるものに限る。）を規定している。なお，親族の介護による逸脱又は中断が規定される前に通勤起因性を認めた判決として，大阪高判平成 19 年 4 月 18 日労判 937 号 14 頁がある。

251

◆ 第 10 章 ◆ 労働保険法

からの「請求に基づいて行う」ことになっている（同 12-8 条 2〜4 項）[16]。

　以下，通勤災害でない補償給付に限って説明する。

（2）療養補償給付

　療養補償給付は，医療保険の療養の給付及び療養費の支給に対応する形で，①療養の給付と②療養の費用の支給がある（労災法 13 条）。このうち，療養の給付には，傷病に対する診察，薬剤・治療材料の支給，処置・手術等の治療，在宅患者の医学的管理・訪問看護，入院・入院患者の看護及び移送が含まれるが，その範囲は，政府が必要と認めるものに限られる（同条 2 項）。この療養の給付が現物給付方式であるのに対して，療養の費用の支給は現金給付方式による給付であり，療養の給付に対する補完的役割に止まる。

　療養補償給付は，傷病について治癒するまで支給される。この場合の治癒は，完治の意味ではなく症状固定であり，それ以降は障害補償給付の対象として処理される。ただし，治癒した後，傷病が再発した場合には，療養補償給付の対象となる。

（3）休業補償給付

　休業補償給付は，医療保険の傷病手当金に対応する給付である。労働者が業務上の傷病のために労働することができない場合に，休業 4 日目から 1 日当たり給付基礎日額の 60% が支給される（労災法 14 条）（図 10- 3 ）。このほか休業補償給付の受給者には，特別支給金が 20% 上乗せされることから，給付率は給付基礎日額の 80% になる。

　留意点がある。第一に，休業補償給付は労働不能に対する給付であるが，一部不能で就業した場合には，給付基礎日額から当該労働に対する賃金を控除した額が給付額となる。第二に，待期期間は 3 日間であるが，その期間は労働基準法の休業補償（76 条）の対象となる。第三に，休業期間に賃金請求権のない休日，出勤停止日等があったとしても，業務災害による労働不能状態であれば，

---

(16) 保険給付に対する権利は，支給決定によって確定する。この点，最二小判昭和 29 年 11 月 26 日民集 8 巻 11 号 2075 頁は，「労働者災害補償保険法による保険給付は，同法所定の手続により行政機関が保険給付の決定をすることによつて給付の内容が具体的に定まり，受給者は，これによつて，始めて政府に対し，その保険給付を請求する具体的権利を取得する」と判示している。

◇ 第 2 節 ◇ 労 災 保 険

図10-3　休業補償給付と傷病手当金の相違点

	休業補償給付（労災保険）	傷病手当金（健康保険）
待機期間	通算 3 日間	継続 3 日間
支給期間	療養のため休業を要する間	支給開始日から 1 年 6 ヶ月
支給額	給付基礎日額× 60%	標準報酬日額× 2/3
賃金（報酬）との調整	労務不能部分に対する一定金額未満（給付基礎日額の60% 未満）の賃金支払いであれば，調整はない	報酬を受けた場合は，支給されないが，差額支給あり

出典：全国社会保険協会連合会『社会保険』722 号 37 頁を一部修正

休業補償給付が支給される[17]。

（4）障害補償給付

障害補償給付は，年金の障害年金に対応する給付である。労働者の傷病が症状固定に至ったときに，障害補償年金又は障害補償一時金の形で支給される（労災法 15 条）。なお，障害補償給付に対応する労働基準法（77 条）の障害補償は，要件として「治った場合」を規定するが，症状固定により治療効果がそれ以上期待できない状態を意味する。

障害補償給付は，労働能力の喪失・減退に着目した障害の程度（障害等級）に応じて，重ければ障害補償年金（1 級〜7 級），軽ければ障害補償一時金（8級〜14 級）となる。この場合，「障害補償給付は，障害による労働能力の喪失に対する損失填補を目的とするものであり，そこにいう労働能力は，一般的な平均的労働能力を意味し，当該労働者が被災当時就労していた職種上の平均的労働能力を意味するものと解すべきではない」（東京地判平成 3 年 10 月 28 日労民 42 巻 5 号 803 頁）とされる。

障害等級の認定については，障害が複数存在する場合には，重い方の障害の等級により支給するのが原則であるが，一定以上の等級の複数障害の場合には，重い方の等級を一定等級分繰り上げることになっている[18]。また，既存の障

---

[17]　最一小判昭和 58 年 10 月 13 日民集 37 巻 8 号 1108 頁は，「休日又は出勤停止の懲戒処分を受けた等の理由で雇用契約上賃金請求権を有しない日についても，休業補償給付支給がされると解するのが相当である」と判示している。

◆ 第 10 章 ◆ 労働保険法

害と同一部位に障害が加重された場合には，加重後の障害等級に対応する給付額から既存の障害等級に対応する給付額を差し引いた額が支給される。

障害補償給付の水準は，障害補償年金が給付基礎日額の 313 日分（1 級）から 131 日分（7 級），障害補償一時金が 503 日分（8 級）から 56 日分（14 級）となっている。

（5）遺族補償給付

遺族補償給付は，年金の遺族年金に対応する給付である。労働者が業務上の事由で死亡した場合に，被扶養家族の被扶養利益の補填を目的として，**遺族補償年金**又は**遺族補償一時金**の形で支給される（労災法 16 条等）。このうち遺族補償年金が原則的な給付であり，遺族補償一時金は例外的な給付となっている。なお，労働基準法（79 条）は，労働者の業務上の死亡の場合に，遺族への遺族補償を規定している。

遺族補償年金は，支給対象者に関して，労働者の死亡当時の生計維持関係を条件として，一定の遺族を受給資格者として措定し，その上で最優先順位者である遺族を受給権者として給付を行う構造になっている。この場合の受給資格者は，配偶者（事実上の婚姻関係を含む。），子，父母，孫，祖父母及び兄弟姉妹である。このうち妻である配偶者以外は，年齢要件又は障害要件が付加されている。受給権者となる遺族の順位は，配偶者，子，父母，孫，祖父母，兄弟姉妹である。また，同順位の受給権者が複数いる場合には，何れの者も受給権者となり，年金額が等分される。仮に先順位の受給権者が死亡等の失権事由に該当した場合には，次順位者に受給権が移ることになる（転給）。金額は，遺族の数等によって，給付基礎日額の 153 日分（1 人）から 245 日分（4 人以上）の範囲で変わってくる。

遺族補償一時金は，①遺族補償年金の受給者がいない場合，②遺族補償年金が失権した場合であって，既支給の遺族補償年金等の累積額が一定基準（給付基礎日額の 1000 日分）に達しないときに，前者であれば給付基礎日額 1000 日分，後者であれば給付基礎日額 1000 日分から換算率で評価替えした遺族補償

---

(18)　最一小判昭和 55 年 3 月 27 日民集 34 巻 3 号 217 頁は，「右膝関節部における機能障害とこれより派生した神経症状とを包括して一個の身体障害と評価し，その等級は前者の障害等級によるべく同規則一四条三項の規定により等級を繰り上げるべきものではないとした原審の判断は，正当として是認することができる」と判示している。

254

◇ 第 2 節 ◇ 労 災 保 険

年金等の累積額を控除した金額が支給される（労災法 16-6 条等）。受給権者は，最優先順位者の順番で，①配偶者，②死亡労働者と生計維持関係にあった子・父母・孫・祖父母，③その他の子・父母・孫・祖父母である。

（6）葬 祭 料

葬祭料は，医療保険の埋葬料等に対応する給付である。労働者の業務上の死亡の場合に，通常葬祭に要する費用が葬祭を行う者に支給される（労災法 17 条等）。葬祭料について，労働基準法（80 条）は，平均賃金の 60 日分と規定しており，労災保険の場合も，基準額が給付基礎日額の 60 日分に満たない場合は，給付基礎日額の 60 日分となっている。

（7）傷病補償年金

傷病補償年金は，療養開始後も長期間にわたって業務上の傷病が治らない場合に行われる給付である。具体的には，療養補償給付を受けている労働者で療養開始後 1 年 6 か月後又は同日後に，①傷病が治っていないこと，②傷病による傷害が傷害等級（1～3 級）に該当することの両方の要件に該当する場合に支給される（労災法 12-8 条 3 項等）。

傷病補償年金は，職権で給付決定が行われることが特徴である。また，支給の効果として，労基法（81 条）の打切補償と同じように，**解雇制限**の規定の適用が解除される（労災法 19 条）。

年金額は，傷害等級に応じて，給付基礎日額の 313 日分（1 級）から 245 日分（3 級）の範囲で変わってくる（同 18 条等）。なお，傷病補償年金の受給中も療養補償給付は支給されるが，休業補償給付は支給されない。

（8）介護補償給付

介護補償給付は，労働者が労災によって介護を要する状態になったことによる費用を填補するための給付である。具体的には，障害補償年金又は傷病補償年金の受給権者が支給事由に係る障害が一定程度の場合であって，このため常時・随時介護を要する状態にあり，かつ，常時・随時介護を受けているときに支給される（労災法 12-8 条 4 項等）。ただし，障害者総合支援法の障害者支援施設に入所し，生活介護を受けている場合等は，対象外である。

月単位で支給される給付の金額は，常時・随時介護に通常要する費用を考慮

255

◆ 第 10 章 ◆ 労働保険法

して設定される（同 19-2 条）。

（9）前払一時金等

障害補償年金及び遺族補償年金については，当分の間の措置として**前払一時金**制度が設けられている（労災法附則 59・60 条）。前払一時金は，受給権者が一時的な資金の用立てのため 1 回に限り認められている。金額は，最高限度額（障害補償年金の場合は障害等級によって限度額が区分）の範囲で受給権者が選択するが，本来支給すべき年金の累積額が一時金の額に達するまで，年金は支給停止される。

このほか，障害補償年金の受給権者が死亡した場合に，失権時までの年金の累積額が前払い一時金の最高限度額に満たないときに，その差額が**障害補償年金差額一時金**として遺族に支給される（同附則 58 条）。

なお，通勤災害の場合にも，同様の前払一時金及び差額一時金がある。

（10）労働福祉事業

労災保険は，事業主として責任履行の観点から，保険給付以外にも，以下のような社会復帰促進等事業を規定している。

① 社会復帰促進事業…特定疾病アフターケアの実施，義肢・車いす等の支給等

② 被災労働者等援護事業…被災労働者の遺児等への労災就学等援護費の支給等[19]

③ 安全衛生確保等事業…アスベスト等による健康障害防止対策，過重労働・メンタルヘルス対策

④ 倒産した企業の労働者のための未払賃金の立替払事業

---

(19)　最一小判平成 15 年 9 月 4 日は，労災就学援護費の支給に関する通達関連して，「労働基準監督署長の行う労災就学援護費の支給又は不支給の決定は，法を根拠とする優越的地位に基づいて一方的に行う公権力の行使であり，被災労働者又はその遺族の上記権利に直接影響を及ぼす法的効果を有するものであるから，抗告訴訟の対象となる行政処分に当たるものと解するのが相当である」と判示している。この結果，通達に基づき事業であるが，処分性が認められたことになる。

◇ 第 2 節 ◇ 労 災 保 険

4 労災保険と損害賠償との関係 ●　●

（1）労働基準法の規定

労災保険法は，使用者の災害補償責任を付保する制度であるが，業務上災害の補償に関しては，使用者の債務不履行又は不法行為を理由とする損害賠償が別途存在する。我が国では，労災保険制度と損害賠償制度は併存関係にあり，労災保険の申請とは別に，不法行為，安全配慮義務違反等を理由に労災民事訴訟（**労災民訴**）を提起することができる。

このため，両制度の調整問題が発生することになる。この点，労働基準法（84条1項）では，労災保険法による保険給付等がなされるべき場合の災害補償事由について，使用者は，補償の填補責任を免れることが規定されている。さらに，労働基準法（同条2項）では，民法上の損害賠償と同一の事由について，労働基準法による補償を行った場合には，その価額の限度で民法上の損害賠償責任を免れることを規定する[20]。

これらの規定は，労災によって被害者が損害の二重填補を受けることによる利得の発生を防ぐ意味がある。労働基準法の災害補償は，労働者等の財産的損害の填補を目的としており，それで填補されない精神的損害（慰謝料）等は，民法上の損害賠償によることになる[21]。労災保険法の保険給付が，使用者の労働基準法上の補償義務を保険により担保するための制度であることから，労

---

[20]　第三者行為災害と異なり調整規定がない使用者災害に関して，最二小判昭和62年7月10日判タ658号81頁は，「民事上の損害賠償の対象となる損害のうち，労災保険法による休業補償給付及び傷病補償年金並びに厚生年金保険法による障害年金が対象とする損害と同性質であり，したがつて，その間で前示の同一の事由の関係にあることを肯定することができるのは，財産的損害のうちの消極損害（いわゆる逸失利益）のみであつて，財産的損害のうちの積極損害（入院雑費，付添看護費はこれに含まれる。）及び精神的損害（慰藉料）は右の保険給付が対象とする損害とは同性質であるとはいえないものというべきである。したがつて，右の保険給付が現に認定された消極損害の額を上回るとしても，当該超過分を財産的損害のうちの積極損害や精神的損害（慰藉料）を填補するものとして，右給付額をこれらとの関係で控除することは許されないものというべきである。」と判示している。つまり，使用者が損害賠償責任を免れる同一事由には，積極損害及び精神的損害は入らないことになる。

[21]　最一小判昭和41年12月1日民集20巻10号2017頁は，「労働者に対する災害補償は，労働者のこうむつた財産上の損害の填補のためにのみなされるのであつて，精神的損害の填補の目的を含むものではないから，加害者たる第三者が支払つた慰謝料が使用者の支払うべき災害補償の額に影響を及ぼさない」と判示している。

257

◆ 第10章 ◆ 労働保険法

働基準法と同様に財産上の損害の填補のため行われると解される[22]。

（2）将来の保険給付の扱い

　労災保険の保険給付のうち障害補償年金，遺族補償年金等は一時金ではなく年金であることから，民法の損害賠償との調整の関係で，既支給分のみならず将来支給分の給付を損害賠償額から控除するかが問題となる。損害賠償と労災保険の二重填補を防止する観点からは，両者の調整をすべきことになるが，年金形式の給付を含む労災保険と損害賠償を調整することは，技術的には容易ではない。仮に労災保険から将来支給されるであろう一定額を損害賠償から控除したとしても，受給要件の関係で想定額に満たない支給額で失権する可能性もある。とはいえ，何らの調整も行わないことは，二重填補のみならず，保険料を負担する事業主の付保利益を損なうことにもなる。

　このため，労災保険法（附則64条）は，「当分の間」の措置として，以下のような調整を行うことを規定している[23]。

① 障害補償年金，遺族補償年金等の前払一時金の最高限度額の範囲内で使用者の損害賠償の履行を猶予し，実際に当該保険給付が行われた際に，結果的に給付相当分の損害賠償が免責される調整方法

② 使用者からの損害賠償が行われた場合に，障害補償年金，遺族補償年金等以外の保険給付も含め，労災保険給付に相当する損害の損害賠償による填補額の限度で保険給付を停止する調整方法

---

(22)　最一小判昭和58年4月19日民集37巻3号321頁は，「労災保険による障害補償一時金及び休業補償金のごときは上告人の財産上の損害の賠償請求権にのみ充てられるべき筋合いのものであつて，上告人の慰謝料請求権には及ばないものというべきであ」ると判示している。

(23)　最二小判昭和52年10月25日民集31巻6号836頁は，使用者災害における労災保険給付の損害賠償からの控除に関して，「いまだ現実の給付がない以上，たとえ将来にわたり継続して給付されることが確定していても，受給権者は使用者に対し損害賠償の請求をするにあたり，このような将来の給付額を損害賠償債権額から控除することを要しないと解するのが，相当である」と判示している（非控除説）。このため，1980年の労災保険法の改正で導入されたのが，損害賠償との調整規定であった。当該規定の評価等については，良永彌太郎「労災補償と損害賠償の新たな関係」日本労働法学会編『講座21世紀の労働法第7巻健康・安全と家庭生活』（有斐閣，2000年）42-60頁

◇ 第 3 節 ◇ 雇 用 保 険

● ● ● 第3節 雇用保険 ● ● ●

1 意 義 ● ●

　社会保険の体系において，失業という保険事故に対する保険給付を行うのが失業保険である。我が国で失業保険に相当する制度が雇用保険である。

　ただし，雇用保険法は，1974年に失業保険法（1947年）を廃止制定することにより登場しており，その改正方法に照らすと，両法の間には一定の質的変更があったことになる。雇用保険は，労働者が失業した場合，労働者について雇用の継続が困難となる事由が生じた場合及び労働者が自ら職業に関する教育訓練を受けた場合に，失業等給付を支給することを柱とする。それと同時に，失業の予防，雇用状態の是正及び雇用機会の増大，労働者の能力の開発及び向上その他労働者の福祉の増進を図るための二事業（雇用安定事業，能力開発事業）を実施することを目的とする（雇保法1条）。その点で，雇用保険は，所得保障に加え，雇用に関する総合的かつ積極的な機能を有する制度といえる。

2 保 険 事 故 ● ●

（1）失業の意義

　雇用保険の失業等給付の柱となる求職者給付の中で基本手当は，「**失業**」を要件としている。これは，失業保険の保険事故である失業に対応する概念である。

　この場合の失業とは，「被保険者が離職し，労働の意思及び能力を有するにもかかわらず，職業に就くことができない状態にあること」と定義される（雇保法4条）。従って，概念上は，「**失業**」と「**離職**」は区別されている。

　このうちの離職とは，「被保険者について，事業主との雇用関係が終了すること」（同4条）であり，離職自体は，その理由は問わない。しかし，離職理由によって，所定給付日数に差があり，給付制限（自己都合退職等の場合，基本手当の受給手続日から原則として7日経過した日の翌日から3か月間基本手当を受給できない）が存在する（同33条）。

　これに対して，失業とは，①離職したこと，②労働の意思を有すること，③労働の能力を有すること，④職業に就くことができない状態によって構成される状態であり，これが給付の要件となる。

◆ 第 10 章 ◆ 労働保険法

（2）失業の認定

失業も社会的リスクとしての保険事故であるが，労働の意思という主観的要素を含む点で，他の社会保険と異なる。このため，次の場合は，就労の積極的意思を欠くと推定される扱いである[24]。

① 妊娠，出産，育児，介護その他家事，家業手伝い

② 求職条件として短時間就労を希望

③ 内職，自営及び任意的な就労等の非雇用労働を希望

④ 就職するつもりがない場合

また，労働の能力も，精神的・肉体的能力のみならず，家庭状況等の環境的な要素を勘案して，総合的に決定せざるを得ない概念である[25]。

このような失業の特徴から，雇用保険法は基本手当の受給に当たって，失業の認定（**失業認定**）を要件として課している（雇保法 15 条）。また，求職活動は，就職及び失業認定の前提となることから，雇用保険法は「誠実かつ熱心」な求職活動を努力義務として規定している（同 10-2 条）。

その点では，失業認定は，求職活動と連動しており，失業者が公共職業安定所に出頭し，離職票の提出と併せて求職の申込みを行うことと一体的に展開する（同 15 条）。つまり，求職の申込みにより受給資格が決定され，それ以降，4 週間に 1 回の失業認定日に失業認定が行われることになる。この場合，基本手当の受給権は，失業認定を行った上で支給決定によって初めて具体的に発生することになる[26]。このため，失業認定日に出頭しない場合は，基本手当は支給されないのが原則である。ただし，求職者が指定された公共職業訓練等を受ける場合には，失業認定について別段の定めができるほか，次の場合には，例外的に証明書を提出することで失業認定を受けることができる。

① 15 日未満の傷病

② 公共職業安定所からの紹介による就職面接

---

[24]　労務行政研究所編『雇用保険法（コンメンタール）』（労務行政，2004 年）316-317頁

[25]　労務行政研究所編・前掲注[24]318 頁

[26]　横浜地判昭和 31 年 1 月 21 日労民集 7 巻 1 号 145 頁は，「受給資格者が失業保険金の支給を受ける権利は，安定所の長が当該資格者の失業したことを認定したうえで同人に対し保険金の支給決定をなすことによつて始めて具体的に発生し，それ以前においては単に抽象的な保険給付を受けうる権利が存在するにすぎないと解すべきである。」と判示する。

◇ 第 3 節 ◇ 雇 用 保 険

③ 公共職業安定所からの指示による公共職業訓練等

④ 天災等のやむを得ない理由

このうち「やむを得ない理由」には，公共職業安定所の紹介によらない就職面接，資格試験の受験，公共職業安定所の指導による養成施設への入所・講習会の受講，一定の親族の看護等，公民権の行使等は含まれるが，出頭日の勘違いは含まれないとの裁判例（神戸地判昭和 61 年 5 月 28 日労判 477 号 29 頁）がある。

3 給付の概要 ● ● ●

（1）被保険者の類型

雇用保険の失業等給付は，次の被保険者の類型によって異なってくる。

① **一般被保険者**…②〜④以外

② **高年齢被保険者**（雇保法 37-2 条）…65 歳以上の被保険者

③ **短期雇用特例被保険者**（同 38 条）…季節的雇用されるもののうち，次のいずれにも該当しない者

　　ａ．4 か月以内の期限を定めて雇用される者

　　ｂ．所定労働時間が 20 時間以上 30 時間未満である者

④ **日雇労働被保険者**（同 43 条）…日雇労働者で次のいずれかに該当する者及び公共職業安定所長の認可を受けた者

　　ａ．適用区域に居住し，適用事業に雇用される者[27]

　　ｂ．適用区域外の地域に居住し，適用区域内にある適用事業に雇用される者

　　ｃ．適用区域外の地域に居住し，適用区域外の地域にある適用事業であって厚労大臣が指定したものに雇用される者等

（2）給付の体系

雇用保険の柱となる**失業等給付**は，労働者が失業した場合及び雇用の継続が困難となる事由が生じた場合に，必要な給付を行うとともに，その生活及び雇用の安定を図るための給付である。この失業等給付は，**求職者給付，就職促進**

---

[27]　適用区域とは，特別区若しくは公共職業安定所の所在する市町村の区域（厚労大臣が指定する区域を除く。）又はこれらに隣接する市町村の全部又は一部の区域であつて，厚労大臣が指定するものである。

261

◆ 第10章 ◆ 労働保険法

給付，教育訓練給付，雇用継続給付によって構成される（雇保法10条）。
　これら4種類の給付は，以下のような性格を有する。
　① 求職者給付は，被保険者が離職し，失業状態にある場合に，失業者の生活の安定を図るとともに，求職活動を容易にすることを目的として支給する給付（失業補償機能）
　② 就職促進給付は，失業者が再就職するのを援助，促進することを主目的とする給付
　③ 教育訓練給付は，働く人の主体的な能力開発の取組みを支援し，雇用の

図10-4　失業等給付の体系

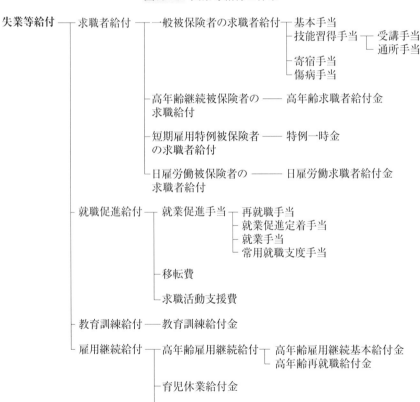

（出典）労務行政研究所編『雇用保険法（コンメンタール）』（労務行政，2004年）380頁を一部修正

◇第3節◇ 雇 用 保 険

安定と再就職の促進を目的とする給付

④雇用継続給付は，働く人の職業生活の円滑な継続を援助・促進すること
を目的とする給付

4　求職者給付　● ● ●

（1）一般求職者給付（基本手当等）

失業等給付の中核である求職者給付は，失業者の所得喪失に対する給付に
よって，その生活の安定を図り，求職活動を容易にするものである。求職者給
付は，以下の手当によって構成される。

①基 本 手 当

一般被保険者が失業した場合であって，

a．離職し，労働の意思及び能力を有するにもかかわらず職業に就くことが
できない状態にあるときに，離職の日以前2年間に，被保険者期間が通算
して12か月以上あること

b．特定受給資格者（倒産，解雇等）又は特定理由離職者（労働契約の期間満
了等）について，離職の日以前1年間に，被保険者期間が通算して6か月
以上あることを要件に支給される（雇保法13条）。

受給期間は，原則として離職の日の翌日から起算して1年間である（同20
条）。その間の失業状態に対して，所定給付日数分を限度として基本手当が支
給される。ただし，以下のように，受給期間の延長が可能な場合がある。

a．妊娠，出産，育児等の理由により引き続き30日以上職業に就くことが
できない日がある場合には，当該日数が受給期間に加算される。ただし，
受給期間に加えることのできる日数は最大3年間である。

b．定年退職者等で，一定期間求職の申込みをしないことを希望する場合に
は，当該日数が受給期間に加算される。ただし，受給期間に加えることの
できる日数は最大で1年間である。

給付される基本手当日額及び所定給付日数は，離職前賃金，年齢，離職理由
等によって差がある（同22条等）。このうち基本手当日額は，以下のとおり，
原則として離職前6か月の賃金を平均した1日分の賃金日額に50%～80%
（60～65歳の場合は45%～80%）の給付率を乗じて得られる額である。生活保障
の観点から，基本手当日額には下限額，年齢区分による上限額が存在する。

基本手当日額＝賃金日額×給付率

263

◆ 第 10 章 ◆ 労働保険法

　また，所定給付日数は，基本的に離職理由，失業後の就職の困難度，被保険
者期間等を勘案して設定されている。このほか，所定給付日数については，以
下のような延長措置がある。これらの場合には，所定給付日数のみならず受給
期間も延長される。

　　a．公共職業安定所長の指示による公共職業訓練等の受講期間に対応した訓
　　　　練延長給付（同 24 条）
　　b．高失業率の地域における広域職業紹介活動の対象者に対する広域延長給
　　　　付（同 25 条等）
　　c．全国的な失業状況の悪化のため受給資格者の改善が見られない場合に全
　　　　国一律に実施される全国延長給付（同 27 条）

② 技能習得手当

　技能習得手当は，公共職業安定所長の受講指示により公共職業訓練等を受講
している間，職業能力の向上及び再就職の促進の観点から，基本手当のほかに
支給される（同 36 条）。技能習得手当には，公共職業訓練等の受講に着目した
受講手当と通所のための運賃相当額である通所手当がある。

③ 寄 宿 手 当

　寄宿手当は，公共職業安定所長の受講指示により公共職業訓練等を受講する
ため，その者により生計を維持されている同居の親族と別居して寄宿する場合
に，その寄宿する期間について支給される（同 36 条）。

④ 傷 病 手 当

　傷病手当は，離職後安定所に出頭し，求職の申込みをした後に 15 日以上引
き続き傷病のため職業に就くことができない場合，所定給付日数の範囲内で支
給される（同 37 条）。金額は，基本手当日額相当額である。

（2）その他の給付

　以下の給付がある。

① 高年齢求職者給付金（一時金）

　高年齢求職者給付金は，高年齢継続被保険者が離職し，労働の意思及び能力
を有するにもかかわらず職業に就くことのできない状態にある場合で，離職の
日以前 1 年間のうちに被保険者期間が 6 か月以上ある場合に，基本手当に代え
て支給される（雇保法 37-4 条）。高年齢求職者給付金は，基本手当日額の一定
日数分（被保険者期間 1 年未満で 30 日分，被保険者期間 1 年以上で 50 日分）に相

264

◇ 第3節 ◇ 雇 用 保 険

当する一時金である。

② 特例一時金（短期雇用特例被保険者の求職者給付）

特例一時金は，短期雇用特例被保険者が離職し，労働の意思及び能力を有するにもかかわらず職業に就くことができない状態にある場合で，離職の日以前1年間に被保険者期間6か月（当分の間，1暦月において賃金支払基礎日数が11日以上あるものを1か月として計算）以上ある場合に支給される（同40条）。一時金の額は，基本手当日額の30日分（当分の間，40日分）相当額である。

③ 日雇労働求職者給付金

日雇労働求職者給付金は，日雇労働被保険者が失業した場合であって，失業の日の属する月前2か月間に26日分以上の印紙が貼付され，日雇労働被保険者が失業した場合に，公共職業安定所に出頭して求職申込みをした上で，その失業している日について認定を受け，失業認定が行われた日数分が支給される（同45条）。この場合の給付金日額は3段階となっており，支給日数は前2月間の印紙の納付状況に応じて変わってくる。

（3）就職促進給付（雇保法56-3条）

以下の給付がある。

① 再就職手当

再就職手当は，所定給付日数の1/3以上を残して，安定した職業（1年超の雇用見込みのある職業等）に就いた場合に一時金として支給される。再就職手当の額は，基本手当日額（上限あり）×所定給付日数の支給残日数×給付率である。この場合の給付率は，所定給付日数に対する支給残日数によって変わってくる。

② 就業促進定着手当

就業促進定着手当は，再就職手当の受給者で，再就職先に6月以上雇用され，再就職先での6月間の賃金が，離職前の賃金よりも低い場合に支給される。この場合の金額は，基本手当の支給残日数の40%を上限として，低下した賃金の6月分である。

③ 就 業 手 当

就業手当は，所定給付日数の3分の1以上かつ45日以上を残して，再就職手当（①）の支給対象外の職業（常用雇用以外の短時間就労等）に就いた場合に支給される。この場合の金額は，就業日ごとに基本手当日額の30%に相当す

◆ 第 10 章 ◆ 労働保険法

る額（年齢による上限あり）である。

④ 常用就職支度手当

常用就職支度手当は，障害者，45 歳以上の再就職援助計画の対象者（雇用対策法等），就職日において 40 歳未満の者のうち安定した職業に就くことが著しく困難と認められるもの（同一事業主に 5 年以上雇用されたことがない者）など，就職困難な受給資格者が，公共職業安定所又は民間職業紹介事業者の紹介により，安定した職業に就いた場合に支給される。この場合の金額は，基本手当日額（年齢による上限あり）× 90 日（支給残日数が 90 日未満の場合は，支給残日数又は 45 日のいずれか多い日数）× 40% である。

⑤ 移 転 費

移転費は，受給資格者等が，公共職業安定所の紹介した職業につくため等の場合に，住所又は居所を変更する場合であって，同所長が必要と認めたときに支給される。この場合の金額は，受給資格者本人及びその家族の移転に要する費用である。

⑥ 求職活動支援費

求職活動支援費は，受給資格者等が，公共職業安定所の紹介により遠隔地（往復 200km）までの広範囲にわたる求職活動をする場合であって，安定所長が必要と認めたときに支給される。この場合の金額は，交通費及び宿泊料である。

（4）教育訓練給付（雇保法 60-2 条等）

以下の給付がある。

① 教育訓練給付金

労働者が自らの費用で教育訓練を受ける場合に，当該費用の一部が教育訓練給付金として支給される。教育訓練給付金には，次の 2 種類がある。何れの場合も，支給額は受講料等の経費の一定割合（20%〜60% の範囲で設定）であり，上限額及び裾切りがある。

a．一般教育訓練に係る教育訓練給付金

　　被保険者期間が 3 年以上（初回は 1 年以上）で，当該訓練開始日前 3 年以内に教育訓練給付金を受給したことがない場合に，教育訓練施設に支払った受講料等の一定の割合に相当する額が支給される。

b．専門実践教育訓練に係る教育訓練給付金

　　被保険者期間 10 年以上（初回は 2 年以上）で，当該訓練開始日前 10 年

◇ 第 3 節 ◇ 雇 用 保 険

以内に教育訓練給付金を受給したことがない場合に，教育訓練施設に支払った受講料等の一定の割合に相当する額が支給される。

② 教育訓練支援給付金

一定の要件を満たす専門実践教育訓練（通信制・夜間制の訓練を除く）の受講に係る教育訓練給付金の支給を受けている者が，当該訓練期間中に失業状態にある場合に支給される。ただし，教育訓練給付金は，2022 年 3 月末までの時限措置である。

（5）高年齢雇用継続給付

高年齢雇用継続給付は，高齢化の中にあって，働く意欲と能力のある高年齢者について，60 歳から 65 歳までの雇用継続を援助・促進することを目的とする制度である（雇保法 61〜61-3 条）。具体的には，雇用を継続する 60 歳〜64 歳の被保険者が，原則として 60 歳時点に比べて賃金が 75% 未満に低下した場合に，公共職業安定所への支給申請により，賃金の最大 15% の高年齢雇用継続給付として支給される。給付は，次の 2 種類に大別される。

① 高年齢雇用継続基本給付金

基本手当等を受給せずに雇用を継続する者に支給される。受給資格は，以下のとおりである。

a．60 歳到達日に被保険者の場合には，
　・被保険者であった期間が通算 5 年以上あること
　・60 歳以上 65 歳未満の一般被保険者であること

b．60 歳到達日に被保険者でなく，それ以降被保険者となった場合（再就職）には，
　・被保険者であった期間が通算 5 年以上あること
　・離職日の翌日が，60 歳到達後再雇用された日の前日から起算して 1 年以内にあること
　・前記期間内に求職者給付及び就業促進手当を受給していないこと

これらの場合の支給期間は，65 歳到達日の属する月までとなる。

② 高年齢再就職給付金

基本手当等の受給中に再就職した者に支給される。受給資格は，
・被保険者であった期間が通算 5 年以上あること
・60 歳以上 65 歳未満の一般被保険者であること

267

◆ 第 10 章 ◆ 労働保険法

・再就職する前に基本手当等を受給した後，再就職日の前日における基本手
　当等の支給残日数が 100 日以上あること
・1 年を超えて雇用されることが確実な安定した職業に就いたこと，等
　この場合の支給期間は，65 歳到達日の属する月までの間で，
・基本手当等の残日数が 200 日以上の場合は，2 年間
・基本手当等の残日数が 100 日以上 200 日未満の場合は，1 年間となる。
　支給要件は，
・支給対象月の賃金が 60 歳時点の賃金額の 75% 未満に低下していること
・支給対象月の賃金が支給限度額を超えていること
・基本給付金額が最低限度額を超えていること，等である。
　給付額は，賃金の低下率に応じて，以下のように変わってくる。
　a．賃金低下率が 61% 以下の場合：給付額＝賃金額× 15%
　b．賃金低下率が 61% 超 75% 未満の場合：給付額＝賃金額×支給率（%）
　　この場合の支給率＝（－ 183 ×賃金低下率＋ 13,725）／（280 ×賃金低
　　下率）× 100
　c．賃金低下率が 75% 以上の場合：給付額＝ 0

（6）育児休業給付・介護休業給付

　労働者による育児休業又は介護休業の取得を促進し，その後の職場復帰を援
助・促進することにより，職業生活の継続を支援する制度が，育児休業給付及
び介護休業給付である。

① 育児休業給付（雇保法 61-4 条）

　育児休業給付は，一般被保険者が 1 歳（雇用継続のために特に必要と認められ
る場合は 1 歳半）未満の子を養育するため育児休業を取得した場合に支給され
る。被保険者期間については，育児休業開始前 2 年間にみなし被保険者期間
（賃金支払の基礎となった日数が 11 日以上ある月）が 12 月以上あることが必要で
ある。

　給付額は，育児休業開始から 6 月までは休業開始時賃金の 67% 相当額，そ
れ以降は休業開始前賃金の 50% 相当額である[28]。賃金と給付の合計額が休業

---

(28)　給付額は，本則上 40% のところ，当分の間の暫定措置として給付率が引き上げられ
　　　ている（2014 年改正）。

◇第3節◇雇用保険

開始時の賃金日額の80%を超える場合は，超える額が減額される。

② 介護休業給付（同 61-6 条）

介護休業給付は，家族の介護を行うため介護休業を取得した被保険者に支給される。この場合に被保険者期間として，介護休業開始前2年間にみなし被保険者期間が12月以上必要である。

給付額は，休業開始時賃金日額の67%相当額を支給され，賃金と給付の合計額が休業開始時賃金日額の80%を超える場合は，超える額が減額される。

5　雇用保険二事業 ● ● ●

雇用保険は，失業等給付のほかに，全額事業主負担により，職業の安定，労働者の能力開発等を目的として，次の2事業が政府によって実施されている。この2事業は，事業主間の連帯に根差した制度と理解できる。

① 雇用安定事業（雇保法 62 条）

被保険者等に関し，失業の予防，雇用状態の是正，雇用機会の増大等雇用の安定を図るための事業である。具体的には，事業活動縮小時の雇用の安定，離職労働者の再就職の促進，高年齢者等の雇用の安定，地域における雇用の安定等のための事業である。

② 能力開発事業（同 63 条）

被保険者等に関し，職業訓練施設の整備，労働者の教育訓練受講の援助等を通じて，職業生活の全期間を通じた能力開発・向上を図るための事業である。具体的には，事業主等による職業訓練の振興に必要な助成・援助，公共職業能力開発施設等の設置・運営，職業攻守等の実施，有給教育訓練休暇を与える事業主への助成・援助，職業訓練の受講等のための交付金の支給，技能検定促進のための助成等に関する事業である。

索引

◆ あ 行 ◆

朝日訴訟·····················19
医科診療報酬················193
遺族基礎年金···············230
遺族厚生年金···············231
遺族年金····················227
遺族補償一時金···············1
遺族補償給付·················1
遺族補償年金·················1
一部負担金············146, 183
一身専属的··················157
一体論······················21
一般被保険者·················1
一般法·····················168
医療計画···················191
インカムテスト··············56
内払調整···················168
永久均衡方式···············133
応益負担···················146
応益割·····················125
応召義務···················178
応能負担···················146
応能割·····················125

◆ か 行 ◆

外国人適用··················37
解雇制限·····················1
介護保険審査会·············173
介護補償給付·················1
加給年金···················214
確　認··········59, 97, 145, 201
確認行為···················143
学問の自由··················24
過誤払調整·················168
可処分所得スライド··········202
家族療養費の支給···········182
合算対象期間···············204
寡婦年金···················236
仮の義務付け···············173
仮の差止め·················173
患者申出療養···············186
管　掌·····················84
完全自動物価スライド········202
機関指定制·················190

企業年金···················200
危険責任の法理···············1
規制行政················35, 54
擬制世帯主·················114
擬制的任意適用·············107
帰属による連帯··············55
基本権················163, 201
逆選択······················86
休業補償給付·················1
求職者給付···················1
給付・反対給付均等の原則····120
給付行政····················35
給付時負担方式·············137
給付の選択··················60
給付費·················66, 67
給付法······················13
教育訓練給付·················1
教育を受ける権利············26
供給調整···················166
行政委員会··················71
行政計画····················54
強制加入····················86
強制徴収················87, 116
業　務····················108
業務起因性···················1
業務災害····················1
業務上疾病···················1
業務遂行性···················1
居住地······················51
拠出時負担方式·············137
禁反言の原則················33
勤労権······················25
国·························36
経過的寡婦加算·············235
契約法······················54
現金給付···················181
　──の現物給付化············58
現金給付方式················58
現在地······················51
源泉徴収···················114
現物給付···················181
現物給付方式················58
減免制度···················149
牽連性·················43, 79
合意分割···················215

270

索 引

高額介護合算療養費⋯⋯⋯⋯⋯⋯⋯ *183*	時効の利益⋯⋯⋯⋯⋯⋯⋯⋯⋯⋯ *162*
高額療養費⋯⋯⋯⋯⋯⋯⋯⋯⋯⋯ *183*	事実婚⋯⋯⋯⋯⋯⋯⋯⋯⋯⋯⋯⋯ *45*
後期高齢者医療審査会⋯⋯⋯⋯⋯ *173*	事実上の婚姻関係⋯⋯⋯⋯⋯⋯⋯ *229*
貢献による連帯⋯⋯⋯⋯⋯⋯⋯⋯ *55*	自助・共助・公助⋯⋯⋯⋯⋯⋯⋯ *14*
抗告訴訟⋯⋯⋯⋯⋯⋯⋯⋯⋯⋯⋯ *173*	施設整備費⋯⋯⋯⋯⋯⋯⋯⋯⋯⋯ *67*
厚生年金特例法⋯⋯⋯⋯⋯⋯⋯⋯ *165*	慈善・博愛の事業⋯⋯⋯⋯⋯⋯⋯ *28*
厚生労働省⋯⋯⋯⋯⋯⋯⋯⋯⋯⋯ *70*	思想・良心の自由⋯⋯⋯⋯⋯⋯⋯ *24*
公租公課禁止⋯⋯⋯⋯⋯⋯⋯⋯⋯ *158*	自治事務⋯⋯⋯⋯⋯⋯⋯⋯⋯⋯⋯ *37*
高年齢被保険者⋯⋯⋯⋯⋯⋯⋯⋯ *1*	市町村⋯⋯⋯⋯⋯⋯⋯⋯⋯⋯⋯⋯ *71*
公 費⋯⋯⋯⋯⋯⋯⋯⋯⋯⋯⋯⋯ *65*	失 業⋯⋯⋯⋯⋯⋯⋯⋯⋯⋯⋯⋯ *1*
幸福追求権⋯⋯⋯⋯⋯⋯⋯⋯⋯⋯ *22*	失業等給付⋯⋯⋯⋯⋯⋯⋯⋯⋯⋯ *1*
公法上の双務契約⋯⋯⋯⋯ *143, 191*	失業認定⋯⋯⋯⋯⋯⋯⋯⋯⋯⋯⋯ *1*
国際労働機関⋯⋯⋯⋯⋯⋯⋯⋯⋯ *31*	実質賃金スライド⋯⋯⋯⋯⋯⋯⋯ *149*
国民⋯⋯⋯⋯⋯⋯⋯⋯⋯⋯⋯⋯⋯ *36*	指定拒否制度⋯⋯⋯⋯⋯⋯⋯⋯⋯ *191*
国民健康保険審査会⋯⋯⋯⋯⋯⋯ *173*	シティズンシップ⋯⋯⋯⋯⋯⋯⋯ *43*
国民年金基金⋯⋯⋯⋯⋯⋯⋯⋯⋯ *200*	自動スライド⋯⋯⋯⋯⋯⋯⋯⋯⋯ *201*
個人単位で⋯⋯⋯⋯⋯⋯⋯⋯⋯⋯ *151*	児童の権利条約⋯⋯⋯⋯⋯⋯⋯⋯ *31*
国庫負担⋯⋯⋯⋯⋯⋯⋯⋯⋯⋯⋯ *137*	支分権⋯⋯⋯⋯⋯⋯⋯⋯⋯ *163, 201*
国庫補助⋯⋯⋯⋯⋯⋯⋯⋯⋯⋯⋯ *137*	死亡一時金⋯⋯⋯⋯⋯⋯⋯⋯⋯⋯ *237*
国庫補助等⋯⋯⋯⋯⋯⋯⋯⋯⋯⋯ *68*	市 民⋯⋯⋯⋯⋯⋯⋯⋯⋯⋯⋯⋯ *42*
雇用継続給付⋯⋯⋯⋯⋯⋯⋯⋯⋯ *1*	事務費⋯⋯⋯⋯⋯⋯⋯⋯⋯⋯⋯⋯ *67*
雇用保険⋯⋯⋯⋯⋯⋯⋯⋯⋯⋯⋯ *1*	社会権⋯⋯⋯⋯⋯⋯⋯⋯⋯⋯⋯⋯ *25*
雇用保険料率⋯⋯⋯⋯⋯⋯⋯⋯⋯ *123*	社会権規約⋯⋯⋯⋯⋯⋯⋯⋯⋯⋯ *30*
混合介護⋯⋯⋯⋯⋯⋯⋯⋯ *143, 189*	社会手当⋯⋯⋯⋯⋯⋯⋯⋯⋯⋯⋯ *57*
混合診療⋯⋯⋯⋯⋯⋯⋯⋯⋯⋯⋯ *143*	社会的排除⋯⋯⋯⋯⋯⋯⋯⋯⋯⋯ *42*
――の禁止⋯⋯⋯⋯⋯⋯⋯⋯⋯ *187*	社会的保護⋯⋯⋯⋯⋯⋯⋯⋯⋯⋯ *10*

◆ さ 行 ◆

	社会的リスク⋯⋯⋯⋯⋯⋯⋯⋯⋯ *10*
災害性疾病⋯⋯⋯⋯⋯⋯⋯⋯⋯⋯ *1*	社会扶助⋯⋯⋯⋯⋯⋯⋯⋯⋯⋯⋯ *55*
災害補償責任⋯⋯⋯⋯⋯⋯⋯⋯⋯ *1*	社会法⋯⋯⋯⋯⋯⋯⋯⋯⋯⋯⋯⋯ *3*
災害補償責任保険⋯⋯⋯⋯⋯⋯⋯ *1*	社会保険⋯⋯⋯⋯⋯⋯⋯⋯⋯ *55, 78*
財産権⋯⋯⋯⋯⋯⋯⋯⋯⋯⋯⋯⋯ *26*	社会保険条約⋯⋯⋯⋯⋯⋯⋯⋯⋯ *31*
在職老齢年金⋯⋯⋯⋯⋯⋯⋯⋯⋯ *212*	社会保険審査会⋯⋯⋯⋯⋯⋯⋯⋯ *173*
財政検証⋯⋯⋯⋯⋯⋯⋯⋯⋯⋯⋯ *133*	社会保険審査官⋯⋯⋯⋯⋯⋯⋯⋯ *173*
財政再計算⋯⋯⋯⋯⋯⋯⋯⋯⋯⋯ *133*	社会保険中心主義⋯⋯⋯⋯⋯ *15, 79*
財政調整等⋯⋯⋯⋯⋯⋯⋯⋯⋯⋯ *140*	社会保険法⋯⋯⋯⋯⋯⋯⋯⋯⋯⋯ *77*
差 押⋯⋯⋯⋯⋯⋯⋯⋯⋯⋯⋯⋯ *155*	社会保険料⋯⋯⋯⋯⋯⋯⋯⋯⋯⋯ *65*
3号分割⋯⋯⋯⋯⋯⋯⋯⋯⋯⋯⋯ *215*	社会保障⋯⋯⋯⋯⋯⋯⋯⋯⋯⋯⋯ *8*
3号分割制度⋯⋯⋯⋯⋯⋯⋯⋯⋯ *48*	社会保障協定⋯⋯⋯⋯⋯⋯⋯⋯⋯ *31*
自営業者⋯⋯⋯⋯⋯⋯⋯⋯⋯⋯⋯ *43*	社会保障（最低基準）条約⋯⋯⋯ *8*
資格期間⋯⋯⋯⋯⋯⋯⋯⋯⋯⋯⋯ *203*	社会保障制度審議会⋯⋯⋯⋯⋯⋯ *9*
歯科診療報酬⋯⋯⋯⋯⋯⋯⋯⋯⋯ *193*	社会保障制度に関する勧告⋯⋯⋯ *9*
支給停止⋯⋯⋯⋯⋯⋯⋯⋯⋯⋯⋯ *60*	社会保障法⋯⋯⋯⋯⋯⋯⋯⋯⋯⋯ *3*
事 業⋯⋯⋯⋯⋯⋯⋯⋯⋯⋯⋯⋯ *104*	自由権規約⋯⋯⋯⋯⋯⋯⋯⋯⋯⋯ *30*
事業者⋯⋯⋯⋯⋯⋯⋯⋯⋯⋯ *52, 53*	重婚的内縁関係⋯⋯⋯⋯⋯⋯ *46, 229*
事業所⋯⋯⋯⋯⋯⋯⋯⋯⋯⋯⋯⋯ *104*	収支相等の原則⋯⋯⋯⋯⋯⋯⋯⋯ *135*
事業主⋯⋯⋯⋯⋯⋯⋯⋯⋯⋯ *52, 104*	住 所⋯⋯⋯⋯⋯⋯⋯⋯⋯⋯⋯⋯ *50*
事業費⋯⋯⋯⋯⋯⋯⋯⋯⋯⋯⋯⋯ *67*	――を有する者⋯⋯⋯⋯⋯⋯⋯ *110*
	就職促進給付⋯⋯⋯⋯⋯⋯⋯⋯⋯ *1*

271

索　引

修正積立方式 …………………… 95
充足賦課方式 …………………… 133
出産育児一時金 ………………… 183
出産手当金 ……………………… 183
純賦課方式 ……………………… 133
障害基礎年金 …………………… 218
障害厚生年金 …………………… 223
障害者権利条約 ………………… 31
障害手当金 ……………………… 226
障害補償給付 …………………… 1
障害補償年金差額一時金 ……… 1
譲渡・担保・差押禁止 ………… 155
傷病手当金 ……………………… 183
傷病補償年金 …………………… 1
消滅時効 ………………………… 160
条　約 …………………………… 30
職域保険 ………………………… 52, 179
職業性疾病 ……………………… 1
女子差別撤廃条約 ……………… 31
初診日 …………………………… 218
初診日主義 ……………………… 218
職権主義 ………………………… 59
所得再分配機能 ………………… 10, 196
所得(収入)要件 ………………… 228
所得制限 ………………………… 61
所得代替率 ……………………… 203
所得保障 ………………………… 196
所得保障給付 …………………… 13
侵害行政 ………………………… 54
審議会 …………………………… 71
信義則 …………………………… 32
信教の自由 ……………………… 24
審査・支払機関 ………………… 189
審査請求前置 …………………… 173
申請主義 ………………………… 59
診療報酬 ………………………… 193
診療報酬点数 …………………… 193
随時改定 ………………………… 124
スライド ………………………… 149
生活(維持) ……………………… 14
生活主体 ………………………… 7
生活障害給付 …………………… 13
生計維持要件 …………………… 227, 228
生計同一要件 …………………… 228
政策改定 ………………………… 149, 201
精神の自由権 …………………… 24
生存権 …………………………… 17
政府管掌 ………………………… 84

税方式 …………………………… 125
世帯単位 ………………………… 151
絶対的給付制限 ………………… 160
選定療養 ………………………… 186
葬祭料 …………………………… 1
相　殺 …………………………… 155
相対的給付制限 ………………… 160
相対的有力原因説 ……………… 1
総報酬制 ………………………… 123
総報酬割 ………………………… 140
遡及改定 ………………………… 136
組織法 …………………………… 54, 69
租　税 …………………………… 134
租税法律主義 …………………… 28, 134

◆　た　行　◆

代位取得 ………………………… 174
対価性 …………………………… 78
第3号被保険者 ………………… 48
脱退一時金 ……………………… 239
短期雇用特例被保険者 ………… 1
短期消滅時効 …………………… 164
弾力条項 ………………………… 131
地域保険 ………………………… 179
地方支分部局 …………………… 71
中期財政運営 …………………… 132
中高齢寡婦加算 ………………… 234
調剤報酬 ………………………… 193
貯蓄機能 ………………………… 196
賃金スライド …………………… 149, 201
通　勤 …………………………… 1
通勤起因性 ……………………… 1
通勤災害 ………………………… 1, 1
積立方式 ………………………… 95
定額制 …………………………… 127
定額負担 ………………………… 146
定額保険料方式 ………………… 128
定時改定 ………………………… 124
定率負担 ………………………… 146, 183
特定健診 ………………………… 186
特定保険医療材料 ……………… 193
特定保健指導 …………………… 186
特別一時金 ……………………… 238
特別会計 ………………………… 68, 119
特別支給の老齢厚生年金 ……… 210
特別障害給付金 ………………… 221
特別地方公共団体 ……………… 72
特別徴収 ………………………… 116, 128

索　引

特別法‥‥‥‥‥‥‥‥‥‥168
特別療養費‥‥‥‥‥‥‥183
都道府県‥‥‥‥‥‥‥‥71
取締規定‥‥‥‥‥‥‥‥54

◆ な 行 ◆

難民条約‥‥‥‥‥‥‥‥30
ニーズ（必要）‥‥‥‥‥89
二次健康診断等給付‥‥‥‥1
二重指定制度‥‥‥‥‥‥190
入院時食事療養費‥‥‥‥182
入院時生活療養費‥‥‥‥182
任意適用‥‥‥‥‥‥‥‥106
年金時効特例法‥‥‥‥‥163
年金担保融資‥‥‥‥‥‥155
能力原則‥‥‥‥‥‥‥‥89

◆ は 行 ◆

配偶者‥‥‥‥‥‥‥‥‥45
配偶者加給年金‥‥‥‥‥225
被扶養者‥‥‥‥‥‥93, 109
被保険者‥‥‥‥‥‥‥‥93
日雇労働被保険者‥‥‥‥‥1
評価療養‥‥‥‥‥‥‥‥186
被用者‥‥‥‥‥‥‥‥43, 99
標準報酬制‥‥‥‥‥‥‥124
平等権‥‥‥‥‥‥‥‥‥23
付加給付‥‥‥‥‥‥‥‥182
付加年金‥‥‥‥‥‥‥‥205
賦課方式‥‥‥‥‥‥‥‥95
福祉国家‥‥‥‥‥‥‥‥7
父子家庭‥‥‥‥‥‥‥‥49
普通地方公共団体‥‥‥‥71
普通徴収‥‥‥‥‥‥116, 128
物価スライド‥‥‥‥149, 201
不服申立制度‥‥‥‥‥‥171
振替加算‥‥‥‥‥‥‥‥206
フルペンション減額方式‥‥205
プログラム規定（説）‥‥‥18
分離論‥‥‥‥‥‥‥‥‥21
併給調整‥‥‥‥‥‥59, 165
併合認定‥‥‥‥‥‥222, 224
ベヴァリッジ報告‥‥‥‥‥7
法源論‥‥‥‥‥‥‥‥‥15
法定給付‥‥‥‥‥‥‥‥182
法定受託事務‥‥‥‥‥‥37
法定代理受領方式‥‥‥‥143
法的権利説‥‥‥‥‥‥‥18

法の一般原則‥‥‥‥‥‥32
訪問看護療養費‥‥‥‥‥182
保険医等‥‥‥‥‥‥‥‥190
保険医療機関等‥‥‥‥‥190
保険外併用療養費‥‥‥‥182
保険関係‥‥‥‥‥‥‥‥88
保険給付の制限‥‥‥‥‥159
保険給付の免責‥‥‥‥‥173
保険者機能‥‥‥‥‥‥‥119
保険者徴収‥‥‥‥‥‥‥147
保険集団‥‥‥‥‥‥‥‥92
保険料‥‥‥‥‥‥‥‥‥120
保険料水準固定方式‥‥‥202
保険料納付済期間等‥‥‥204
保険料方式‥‥‥‥‥‥‥125
母子家庭‥‥‥‥‥‥‥‥49
補助金等‥‥‥‥‥‥‥‥137
堀木訴訟‥‥‥‥‥‥‥‥19

◆ ま 行 ◆

前払一時金‥‥‥‥‥‥‥1
マクロ経済スライド‥‥133, 149, 202
窓口払い‥‥‥‥‥‥‥‥147
ミーンズテスト‥‥‥‥‥56
無拠出制給付‥‥‥‥‥‥56
名目賃金スライド‥‥‥‥149
メリット制‥‥‥‥‥‥‥123

◆ や 行 ◆

薬　価‥‥‥‥‥‥‥‥‥193
有限均衡方式‥‥‥‥‥‥133
揺りかごから墓場まで‥‥‥7

◆ ら 行 ◆

ライフサイクル仮説‥‥‥‥7
離婚時年金分割‥‥‥‥‥215
離　職‥‥‥‥‥‥‥‥‥1
リスク（risk）‥‥‥‥‥10
リスク分散機能‥‥‥‥‥196
立法事実‥‥‥‥‥‥‥‥5
利用者負担‥‥‥‥‥‥‥65
療担規則‥‥‥‥‥‥‥‥187
療養の給付‥‥‥‥‥‥‥182
療養補償給付‥‥‥‥‥‥1
例示列挙主義‥‥‥‥‥‥1
連帯納付義務者‥‥‥‥‥114
労災保険‥‥‥‥‥‥‥‥1
労災保険料率‥‥‥‥‥‥123

273

索　引

労災民訴……………………………… 257
労使折半……………………………… 115
労働基本権…………………………… 25
労働者………………………………… 99
労働法………………………………… 3

労働保険……………………………… 1
労働保険審査会……………………… 173
老齢基礎年金………………………… 204
老齢厚生年金………………………… 207

〈著者紹介〉

伊奈川　秀和 （いながわ　ひでかず）

1959 年	長野県生まれ
1982 年	東京外国語大学外国語学部フランス語学科卒業
同　年	厚生省入省
1998 年	九州大学法学部助教授
2001 年	年金資金運用基金福祉部長
2003 年	内閣府参事官
2005 年	内閣参事官
2007 年	厚生労働省社会・援護局保護課長
2008 年	厚生労働省年金局総務課長
2009 年	厚生労働省参事官（社会保障担当）
2011 年	内閣府大臣官房少子化・青少年対策審議官
2013 年	厚生労働省中国四国厚生局長
2014 年	全国健康保険協会理事
2016 年	東洋大学社会学部社会福祉学科教授　博士（法学）（九州大学）

〈主要著書〉

『フランスに学ぶ社会保障改革』（中央法規出版，2000 年）
『フランス社会保障法の権利構造』（信山社，2010 年）
『社会保障における連帯概念——フランスと日本の比較分析』（信山社，2015 年）
『〈概観〉社会福祉法』（信山社，2018 年）

〈概観〉社会保障法総論・社会保険法

2018（平成30）年 9 月15日　初版第 1 刷発行

著　者　伊 奈 川 秀 和
発行者　今井 貴 稲葉文子
発行所　　株式会社 信 山 社
〒113-0033　東京都文京区本郷6-2-9-102
Tel 03-3818-1019　Fax 03-3818-0344
info@shinzansha.co.jp
笠間才木支店 〒309-1600 茨城県笠間市才木515-3
笠間来栖支店 〒309-1625 茨城県笠間市来栖2345-1
Tel 0296-71-0215　Fax 0296-72-5410
出版契約2018 - 7016 - 7 -01010　Printed in Japan

ⓒ伊奈川秀和, 2018 印刷・製本／亜細亜印刷・渋谷文泉閣
ISBN978-4-7972-7016-7 C3332. P208/328. 672 c.012 社会保障法
7016-0101：012-030-010《禁無断複写》

JCOPY 〈(社)出版者著作権管理機構委託出版物〉
本書の無断複写は著作権法上での例外を除き禁じられています。複写される場合は，
そのつど事前に，(社)出版者著作権管理機構（電話03-3513-6969，FAX03-3513-6979,
e-mail：info@jcopy.or.jp）の許諾を得て下さい。また，本書を代行業者等の第三者に
依頼してスキャン等の行為によりデジタル化することは，個人の家庭内利用で
あっても，一切認められておりません。

本書と合わせて、学習効果抜群！

〈概観〉社会福祉法　伊奈川秀和

岩村正彦・菊池馨実　編集代表　定価1,800円(税別)

【編集委員】薫さやか・中野妙子・笠木映里・水島郁子／【編集協力】柴田洋二郎・島村暁代・髙畠淳子・地神亮佑・常森裕介・永野仁美・中益陽子・橋爪幸代・福島豪・山下慎一

社会保障福祉六法

待望の改訂　菊池馨実 編　稲森公嘉・髙畠淳子・中益陽子

ブリッジブック 社会保障法 〈第2版〉

社会保障法における連帯概念
　　──フランスと日本の比較分析
　　　　　　　　　　　　　　　　伊奈川秀和

フランス社会保障法の権利構造
　　　　　　　　　　　　　　　　伊奈川秀和

フランス民法　　　　　　　大村敦志

家事事件手続法Ⅰ〔家事審判・家事調停〕
　　　　　　　　　　　　　　　　佐上善和

子ども法の基本構造　　　横田光平

ナビゲート社会保障法　小島晴洋

日本近代経済学の父

福田徳三著作集

福田徳三研究会 編

全21巻
既刊全7巻

信山社